세계를 속인 거짓말

역사가 항상 진실만을 말하는 것은 아니다
세계를 속인 거짓말

초판 1쇄 발행 2002년 3월 19일 | 22쇄 발행 2017년 11월 1일

지은이 이종호
펴낸이 고영은, 박미숙

대표이사 인영아 | 뜨인돌기획팀 이준희, 박경수, 김정우, 이가현
뜨인돌어린이기획팀 조연진, 임솜이 | 디자인실 김세라, 이기희
마케팅팀 오상욱, 여인영 | 경영지원팀 김은주, 김동희

펴낸곳 뜨인돌출판(주) | 출판등록 1994.10.11.(제406-251002011000185호)
주소 10881 경기도 파주시 회동길 337-9
홈페이지 www.ddstone.com | 블로그 blog.naver.com/ddstone1994
페이스북 www.facebook.com/ddstone1994
대표전화 02-337-5252 | 팩스 031-947-5868

ⓒ 2002, 이종호
ISBN 978-89-86183-64-1 03900

이 도서의 국립중앙도서관 출판시도서목록(CIP)은 e-CIP 홈페이지(http://www.nl.go.kr/ecip)에서 이용하실 수 있습니다.(CIP제어번호 : CIP2010001795)

세계를 속인 거짓말

이종호 지음

뜨인돌

머 리 말

　1980년 프랑스의 그레노블에 있는 수학교육연구소에서 15개의 초등학교와 중학교 교사들이 학생들을 대상으로 다음과 같은 문제를 출제했다.
　"배 위에는 스물여섯 마리의 양들과 열 마리의 염소들이 있다. 선장의 나이는 몇 살일까?"
　"한 반에 열두 명의 여학생과 열세 명의 남학생이 있다. 선생님의 나이는 몇 살일까?"
　출제자의 의도는 분명하다. 대부분의 학생들이 그 질문의 부조리함을 곧바로 알아차린 후 출제된 문제 자체가 오류가 있다고 지적해 달라는 것이다.
　그러나 학생들의 반응은 교사들을 놀라게 했다. 초등학교 학생 중에서 겨우 10%만이 해답이 있을 수 없다는 정답을 적었고 나머지 90%는 해답으로 두 숫자를 합쳐 놓았다. 중학교의 경우는 3분의 1이 초등학생과 마찬가지로 틀린 답을 정답으로 제시했다.
　이와 같은 예가 우리들에게 자주 일어난다. 위와 같이 명백하게 부조리한 문제는 정답이 있으므로 틀린 대답이 무엇인지를 알아내기 마련이다. 인간의 지혜가 문제 있는 질문임을 파악할 수 있을 만큼 분별력이 있기 때문이다.
　그러나 어떤 역사적인 사건이나 설명이 교묘하게 위장되거나 거짓말로 포장될 경우 이를 알아차리는 것은 생각보다 쉽지 않다. 게다가 거짓말의 파급 효과가 상상할 수 없을 정도로 커지면 커질수록 오히려 그것을 사실로 믿으려 하는 속성이 작용하게 된다. 거짓말을 가장 잘하는 사람이 위대한 정치가나 통치자가 되었다는 예로서도 증명된다.

　인간을 정의한 대표적인 말로는 아리스토텔레스의 '인간은 사회적 동물이다'라는 해석이 있다. 이밖에도 미국의 벤자민 프랭클린은 인간을 가리켜 '도구를 쓰는 동물'이라고 했고 프랑스의 철학자 베르그송은 '웃는 동물', 독일의 문학가이자 철학자였던 헤르더는 '결함의 동물'로 표현했다.
　여기에서 동물이라는 공통어가 붙어 있는 이유는 인간이 생물학상 '척추동물문 사족동물 포유강 진포유아강 단자궁족 영장목 진원아목 협비류'에 속하기 때문이다. 그러나 필자는 인간을 '거짓말을 할 수 있는 동물'이라고 말하고 싶다.
　현문사의《대국어사전》에는 거짓말을 다음과 같이 정의하고 있다.

1. 사실이 아니라는 것을 알고 있으면서도 남에게 이것을 믿게 하려고 사실인 것처럼 꾸미어 하는 말. 남을 속이는 말
2. 양언(佯言), 허언(虛言), 망어(妄語)

　중세의 신학자 아우구스티누스는 거짓말을 7가지 유형으로 나누었다. 첫번째는 종교적인 가르침에 반(反)하는 거짓말, 두 번째 아무에게도

도움이 되지 않고 누군가에게 해가 되는 거짓말, 세 번째 한 사람에게 이익을 주는 반면 다른 사람에게 해를 주는 거짓말, 네 번째 거짓말하는 즐거움으로 하는 진짜 거짓말, 다섯 번째 매끄러운 화술로 남을 즐겁게 만들기 위해 하는 거짓말, 여섯 번째 아무에게도 해가 되지 않고 누군가에게 이익을 주는 거짓말, 일곱 번째 아무에게도 해가 되지 않으며 물리적인 어지럽힘으로부터 누군가를 보호하는 정도의 거짓말이다.

사실 우리는 수없이 많은 거짓말 속에 살고 있다. 역사에 이름을 남긴 인물들도 거짓말을 많이 했다. 그중엔 거짓말이 역사를 뒤바꾸는 전기가 된 경우도 있다. 이뿐이 아니다. 전하는 사람이나 후세의 사람들이 의도적으로, 또는 어떤 목적을 위하여 사실을 왜곡하여 전하는 경우도 있다. 교육적인 측면에서 사실적인 것과 더불어 윤색한 이야기로 전할 수도 있다. 오히려 있음직한 거짓말로 포장되었기 때문에 더욱 신빙성 있게 전달되며 이것이 눈덩이처럼 불어나 초기의 의도와는 전혀 다른 내용이 되기 일쑤이다. 그러므로 오늘날 우리에게 전해진 역사적 사실들이 모두 진실이라고 믿는 사람은 아마도 거의 없을 것이다.

과학기술계도 마찬가지이다. 고의성이 없는 착각이라는 뜻으로 '인공물(artefact)'이라는 학문적인 명칭이 있다. 인공물이란 어느 학자의 실험이나 연구 중에 만들어진 것을 다른 연구팀에서 재생하려고 해도 성공하지 못하는 '인공적 사실'을 뜻한다. 인공물은 착시현상, 렌즈의 결점, 고장난 측정장치, 잊혀진 화학적 상호작용, 통계상의 일치, 계산 착오 등이다. 아무리 유명한 이론이나 발견도 다른 학자에 의해서 검증되지 않은 연구는 진실로 인정받지 못하는 것이다.

　원칙적으로 인공물은 곧 밝혀지게 되어 있다. 20세기에 들어 과학기술이 발전하고 기자재들이 정교해질수록 이러한 착각의 평균 수명은 급격히 줄어들고 있다.

　그러나 과거의 유산이지만 확실하게 밝혀진 증거나 유물이 존재하지 않아 추측할 수밖에 없는 것은 어쩔 수 없다고 해도 어떤 사건을 고의적으로 윤색하거나 각색한 것조차 무비판적으로 받아들여선 안 된다.

　이 책은 이런 의미에서 나름대로의 검증을 통해 과거로부터 잘 알려진 사건에 대해 진실과 다른 거짓말이나 과장들을 분석했다. 순수한 의미로 교훈적인 차원에서 덧붙여진 것일지라도 그것이 거짓이라는 것이 검증되는 것은 사실대로 적었다. 이러한 의미에서 이 책은 과거의 사실을 진실로만 믿어 왔던 사람들에게 유익한 정보와 흥미로운 역사적인 사실들을 제공하리라고 생각한다.

　이 책에서 다룬 '아나스타샤 공주'와 '파라오의 저주' 이야기는 필자가 이미 발간한 책 중에서도 찾아볼 수 있다. 각 책마다 나름대로 주제와 목적이 있지만 거짓말을 다루는 이 책의 주제에도 합당한 내용이기 때문이다. 물론 이미 발간한 책의 내용 중에서 많은 부분을 수정 또는 보완하였다. 각 책에 대한 평가는 독자들이 할 것으로 생각한다.

　　　　　　　　　　　　　　　　　　　　　　　　　　이종호

차 례

1. 콜럼버스의 신대륙

콜럼버스의 제안은 현실성이 희박 · 18 | 친구는 언제나 동지 · 20
달걀을 세워 보시오 · 23 | 파란만장한 콜럼버스의 인생역정 · 27
기지가 번뜩이는 콜럼버스의 선원 무마 방법 · 29 | 추악한 콜럼버스 · 33
콜럼버스의 최초 상륙지와 묘지 · 36
신대륙의 발견자는 콜럼버스가 아니다 · 39
위대한 거짓말쟁이 아메리고 베스푸치 · 43

2. 링컨의 노예 해방

노예 해방에 불을 붙인 스토우 부인 · 49 | 링컨 = 노예 해방 · 52
부정선거를 자행한 링컨 · 59
대통령 부인은 최고급 상복을 입을 의무가 있다 · 60

3. 나폴레옹의 러시아 침공

코르시카의 촌뜨기 나폴레옹 · 66
프랑스인들을 후련하게 만든 나폴레옹의 신화 · 69
여론 조작에 천재성을 보인 나폴레옹 · 74 | 나폴레옹은 독살되었다 · 82
증거물로 채택된 나폴레옹의 머리카락 · 87 | 권력무상 · 91

4. 자유를 향한 바스티유 점령

프랑스 혁명의 전야 · 96 | 오스트리아 공주의 낭비벽 · 100
탈출도 우아하게 · 103 | 루이 17세의 비밀 · 105 |
조작된 바스티유 함락 · 108

5. 리빙스턴과 스탠리의 동상이몽

리빙스턴도 놀란 아프리카 탐험기의 명성 · 113
리빙스턴의 아프리카 탐험은 노예 해방을 위해서 · 115
낫세포 빈혈증이 노예 사냥의 주범? · 120
리빙스턴의 지도가 보물임을 알아차린 스탠리 · 122
원주민 학살장으로 변한 아프리카 · 126
자로 재서 분할한 아프리카 지도 · 128

6. 인류의 조상 필트다운인

성경에도 적혀 있지 않은 불가사의한 화석 · 133
차츰 밝혀지는 화석의 진가 · 136 | 아마추어 고고학자 도슨 · 138
인류의 오리진 · 140 | 도슨 사망 후 추가 유물이 나오지 않았다 · 148
연대 측정방법의 노하우 · 152 | 아직도 가짜 유물 사건은 횡행 · 155

7. 갈릴레이의 이단 심판

천재의 반열에 선 18세의 갈릴레이 · 164
갈릴레이에게 호의적인 교황청 · 168 | 우군을 적군으로 묘사한 실수 · 171
전설의 창고 갈릴레이 · 172 | 갈릴레이의 이단 심판 · 177

8. 전율의 아우슈비츠 수용소

실존한 빅브라더 · 188 | 전율의 아우슈비츠 · 192
유태인들의 피해 · 196 | 유태인 박해의 역사 · 199
언론에서조차 가스실의 존재를 믿지 않아 · 204

9. 비운의 아나스타샤 공주와 알렉세이 황태자

세상이 바뀌는 것을 거부한 러시아 황제 · 212
황제 일가 살해의 전말 · 214
아나스타샤 공주의 미스터리 · 217
황제 일가를 처형한 장병은 3명이었다 · 221
밝혀지는 진실 · 224
알렉세이 황태자는 살해되지 않았다 · 227
바실리 크세노폰토비치 필라토프가 밝힌 최후의 날 · 233

10. 파라오의 저주

역사상 가장 유명한 고고학적 발굴의 시작 · 240 | 네브―케펠―라 · 241
파라오 저주의 서막 · 245 | 파라오 저주에 관한 과학적 분석 · 249
언론의 마케팅 전략, 파라오의 저주 · 250
투탕카멘의 아버지 이크나톤 · 254 | 권력 다툼에 희생된 투탕카멘 · 256

11. 사상 최대의 상륙 작전

연합군의 상륙지점은 파드칼레 · 261 | 총동원된 독일군 기만 작전 · 263
진공관 컴퓨터 콜로서스의 활약 · 268
히틀러도 위장술에는 고단자 · 272

참고문헌

거짓말은 거의 모든 인간사와 연결될 정도로 인간의 삶에 나타나는
주요한 특성이다. 거짓말을 절대로 해서는 안 된다거나
거짓말을 반드시 밝혀내야 한다는 주장은 지나치게 단순한 사고이다.
/ 폴 에크만 /

1. 콜럼버스의 신대륙 | 1999년 영국 BBC 방송

이 실시한 온라인 여론조사 결과, 지난 1천 년 동안의 최고의 탐험가로 18세기 영국의 해양탐험가 제임스 쿡 선장을 제치고 아메리카 신대륙을 발견한 크리스토퍼 콜럼버스가 1위로 뽑혔다. '예수 탄생을 제외하고 인류 역사상 가장 위대한 사건'이라고까지 평가되는 콜럼버스의 신대륙 발견! 그러나 과연 신대륙을 발견한 위대한 인물로 콜럼버스를 역사에 기록하는 것이 옳은 일일까?

1992년 아메리카 대륙 발견 5백 주년을 기념해 제작된 《1492, 콜럼버스(1492, The Conquest of paradise)》는 콜럼버스의 일대기를 그린 대작 영화이다. 영화의 줄거리는 다음과 같다.

유럽이 아시아를 발견하려는 욕구로 충만해 있던 15세기, 지구가 둥글다는 확신을 가진 콜럼버스는 멀리 뱃길로 아프리카 희망봉을 돌아가는 것보다 서쪽으로 계속 항해하면 훨씬 빨리 비단과 금이 가득한 중국 항로를 발견할 수 있으리라 생각한다. 그러나 지구가 평평하다는 당시의 상식과 그런 기존의 상식과 질서를 유지하려는 귀족들의 탁상공론으로 인해 콜럼버스의 의견을 배척당한다.

집요한 설득 끝에 자신의 의견을 관철시킨 콜럼버스는 에스파냐(스페인)의 이사벨라 여왕의 도움으로 항해를 시작한다. 그리고 두 달 후 낙원과 같은 새로운 땅(서인도제도)을 발견한다. 에스파냐로 돌아온 그는 영웅 대접을 받으며 새로운 도시를 건설할 준비를 갖추고 다시 서인도제도로 돌아간다. 그러나 원주민에 대한 가혹한 폭정과 노동력 착취에도 불구하고 생각처럼 금이 별로 나오지 않자 함께 간 귀족들이 반란을 일으켜 신대륙 총독 자리에서 쫓겨나고 재산은 몰수당한다. 더욱이 그가 그

토록 발견코자 했던 아메리카는 엉뚱하게도 탐험가 아메리고 베스푸치에게 그 모습을 드러낸다. 콜럼버스는 모든 부와 명예를 잃은 채 쓸쓸히 죽어간다.

이 영화는 콜럼버스를 기념해 엄청난 물량과 제작비를 투입하여 제작했지만 흥행에 참패했다. 콜럼버스의 생애에 대해 너무나 단편적인 면만을 보여 주었다는 관객들의 차가운 지적과 더불어 아메리카 원주민의 삶을 파괴한 장본인인 콜럼버스나 당시 유럽 체제의 가치관도 비판의 대상이 되었다.

콜럼버스의 제안은 실현성이 희박

이탈리아의 제노아에 거주하던 콜론(유태계 스페인 사람의 후손일 가능성이 높다) 가족의 다섯 아이 가운데 장남으로 태어난 콜럼버스는 열네 살 때부터 바다 생활을 시작한다.

마르코폴로가 발표한 《동방견문록》의 영향으로 값비싼 후추가 생산되는 인도를 발견하고자 하는 열망으로 전 유럽이 들썩이고 있던 1484년, 콜럼버스는 포르투갈의 조앙 2세를 찾아가 인도 항로 탐험에 관한 자신의 계획을 보고하며 캐라벨 선박을 요청한다. 캐라벨 선박이란 길이 20미터, 너비 7~8미터의 조그맣지만 홀수(선체가 물에 잠기는 깊이)가 얕아 바닷가를 따라 탐험하기에 알맞고 삼각돛을 달면 맞바람에서도 전진할 수 있는 배였다.

인도를 찾으면 후추뿐만 아니라 그곳에서 나오는 재화를 차지할 수 있다고 생각한 조앙 2세는 콜럼버스의 제안을 긍정적으로 검토하기 시작했다. 우선 콜럼버스의 제안이 과연 실현성이 있는가를 조사하도록 지시했다.

그가 알고자 한 것은 과연 콜럼버스가 요청한 캐라벨로 인도까지의 항해가 정말로 가능하느냐였다. 간단하게 말하자면 인도까지의 거리가 얼마인가를 알아내라는 것이었다. 이 문제는 피렌체의 수학자이자 의사인 파울로 델 포초 토스카넬리에게 넘겨졌다.

해답은 지구가 둥글다고 생각하면 쉽게 구할 수가 있다. 사실 지구가 둥글다고 알려진 것은 생각보다 오래되었다. 약 2천4백년 전 피타고라스도 지구가 둥글다고 생각했다. 그리고 2천2백년 전, 에라토스테네스는 '항해하다 보면 별의 높이가 곳에 따라 다르다' 라는 말을 듣고 '그것은 지구가 둥글다는 증거이다. 평평하다면 같은 별은 어느 곳에서도 같은 높이에 있어야 한다' 는 가정하에 지구 둘레의 길이를 계산했었다.

토스카넬리는 에라토스테네스가 산출한 지구의 둘레를 근거로 포르투갈에서 갖고 있는 선박의 항해 능력으로는 콜럼버스의 계획이 불가능하다고 보고했다. 물론 항로가 예상보다도 길기는 하지만 도중에 섬을 자주 발견해 음료수와 식량을 얻는다면 전혀 불가능한 것은 아닐지 모른다는 의견도 첨부했다. 문제는 그런 섬들이 콜럼버스의 입맛에 맞게 나타난다는 보장이 없다는 것이었다.

친구는 언제나 동지

토스카넬리의 보고서를 검토한 조앙 2세는 콜럼버스의 항해 계획을 받아들이지 않았다. 물론 조앙 2세가 콜럼버스의 계획을 거절한 데는 콜럼버스의 무리한 요구도 작용했다. 그는 왕에게 항해 계획을 제출하면서 자신이 받아야 할 조건을 특권록에 명시한 후 서명해 달라고 했다. 그 내용은 다음과 같았다.

1. 지원국 왕실은 콜럼버스를 탐험대의 해군 제독으로 임명한다.
2. 새로 발견하여 지원국 국왕의 영토로 선언된 육지와 바다에 있어서 콜럼버스는 왕 다음가는 부왕 겸 총독이 된다.
3. 콜럼버스는 자신이 발견하거나 얻은 진주, 보석, 금, 은, 향료, 기타 물건으로 생기는 이익의 10%를 받는다.
4. 콜럼버스는 새로 발견된 영토와 지원국 사이에서 이익에 대한 소송이 일어날 경우 그 재판장으로서 재판권을 갖는다.
5. 위 항의 권리와 명예를 콜럼버스의 자손 대대로 물려받는다.
   ─박덕은의 《세계를 빛낸 탐험가》에서 발췌

현재 시점에서 보면 다소 무리한 요구라고 생각하겠지만 당시에는 그런 요구가 관행이었다. 그것은 탐험이 워낙 위험한 시대였기 때문이다. 그러므로 탐험가들은 장차 발견하게 될지도 모르는 땅에 대한 이권, 동산이나 부동산에 대한 소유권, 명예상의 직함, 그밖의 권리 등을 놓고 미리 협상을 했다. 단지 콜럼버스는 남들보다 조금 더 많은 특권을 요구했던 것뿐이다.

조앙 2세가 그의 요구를 거절하자 콜럼버스는 스페인 왕실로 찾아가나 그 역시 거절당하고 만다. 당시 그가 요구한 정도의 예산과 특권을 허용해 줄 수 있는 사람은 일국의 군주밖에 없었기 때문에 콜럼버스는 스페인과 포르투갈을 오가며 계속해서 왕실을 설득해야만 했다.

포르투갈 왕실에서 다시 거절을 당한 콜럼버스가 스페인에 도착하자 뜻밖에도 반가운 소식이 있었다. 이사벨라 여왕이 반응을 보이고 그의 계

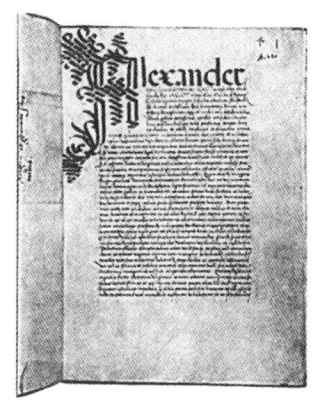

콜럼버스의 특권록
1493년 5월 4일에 작성된 콜럼버스의 특권록은 콜럼버스의 발견을 치하하는 교황의 글로 시작된다(미국 의회도서관 소장).

획서를 철저하게 검토하라고 지시했던 것이다. 그러나 페르디난드 국왕과 스페인을 공동 통치하고 있던 여왕도 국내외적으로 절박한 문제들이 산적해 있는지라 콜럼버스와의 교섭을 서두르지 않았다. 결국 콜럼버스는 6년이나 기다렸지만 계속적으로 회답이 없자 실망하고 스페인을 떠나려 했다.

이때 콜럼버스의 친구이자 왕실 재무담당관인 루이스 데 산탄겔이 이사벨라 여왕을 설득한다. 콜럼버스의 탐험이 실패할 수도 있지만 만약에 탐험이 성공할 경우에 얻게 될 이익과 비교하면 그 정도의 부담은 감수해도 좋다는 것이다. 만의 하나 콜럼버스가 다른 나라 군주의 후원을 받아 떠난다면 스페인에게 득 될 것이 없다고도 강조했다.

산탄겔의 설득이 효과를 보아 콜럼버스는 스페인 왕실의 재정 지원을 받는 것은 물론, 지루한 특권 협상에서도 승리하여 1492년 8월 3일, 기

함 산타마리아 호(100톤), 핀타 호(60톤), 니나 호(50톤)에 1백20명의 선원을 태우고 스페인의 팔로스 델라프론테라 항을 출발한다. 승선한 인원 중에는 국왕이 파견한 기록원, 의사, 성직자들도 포함되어 있었지만 선원들의 대부분은 위험한 모험을 택한 죄수들이었다.

70여 일의 지루한 항해 끝에 10월 12일 마침내 일행은 육지에 닿았고 신대륙 발견이라는 성과를 거두었다는 것은 잘 알려져 있는 이야기이다. 그가 처음 발견한 곳은 바하마 제도, 오늘날의 아이티 공화국과 도미니카 공화국이다. 그러나 그는 자신이 인도를 발견했다고 생각했다. 서인도제도란 말도 여기에서 생

복원된 산타마리아 호
1992년 올림픽이 열렸던 스페인의 바르셀로나 항구에 있다.

졌고 그는 죽을 때까지도 자신이 발견한 육지가 인도라고 생각했다.

1492년 12월 25일 탐험대의 기함이라 할 수 있는 산타마리아 호가 히스파뇰라에서 파선했다. 콜럼버스는 어쩔 수 없이 대포와 식량 등을 니나 호와 육지로 옮긴 후 아이티에 남기를 원하는 44명의 선원을 뒤로한 채 1493년 1월 스페인으로 향했다. 1493년 4월 하순, 콜럼버스는 스페인에 도착하여 이사벨라 여왕에게 그곳의 원주민들로부터 헐값에 사들인 황금 장신구, 고구마, 마, 후추, 야자 등의 식물과 여섯 명의 인디언 노예들, 원숭이를 비롯한 동물들을 바쳤다. 여왕은 그에게 해군 총제독의 칭호를 주었고 그의 집안을 귀족으로 승격시켰다.

달걀을 세워 보시오

콜럼버스가 바다를 통하여 인도에 도착했다는 엄청난 뉴스는 스페인을 열광의 도가니로 몰아넣었고 콜럼버스는 여왕과 계약한 특권록에 의해 서인도제도의 부왕 겸 총독이라는 칭호도 얻었다. 콜럼버스에게 가장 뜻 깊은 영광의 순간이었다.

콜럼버스가 얼마나 환대를 받았는지는 이사벨라 여왕과 페르디난드 왕에게 무릎을 꿇고 인사를 드릴 때 있었던 에피소드로도 알 수 있다. 콜럼버스가 무릎을 꿇으려고 하자 이사벨라 여왕은 의자에 앉게 했다. 군주와 함께 의자에 앉는다는 것은 격식을 좋아하는 궁정 내의 규범을 볼 때 그야말로 파격적인 대우가 아닐 수 없었다. 이를 못마땅하게 여긴 한 사람이 그의 빛나는 성과를 깎아내리려고 다음과 같이 질문했다.

"콜럼버스여, 당신이 인도제도를 발견하지 않았다고 해도 다른 누군가가 당신과 같은 시도를 하였을 것이오. 우리나라에는 세계 지리와 문학 방면에 뛰어난 인물들이 많이 있으니 말이오."

콜럼버스는 그 말에 대답을 하지 않고 달걀을 하나 갖고 오게 한 후 말했다.

"여러분 중에서 어느 누구든지 이 달걀을 아무것도 사용하지 않고 세워 보시오."

잠시 후 그들 모두가 차례로 시도해 보았으나 아무도 세우지 못했다.

그러자 콜럼버스가 달걀의 한쪽 끝을 조금 깨뜨린 후 달걀을 세웠다.

위대한 발명이나 발견이 진상을 알고 나면 너무나 쉬운 것 같아서 놀라는 경우가 많다. 그러나 그것을 처음 시도하려는 사람의 고민과 결단력을 생각하면 결과를 알고 난 후의 지적은 아무런 의미가 없다는 것을 콜럼버스는 정확하게 가르쳐 준 것이다.

이와 같은 점을 높이 샀기 때문에 콜럼버스는 1998년 〈라이프〉지가 선정한, 지난 1천 년의 세계사를 만든 1백대 인물 중에서 두 번째로 뽑히기도 한 것이다.

여하튼 다음해인 1493년 9월 콜럼버스는 스페인의 모든 영광을 한 몸에 받으며 제2차 탐험에 나섰다. 이때는 선박 17척에 1천5백 명이라는

콜럼버스의 달걀
콜럼버스의 대발견을 시기한 사람들이 그의 공을 깎아내리자 콜럼버스는 달걀을 세워 보라고 공격했다.

대 선단이었다. 이중에는 12명의 선교사, 농부, 광부, 목수 등이 포함되어 있었다. 그러나 그들이 아이티에 도착했을 때 부하들은 모두 인디언에게 죽음을 당한 후였다. 그는 이사벨라 여왕과의 약속에 따라 아이티에서 1백 킬로미터쯤 떨어진 곳에 이사벨라 시를 세우고 정복사업을 시작한다.

그러나 콜럼버스는 사실 운이 없었다. 그렇게 신대륙에서 악착같이 재화를 모으려고 했으나, 지금도 그렇지만 콜럼버스가 발견하고 통치한 지역은 아메리카 지역에서 가장 자원이 빈약한 곳이었다. 그가 나름대로 애를 썼지만 결론적으로 그를 파견한 이사벨라 여왕에게는 별다른 소득을 주지 못했다.

콜럼버스는 재화를 어떻게 해서든지 빨리 모아야 했기 때문에 상상할 수 없는 만행을 저지른다. 그는 원주민들을 인간으로 생각하지 않고 오직 자신의 부를 축적해 주는 수단으로만 생각했다. 원주민들은 생산되는 거의 모든 면화를 바쳐야 했고 금광 채굴에 강제로 동원되어 죽을 때까지 혹독하게 일해야 했다. 그의 압제가 얼마나 심했던지 단 3년 만에 원주민의 3분의 1이 사망했을 정도였다.

여하튼 콜럼버스가 거의 빈손으로 스페인에 도착하자 그에 대한 시선은 싸늘할 수밖에 없었다. 그는 우선 여왕과 체결한 특권록을 챙기기 시작했다. 그의 명성이 제2차 탐험에 의해 많이 추락하자, 여왕이 다른 항해사들에게 호의를 베풀 경우 자신에게는 치명상이 된다고 생각했기 때문이다.

콜럼버스는 스페인 정부로부터 받은 문서 원본을 챙기고 원본이 없는 것은 사본을 만들어 믿을 만한 친구에게 맡겼다. 콜럼버스는 자신이 여왕과의 계약에 의해 신대륙의 부왕 겸 총독이라는 것을 어느 누구에게나 알리는 데 주저하지 않았다.

콜럼버스가 자신의 특권을 최대한 이용한 계획은 적중하여 1498년 5월에 8척의 대형 범선과 40척의 작은 범선을 이끌고 제3차 탐험에 나설 수 있었다. 구관이 명관이라고 콜럼버스를 다시 한 번 밀어 주기로 결정한 것이지만 지원하는 선원이 없어 국왕의 배려로 죄수 3백 명을 동원했다.

그러나 그가 히스파뇰라로 도착하자 이번에는 반란이 일어나 있었다. 그는 무자비하게 반란군을 진압한 후 그곳을 총독답게 통치하기 시작했다.

하지만 시련은 거기서 끝나지 않았다. 함께 신대륙에 도착한 식민지 개척자들이 도저히 입에 맞지 않는 음식에서부터 예상보다 적은 금의 소출에 불만을 터뜨리며 콜럼버스에게 거짓말쟁이라고 비난을 퍼부은 후 스페인으로 돌아갔다. 그들은 스페인에 도착하자마자 콜럼버스 때문에 식민지 개척에서 얻어내는 이득이 적다고 고발한다.

파란만장한 콜럼버스의 인생역정

콜럼버스가 신대륙에서 나름대로 악착같이 재화를 모으려고 안간힘을 쓰고 있던 1500년 여름, 스페인 함대가 히스파뇰라에 도착하자마자 보바딜라는 자신이 새로운 총독으로 임명되었다고 통고한 후 곧바로 콜럼버스를 체포해서 동생 바르톨로메오와 함께 족쇄를 채워 스페인으로 송환했다. 보바딜라는 또 콜럼버스가 그 섬에 보관해 두고 있던 특권 문서들을 비롯한 모든 소유물들을 송두리째 압수했다. 한 마디로 콜럼버스를 철저하게 모욕 준 것이다.

콜럼버스는 죄수의 신분으로 스페인에 도착하자마자 감옥에 갇혔고 그에 대한 비난이 빗발쳤다. 첫번째 탐험에서 돌아와 함께 의자에 앉았던 파격적인 대우에 비하면 그야말로 굴욕적인 순간이었지만 콜럼버스는 신대륙에서의 실수를 만회하는 방법은 이사벨라 여왕의 사면을 받는 수밖에 없다고 생각했다. 콜럼버스는 자신이 여러 가지 실수를 저질렀지만 그 실수들은 여왕에게 보다 많은 재물을 바치려는 욕망 때문에 일어난 일이라며 선처를 요청했다.

콜럼버스의 탄원은 효력을 보아 이사벨라 여왕은 그를 석방하라고 지시한다. 놀랍게도 이사벨라 여왕은 콜럼버스가 첫번째 탐험에서 거둔 성과를 고려하여 그가 체포될 당시에 지니고 있던 모든 특권과 수익을 원상 복귀시켜 주었다. 물론 콜럼버스를 모욕한 보바딜라를 처벌해 달라는 청은 들어주지 않았다.

1502년 콜럼버스는 네 번째이자 마지막 항해에 나선다. 이번에는 보다 더 철저하게 자신의 특

이사벨라 여왕을 알현하는 콜럼버스
콜럼버스가 팔로스 항을 출발하기 전에 이사벨라 여왕과 페르디난드 왕을 알현하고 있다. 그러나 이 그림은 진실이 아니다. 이사벨라 여왕과 페르디난드 왕은 콜럼버스가 출발할 때 함께 있지 않았다.

권록을 챙겼다. 자신이 갖고 있는 권리는 지킬 수 있을 때에만 효력을 발휘한다는 것을 잘 알고 있었기 때문이다.

콜럼버스는 여왕으로부터 받은 특권록들을 여러 개 복사했다. 신세계를 향한 마지막 항해 길에 오를 때 그의 특권록 사본들은 콜럼버스가 계획한 여러 목적지로 출발했다. 그의 목적은 간단했다. 자신이 누리고 있는 특권을 시샘하는 사람들이 이를 아무리 말살하려 해도 콜럼버스가 갖고 있는 특권록이 단 한 부라도 존재하는 한 자신의 권리는 결코 사라지지 않을 것이라는 생각에서였다. 이와 같은 철저한 준비성 때문에 현재 콜럼버스의 생애를 거의 전부 정확하게 파악할 수 있는 것이다.

그러나 그에게도 지나가는 세월과 다가오는 운명은 어쩔 수가 없는 일이었다. 미우나 고우나 그를 적극적으로 지원하던 이사벨라 여왕이 1504년 겨울에 사망하자 그의 지위와 명예를 적은 특권록은 휴지가 되어 버렸다. 콜럼버스는 자신의 특권을 악착같이 보호하려고 했지만 더 이상 재기의 순간은 오지 않았고 결국 1506년 5월 세빌리아의 한 여인숙에서 세상을 떠난다. 신대륙을 발견한 콜럼버스로서는 너무나 쓸쓸한 죽음이었다.

기지가 번뜩이는 콜럼버스의 선원 무마 방법

콜럼버스의 여행으로 돌아간다. 콜럼버스는 아시아를 발견하기 위해 철저하게 모든 것을 준비했기 때문에 자기의 계획이 실패하리라고는 생각하지 않았다. 문제는 선원들이었다. 아무리 콜럼버스의 계획이 훌륭하다고 해도 막상 선박을 움직여야 하는 선원들이 이해를 하지 못한다면 항해 자체가 불가능해지는 것은 당연한 일이었다.

콜럼버스에게 따라다니는 전설이 매우 많은데 그중에서도 콜럼버스 혼자만이 지구가 둥글다는 것을 알았기 때문에 여행에 나설 수 있었다는 이야기는 어린이 전기책에도 나올 정도로 유명하다.

그러나 이 이야기는 모두 거짓말이다. 콜럼버스 시대보다 2천 년 전에도 지구가 둥글다는 것을 사람들은 알고 있었지만 그러한 정보가 사용될 분야가 없어 사장되어 버렸기 때문에 잠시 잊고 있었던 것이다.

그러나 그러한 전문적인 내용은 사실 지식인들만 알고 있었고 대부분의 사람들은 지구가 커다란 원반 같다고, 즉 편평하다고 생각하고 있었다. 그래서 선원들은 항해가 길어지면 지구 끝에 도달해서 추락하거나, 영원히 귀향하지 못할까 봐 두려워하고 있었다. 근해만 항해하던 선원들에게 먼바다로 항해하자는 것도 어려운 판에 미지의 세계를 찾으러 가자는 말을 선원들이 쉽게 납득하지 못하는 것은 너무나 당연한 일이었다.

물론 선원들도 콜럼버스의 약속대로 인도를 발견한다면 그들에게 엄청난 부가 제공된다는 것을 알고 있었다. 그러나 선원들의 두려움, 즉 항해거리가 지나치게 길다는 우려를 불식시키는 것이 항해 성공 여부의 관건임을 잘 알고 있는 콜럼버스였기에 마냥 자기의 주장만 고집할 수는 없는 일이었다.

콜럼버스는 약 3천2백 킬로미터쯤 항해하면 인도에 도착할 것으로 생각했지만 그로서도 내심 불안하지 않을 수 없었다. 그가 예상치 못한 일들이 튀어나와 항해가 길어질 경우 항해에서 폭동이 일어날 것은 불 보듯 뻔했고 선원들의 사기 저하로 목적지까지 가지 못하고 중도에서 회항

하는 것도 감안해야 했기 때문이다. 아무런 소득도 없이 돌아온다면 그 모든 책임을 콜럼버스가 져야 하는 것은 물론이었다.

여기에서 콜럼버스는 선원들의 두려움을 불식시키기 위해 기상천외한 방법을 생각해낸다. 소위 가장 그럴듯한 거짓말을 고안한 것이다.

그는 항해한 거리를 재기 위한 측정기를 두 개 준비한다. 하나는 선원을 위한 것이고 다른 하나는 자신만을 위한 것이었다. 전자는 실제 항해한 거리보다 짧게 기록되도록 조작했다.

실제로 이 측정기는 대단한 위력을 발휘했다. 선원들은 콜럼버스가 고안한 이 장치 덕분에 그들이 고향에서 그리 멀지 않은 곳을 항해하고 있다고 믿었다. 그래도 육지가 보이지 않자 많은 선원들이 다시는 육지를 볼 수 없게 되는 것은 아니냐고 낙담하였고 두려워하기도 했으나 그가 조작한 측정기로 계속 그들을 다독거렸다.

아이러니컬하게도 콜럼버스의 가짜 측정기는 그가 생각했던 것보다 더 진실에 가까웠다. 콜럼버스가 대양을 횡단하면서 측정했던 거리는 실제보다 평균 9% 정도 가산된 것이었다. 말하자면 그의 측정기는 거리를 실제보다 길게 계산했기 때문에 '가짜' 측정기는 진짜보다 더 사실에 가까웠던 것이다.

사실 콜럼버스의 신대륙 발견은 고난에 찬 산물이다. 콜럼버스의 계교는 어느 정도 효과가 있었지만 문제는 날짜였다. 그들이 항해하는 거리는 납득할 수 있다지만 항해하는 시간이 너무나 많이 지나가자 선원들이 또다시 동요하기 시작했다. 이제는 항해하는 거리가 문제가 아니라 본국으로 돌아갈 수 없게 될지 모른다는 생각에 두려워하며 돌아가자고 했다.

결국 콜럼버스는 선원들과 타협하여 3일간만 더 항해하자는 약속을 받아냈다. 약속한 3일 중에서 2일이 지난 후 그들은 마침내 육지를 발견했다. 선원들보다 콜럼버스가 더 기뻐했음은 물론이다.

콜럼버스의 속임수는 다른 곳에서도 발견된다. 당시 그는 육지를 처음 발견한 사람에게 거액의 금화를 약속했다. 이른 아침 전망대 위의 한 선원이 신대륙을 발견하고 '육지다'라고 외쳤다. 그러나 그 선원이 거액의 금화를 요구하자 콜럼버스는 이를 거부했다. 자신은 이미 전날 초저녁부터 망원경으로 보고 있었지만 새벽까지 기다렸다는 것이다. 훗날 거액의 금화는 콜럼버스의 차지가 되었지만 전날 초저녁에 다른 선원이 육지를 발견했다는 내용을 항해일지에 적어 놓아 더욱 비난을 받는 인물이 되기도 했다.

낭만적으로 말하자면 5백 년 전 콜럼버스의 항해는 한 인간으로 하여금 역사의 전환점이 된 위험천만한 원정을 감행토록 한 꿈과 희망, 야망 혹은 성취욕의 상징이라 할 수 있다. 그리고 여러 가지 특권들을 군주와의 협상에서 따내고 또 사본을 여러 부 만들어 자신의 권리를 지킬 만큼 풍부한 사업 감각을 지닌 '해양의 총사령관'으로서의 자질을 갖고 있었기 때문에 고난에 찬 항해를 시작할 수 있었다는 것도 사실이다. 더구나 콜럼버스는 순발력으로 가짜 측정기를 만들 만한 술수를 갖추고 있었던 것도 그의 항해가 성공한 이유 중의 하나였다.

그러나 콜럼버스의 이러한 야망 때문에 수많은 사람들이 그의 거짓말과 비인도적인 행동으로 고통을 받은 것 또한 사실이다. 그는 자신의 계획을 위해 무자비한 행동을 서슴지 않고 자행하여 스페인인은 물론 많은 인디언들을 살해했다. 그의 영광스러운 업적은 이런 비인도적인 행동을 토대로 이루어진 것이다.

사실 콜럼버스의 비참한 말로는 우리에게 다소 위안을 준다. 콜럼버스는 자신의 역량으로 얻은 모든 것을 악착스럽게 휘어잡으려고 했지만 인생은 그의 뜻대로 되지 않았기 때문이다. 다른 인간들을 착취하거나 탄압하면서 인간이 가질 수 있는 모든 영광을 지니도록 하는 것은 타인에게 불공평한 일인 모양이다.

그러나 콜럼버스가 비참하게 죽었다는 전설도 조작된 것이라는 주장이 있어 독자들을 씁쓸하게 만든다. 콜럼버스의 일생을 추적한 제임스 W. 오웬은 콜럼버스가 가난하게 비참한 생으로 마감했다는 통설을 반박하고 실제로는 부자로 죽었다고 주장했다. 콜럼버스는 그의 18대 후손에게까지 '대양의 장군'이라는 칭호를 물려주었고 수많은 재산을 상속했다는 것이다. 콜럼버스가 비참한 환경에서 죽었다는 전설은 그가 저지른 죄를 감안하여 많은 사람들이 임의로 조작했다는 뜻이다.

추악한 콜럼버스

콜럼버스가 아메리카를 발견한 이래 얼마나 인디언의 생태계와 문화를 손상시켰는지는 인구의 급격한 감소로 알 수 있다. 1492년에 서인도제도를 발견했을 때 아이티에 거주한 인디언의 수는 거의 8백만에 육박했는데 4년 후인 1496년에는 1백10만 명으로 줄었다. 이 숫자는 14세 이하의 어린이는 계산하지 않았다는 지적이 있지만 역사학자 커크패트릭 세일은 그렇다고 해도 3백만 명을 넘지 않았을 것이라 추정했다.

놀라운 것은 1516년에 콜럼버스가 주도한 인디언 노예정책과 노동정책으로 수백만 명의 인구에서 1만 2천 명만 남았고 1542년에는 고작 2백 명이 살았으며 1555년에는 이들 모두가 사라졌다는 점이다. 스페인 지배하의 아이티는 인종 말살의 최초 예 중의 하나로 인구수만을 따진다면 나치하의 유태인보다 더 많은 사람들이 죽었다.

콜럼버스는 1493년 제2차 항해에서 이사벨라 여왕으로부터 받은 17척의 배와 1천5백 명의 대부대를 동원하여 아이티를 재방문했을 때 부하들이 모두 죽은 것을 빌미로 인디언에게 강력한 보상을 요구했다. 음식과 황금, 목화는 물론 인디언 여자들과의 성관계도 포함시켰다. 특히 콜럼버스는 1496년 이사벨라 여왕에게 '성부 성자 성신의 이름으로 우리는 이곳에서 모든 노예를 보낼 수 있고, 팔 수 있는 브라질산 목재도 보낼 수 있다' 라는 글을 보내는 등 인디언들을 사냥하여 노예로 보내는 데 결정적인 역할을 했다.

인디언들의 인구수가 급격히 줄어든 이유는 스페인 사람들의 착취 때문이다. 제임스 W. 오웬은 아이티에서 콜럼버스와 함께 간 스페인 사람들은 인디언들에게 금광을 파게 하고 자신들에게 필요한 식량들을 경작하게 했는데 이들이 얼마나 가혹했는지는 페드로 드 코르도바가 1517년에 페르디난드 왕에게 보낸 편지에서도 볼 수 있다고 말했다.

'그들이 겪는 고통과 노동 때문에 인디언들은 자살하거나 자살을 시도합니다. 때때로 백 명이 집단으로 자살한 경우도 있습니다. 여자들은 임신과 출산을 기피합니다. 임신한 경우에도 유산하려고 노력하는데 그것은 자식들을 노예상태에서 벗어나게 하려는 목적 때문입니다. 출산 후 자신의 손으로 아이를 죽이는

인디언들이 많이 있습니다.'

콜럼버스는 약 5천 명의 노예를 스페인으로 보냈지만 이사벨라 여왕은 노예제도를 딱 부러지게 반대했다. 그래서 스페인으로 보내진 일부 인디언들은 지중해로 되돌려 보내지기도 했다. 그러나 포르투갈은 재빨리 콜럼버스의 노예 매매를 모방했고 영국은 북아메리카의 대서양 쪽 해안에 교두보를 설치한 후 노예 매매를 부추겼다. 프랑스인들도 노예 사냥에 여념 없었고 이사벨라 여왕이 사망하자 스페인도 본격적으로 노예 사냥에 뛰어들었다.

콜럼버스의 폐해는 이것뿐만 아니다. 콜럼버스 일행은 첫번째 항해에서 풍토병인 매독에 걸렸다. 스페인에 귀국한 콜럼버스가 바르셀로나에서 이사벨라 여왕을 접견하는 동안 이 병은 바르셀로나 시 전체에 퍼졌다.

1494년 이탈리아의 르네상스를 결정적으로 쇠퇴시킨 이탈리아 전쟁이 일어났다. 이 전쟁은 프랑스의 찰스 8세가 3만의 프랑스군을 동원하여 벌인 전쟁인데 당시 분할되어 있던 이탈리아는 프랑스군을 대항할 수 없어 계속 패퇴하고 있었다. 그런데 기적이 일어났다. 나폴리를 포위한 프랑스군에 갑자기 매독이 퍼져 거의 전멸하다시

추악한 콜럼버스
1504년 디오도르 드 브라이가 콜럼버스의 잔인함을 한 폭의 그림에 담았다. 그림에는 스스로 찌르고 독을 마시고, 낭떠러지에서 떨어지고 목을 매달아 자살하고 어린아이를 죽이는 인디언이 보인다.

피 하는 바람에 찰스 8세는 승리를 목전에 두고 철수하지 않을 수 없었다. 당시 프랑스군에 딸린 창녀들이 스페인으로부터 온 매독을 옮겼기 때문이다. 매독은 곧바로 전 유럽으로 퍼졌다. 이 때문에 프랑스에서는 매독을 나폴리 병이라고 부르고 다른 나라에서는 프랑스 병이라고 부른다.

매독은 바스코 다 가마에 의해 인도의 칼리카트에 상륙했고 곧바로 동남아시아와 중국, 일본 등에 전해졌다. 콜럼버스가 첫번째 항해를 한 지 겨우 20년이 지나서였다.

콜럼버스의 최초 상륙지와 묘지

콜럼버스가 처음으로 도착한 지점, 즉 그가 '산살바도르'라고 명명한 섬이 어디인가는 많은 학자들의 관심거리였다. 유명한 항해일지는 그가 죽은 후 얼마 안 있다가 행방불명이 되었고 수많은 가짜가 나타나 혼란을 주었다. 한데 다행히 콜럼버스가 죽기 전에 후레이 라스 가호스라는 한 승려가 원본에서 1492년 10월 12일자 항해일지를 복사한 것이 발견되었다.

그의 항해일지엔 10월 11일 밤에 강한 동풍이 불었고 달빛 아래서 육지의 돌출부를 처음 발견한 사람은 빈타 호의 승무원 로드리고라는 수부였다고 적혀 있었다. 강태원의 《세계의 진담》에서 인용한다.

"섬은 매우 크고 평편하다. 섬의 중앙에는 커다란 호수가 있으며 섬의 모양은 강낭콩 같은 형태이다."

"미명에 나는 범선으로 섬의 동쪽 해안을 끼고 항해했다. 원주민들이 상륙해 올라오라고 했으나 섬을 둘러싸고 있는 일련의 암초가 마음에 걸렸다. 그러나 암초의 안쪽에서 전 기독교 국가들의 선박을 전부 수용할 수 있는 넓은 항구를 발견했다."

바하마 군도는 30개의 큰 섬과 6백여 개의 작은 섬들로 이루어져 있으므로 이중에서 콜럼버스가 최초로 발견한 육지가 어느 섬인지를 확인하는 것은 쉬운 일이 아니다. 과거에는 미국의 수필가인 워싱턴 어빙이 해군장교의 주장에 따라 캣 섬(고양이 섬)을 산살바도르 섬으로 적었다. 그러나 이 섬에는 콜럼버스가 말한 호수가 없다는 것이 치명적이었다.

수많은 탐사가 이루어졌고 고증을 통해 1892년 콜럼버스의 아메리카 발견 4백 주년 때 '왓트링 섬'으로 최종 결론을 내렸다. 이곳은 만으로 형성되어 있고 주위에는 산호초가 천연 방파제로 둘러싸여 있으며 안쪽으로는 폭이 1마일이나 되어 당시 유럽의 전 선박을 수용하고도 남을 만한 곳이다. 현재 이 섬에는 약 1백 명 정도의 흑인이 살고 있으며 콜럼버스의 유적을 찾는 관광객들만 방문한다.

콜럼버스의 시신이 어디에 있느냐도 논쟁거리였다. 콜럼버스는 1506년 스페인에서 사망했는데 그는 제1차 항해 때에 발견한 아름다운 섬 '히스파뇰라(하이티 섬)'에 자신을 묻어 달라고 유언했다. 그곳엔 현재 산타 도밍고 항구가 있고 콜럼버스가 제일 먼저 만든 식민지이다.

콜럼버스의 시신은 그가 죽은 지 30여 년이 지난 다음 그를 위해 건설된 교회에 이장되었다. 이때에 그의 아들인 디에고 콜럼버스의 유해도 아버지 곁에 합장되었고 115년 동안 아무런 일 없이 지나갔다. 그런데 1655년 영국이 산타 도밍고를 공격하자 교회는 영국인들이 콜럼버스의 유해를 훼손할 것을 염려하여 콜럼버스의 흔적을 모두 없애버렸다.

1795년에 국제 상황이 바뀌어 프랑스가 스페인이 통치하고 있던 하이티 섬의 반쪽을 내놓으라고 하자 스페인인들은 콜럼버스의 유해를 쿠바로 옮긴다.

문제는 1877년 스페인의 산타 도밍고 교회를 재건할 때 제단의 밑에서 'D. de la A. per. Ate'라는 글자가 조각된 관이 발견된 것이다. 콜럼버스를 연구하던 크로나우 박사는 이것을 '아메리카의 발견자 제1급 제독(Descubridor de la America primer Almirante)'으로 해석했다. 관의 3면에 C, C, A자가 한자씩 새겨져 있는데 이것도 '크리스토발 코론 제독(Criztoval Colon Almirante)'으로 해석되었다. 교회에서는 뚜껑관을 열었고 뚜껑관의 내부에 '위대한 명성을 갖고 있는 크리스토발 콜럼버스 남작(Illtre y Esdo Varon de Criztoval Colon)'이라는 글자가 있었다.

그렇다면 이 관이야말로 진짜 콜럼버스의 유해가 담긴 관이었고 쿠바의 하바나 사원에 있던 콜럼버스의 관은 가짜가 된다. 진상은 곧바로 밝혀졌다. 콜럼버스의 아들을 콜럼버스로 알고 쿠바로 옮긴 것이다. 그러나 콜럼버스의 유해는 워낙 중대한 사안이므로 스페인 정부는 산타 도밍고에 원래부터 있던 유해를 콜럼버스의 진짜 유해라고 인정하지 않았다. 1898년 쿠바가 독립하자 스페인 정부는 콜럼버스의 유해가 스페인 영토 내에 안치되어야 한다고 주장하고 쿠바에 있던 관, 즉 아들 디에고의 관을 스페인 본국인 세비리아로 옮겼다. 공식적으로 콜럼버스의 유해는 세비리아와 산타 도밍고 두 곳 모두에 묻혀 있다.

신대륙의 발견자는 콜럼버스가 아니다

1992년 콜럼버스의 신대륙 발견 5백 주년 기념일에 콜럼버스의 위업을 기리는 행사가 많이 열렸지만 한편으로는 콜럼버스가 신대륙의 발견자가 아니라는 주장도 많이 제기되었다. 이들 주장 중에는 터무니없는 것도 있지만 상당한 설득력을 지닌 것도 있으므로 〈리더스 다이제스트〉에 실린 내용을 참조하여 몇 가지 인용한다.

1889년 미국 테네시 주 뱃크리크에 있는 무덤에서 9개의 유골과 돌판을 발견했다. 돌판의 글자는 인디언 체로키족의 것으로 추정되었는데 초기중동언어 전문가 고든이 그 돌을 거꾸로 조사한 결과 '유태인을 위하여' 또는 '유태를 위하여'라는 글자를 발견했다. 이 글자는 서기 130년경에 만들어진 히브리 동전의 글자와 유사했다.

고든은 테네시에서 발견된 9개의 유골은 132~135년에 로마의 박해를 피해 도망친 유태인 피난민의 후손이라고 단정한다. 그들이 로마의 압제로부터 가능한 한 멀리 도망치다가 대서양을 건너게 되었고 멕시코만으로 들어서자 강을 거슬러 올라가 뱃크리크에 도착했다는 설명이다.

수십 년 전부터 학자들은 고대 중국 문화와 콜럼버스 이전의 멕시코 문화 사이에 놀라운 유사점이 있음을 발견했다. 용 문양, 기우제, 삼각(三脚)도기, 옥 장식, 종이 만드는 기술 등. 학자들은 5세기의 불교 승려 후이센을 주목하고 있다. 후이센과 다른 4명의 승려가 '대동해'를 건너 푸상이라는 곳에 도착했다는 기록이 있다. 그들은 그곳에서 먹을 수 있는 싹과 붉은 열매 그리고 옷과 종이를 만드는 원료가 되는 껍질을 가진 나무를 보았다고 적었다. 이런 원료에 딱 알맞은 나무는 멕시코에서 흔히 있는 용설란으로, 줄기를 먹을 수 있고 옷과 종이 제조에 사용할 수 있는 껍질을 갖고 있다. 그러나 용설란에는 붉은 열매가 달리지 않는데다가 후이센에 관한 고고학적 유물이 발견되지 않으므로 그들의 신대륙 도착을 확증하지는 못하고 있다.

또한 얼마 전 영국의 아마추어 역사가 가빈 멘지스는 15세기 명나라의 정화(鄭和) 제독이 미국 대륙을 최초로 발견했다고 주장했다. 그는 정화 탐험대의 1421~1423년 이동 경로를 연구, 정화 탐험대가 콜럼버스보다 72년 앞서 미 대륙에 도착했으며 그 증거로 1459년에 제작된 구형도를 제시했다. 이 구형도에는 중세 페니키아어로 1420년 희망봉을 돌아 대서양의 카보 베르데 제도까지 갔던 항해기록과 중국 정크선의 그림이 있다.

12세기 웨일스의 머독 왕자는 아버지가 죽자 형제들끼리 싸움을 벌이는 것을 보고 웨일스를 떠나 항해에 나섰다. 그는 지금의 플로리다인 '노바이스파니아'에 도착했다가 웨일스로 되돌아와서 10척의 배에 정착민을 가득 태운 뒤 다시 서쪽으로 사라졌다. 신대륙에 피부가 희고 눈이 파랗고 웨일스어로 말하는 인디언이 있다는 이야기가 19세기까지 나돌았다. 학자들은 이들이 현재 미국의 다코다로 이주한 만단 인디언이라 추정한다. 그러나 일부 역사가들은 머독 왕자의 전설은 영국인들이 북아메리카에 대한 권리를 주장하기 위해 꾸며낸 얘기라고 보고 있다.

가장 유명한 신대륙 발견 이야기는 노르웨이 바이킹인 비야르니 헤르욜프손이 986년에 아메리카를 발견했다는 전설이다. 그러나 그는 육지에 상륙하지 않고 캐나다 근해를 항해하다가 급히 그린란드의 노르웨이 정착지로 돌아갔다. 그리곤 약 14년 후에 용감무쌍한 레이프 에릭손이 그린란드—캐나다 항로를 따라 항해하다가 빈랜드라고 부르는 곳에 상륙했다고 13~14세기에 발간된 플래티 북(Flatey Book)에 기록되어 있다. 역사학자들은 이 기록으로 미루어 바이킹이 콜럼버스보다 5백 년이나 앞서 신대륙을 발견했다고 믿었다. 그러나 바이킹이 살았다는 빈랜드가 어디인지 찾을 수 없다는 것이 문제였다.

고고학자들의 신념은 틀리지 않아 1961년 잉스타드는 캐나다의 뉴펀들랜드 북쪽에 있는 랑스오메도우(L'anse au Meadows) 마을에서 바이킹이 살던 자취를 드디어 찾아낸다. 그는 넓적한 돌로 가장자리를 두른 화덕 자리와 냄비, 난로의 흔적도 찾았다. 1963년에는 포큐파인 곶 바닷가에

신대륙에 도착한 레이프 에릭손
20세기초의 그림으로 바이킹 레이프가 신대륙에 도착하는 장면을 묘사했다.

서 가로 21미터 세로 16미터나 되는 집터를 찾아냈고 대장간도 발견했다. 이곳에서 발견된 석탄과 나무의 방사능탄소 측정치로 알아본 결과, 석탄은 서기 900년, 나무는 서기 1000년경의 것이었다. 그들의 발견이 고고학자들로부터 바이킹의 유적이 틀림없다고 인정받음으로써 유럽인들의 신대륙 발견은 콜럼버스보다 5백 년이나 앞섰음을 증명했다.

콜럼버스가 아메리카를 발견한 첫 유럽인이 아니라는 주장으로 인해 그의 권위가 약간 흔들릴지는 모르지만 대수로운 것은 아니다. 콜럼버스를 깎아내리는 학자들도 그의 공을 인정하는 데 인색하지 않기 때문이다. 역사가 사이러스 고든은 그의 업적을 다음과 같이 평했다.

> "콜럼버스의 업적을 부인하지는 않는다. 그는 전 세계에 그의 성공적인 항해를 알림으로써 동서반구를 결합시켰다. 말하자면 그는 신대륙 발견자 중에서 가장 먼저 기자회견을 한 사람이다."

바이킹의 빈랜드 유적
바이킹 레이프 에릭손이 콜럼버스보다 5백 년이나 앞서 신대륙에 도착했다는 것은 캐나다의 뉴펀들랜드에서 전설로만 내려오던 빈랜드의 유적을 찾아냄으로써 사실로 확인되었다.
-《발굴과 인양》에서 인용

설사 다른 사람들이 콜럼버스보다 앞서 신세계에 갔었다 하더라고 콜럼버스 항해의 중요성은 그로부터 유럽인들의 신대륙 이주가 시작되었다는 것이다. 마크 트웨인은 콜럼버스 이전의 아메리카 발견 주장에 대해 재미있는 견해를 발표했다.

> "이미 많은 사람들의 연구가 이 문제를 아리송하게 만들어 놓았다. 콜럼버스에 대한 연구가 계속되면 될수록 우리는 곧 이 문제에 관해 아무것도 모르게 될 것이다."

위대한 거짓말쟁이 아메리고 베스푸치

미지에 대한 거짓말은 초창기 탐험가들에게는 다반사로 이루어지는 일이었다. 그들 중에서도 가장 성공한 사람은 콜럼버스보다는 아마도 아메리고 베스푸치일 것이다. 이탈리아의 상인이자 탐험가였던 그는 자신의 이름을 지도 위에 남겼기 때문이다. 북아메리카와 남아메리카 대륙이 그것이다.

베스푸치는(1454~1512)는 1497년 자신이 아메리카 대륙을 발견했고 또한 1499년, 1501년, 1503년 계속하여 그 대륙에 갔다 왔다고 주장했다. 그는 한 편지에서 '1501년에 다녀온 곳은 남아메리카의 해안이었다'고 하면서 '우리의 조상들은 알지 못했기 때문에 그곳을 신대륙이라 부를 수 있다'라고 썼다.

놀랍게도 콜럼버스는 베스푸치의 이 같은 주장에 대해 어떠한 이의도

제기하지 않았다. 그는 1492년 자신이 도달한 섬들이 인도의 일부라고 생각했기 때문이다.

1507년 독일의 지리학자 M.발트제뮐러가 그의 저서 《세계지 입문(世界誌入門)》에서 아메리고의 이름을 기념하여 그것을 아메리카라고 부르기를 제창하였다. 이 같은 결정은 베스푸치의 탐험기를 담은 《신세계》, 《4회의 항해에서 새로 발견된 육지에 관한 아메리고 베스푸치의 서한》 등이 출판되어 많은 사람들에게 읽혔기 때문이다. 북아메리카 대륙의 명칭도 남아메리카를 발견한 예우로 붙여진 것이다.

그런데 현대의 학자들은 베스푸치가 1497년의 항해에는 참여조차 하지 않았다고 생각한다. 1497년의 항해에 대한 베스푸치의 서신들을 검토한 결과 그가 항해에 참여했다고 볼 수 없으며 세 번째 탐험의 경우도 날짜나 거리 같은 중요한 세부 항목에 있어서 모순점이 나타난다고 말한다. 역사가들은 베스푸치가 더 이상 신대륙의 발견자가 아니라고 확신한다.

더구나 베스푸치는 자신이 항해를 직접 지휘한 사람이라고 적었지만 실제로 그가 선상에서 맡은 역할은 현대로 치면 선박의 조타수에 해당하는 것이다. 그럼에도 베스푸치는 자신에게 가장 이로운 말을 유포시킴으로써, 즉 거짓말을 함으로써 그 당시까지 알지 못했던 대륙에 자신의 이름을 붙였다. 역사상 가장 현명한 거짓말쟁이 중의 한 사람으로 인정받은 것이다.

초기 항해가들의 영향이 얼마나 컸는가는 세계지도를 보면 알 수 있다. 남미에서 모든 나라들이 스페인어를 쓰고 있는데 브라질만은 포르투갈어를 사용하고 있다. 남미 대륙의 이러한 분할은 초창기 지리상 발견에 대한 경쟁과 타협의 결과이다.

원래 콜럼버스는 포르투갈의 지원을 얻어 인도를 발견하려고 했지만 결국 스페인의 지원을 받아 어느 누구도 상상하지 못했던 신대륙을 발견했다. 콜럼버스가 도착하자 스페인은 로마 교황에게 새로 발견한 지역은 모두 스페인 영토라고 선언해 달라고 요청했다.

그러나 문제는 당시의 강대국 포르투갈이었다. 사실 먼 거리의 항해는 포르투갈이 약간 앞선 상태였다. 15세기초에 엔리케 왕자는 아프리카 서해안을 남하하여 인도로 가는 항로를 탐색했다. 1487년에는 조앙 2세의 지원을 받은 바르톨로뮤 디아스가 희망봉에 도착했다. 콜럼버스가 포르투갈의 조앙 2세의 지원을 얻기 위해 동분서주한 것도 이러한 배경 때문이다.

스페인의 요구는 교황청으로서도 골머리 아픈 일이었다. 콜럼버스의 발견으로 인한 선취권을 스페인에게 인정해야겠지만 당시의 강대국인 포르투갈의 영향력도 무시할 수는 없기 때문이다. 결국 교황청에서는 베르데 제도에서 서쪽으로 약 6백 킬로미터 떨어진 지점에 남북으로 선을 그어 그 서쪽의 발견지는 스페인이, 동쪽의 발견지는 포르투갈이 차지한다는 인테르 카에테라 교서를 1493년에 발표한다.

그러자 포르투갈이 이에 즉시 항의한다. 먼 거리 항해에 관한 한 자신들이 앞섰고 콜럼버스의 항해도 자신들이 이루어놓은 업적 때문에 가능했다는 것이다. 결국 두 나라는 교황청의 중재로 서로 협의한 후 1494년에 경계선을 좀 더 서쪽인 서경 46도 37분으로 옮겼다. 이것이 토르데실라스 조약이다.

오늘날로 보면 말도 안 되는 이야기이지만 당시에는 교황의 권력이 절대적이었기 때문에 유럽인들은 이런 조치를 당연한 것으로 생각했다. 이 조약의 결과 포르투갈이 브라질로부터 대서양, 아프리카, 인도양, 인도네시아를 식민지로 허가받았고 스페인은 아메리카, 태평양, 필리핀을 식민지로 확보할 수 있었다.

그러나 곧바로 상황은 바뀐다. 이 두 나라의 영향력이 쇠퇴하고 영국과 프랑스가 유럽의 강대국으로 떠오르자 이들은 토르데실라스 조약을 무시하고 영토 쟁탈전에 뛰어들었다. 결국 아프리카에 있는 수많은 지역들이 이들의 영향 밑으로 들어가게 된 이유는 한마디로 배가 아팠기 때문이다. 국가라는 틀도 사실 인간이 만든 것이므로 다른 국가의 인간들이 잘되는 것을 눈뜨고 볼 수는 없었던 모양이다.

2. 링컨의 노예 해방

링컨이 역사상 가장 위대한 인물 중의 한 명으로 뽑힌 것은 노예 해방을 직접 주도했다는 업적 때문이다. 그러나 링컨에 대한 가장 큰 비난 중의 하나는 놀랍게도 링컨이 절대로 노예 해방론자가 아니라는 것이다. 노예 해방을 선도했다는 것 자체가 사상 최대의 거짓말이라는 뜻이다. 그럼에도 불구하고 그에 의해 노예가 해방된 것은 틀림없는 사실이다. 그렇다면 링컨에 대한 이런 상반된 의견이 나오게 된 이유는 뭘까?

노예 해방에 불을 붙인 스토우 부인

1860년 미국 제16대 대통령으로 링컨이 당선되자 공화당을 반대하는 남부 11개 주는 합중국 탈퇴를 선언하고 새로 아메리카 연방을 결성했다. 그들은 민주당의 제퍼슨 데이비드를 대통령으로 선출했고 수도는 버지니아 주의 리치몬드로 정했다.

땅이 넓고 기름진 남부는 식민지 시대부터 대규모 농장이 발달했고 노

링컨의 통나무집
켄터키 주에 있는 링컨의 오두막집은 가난뱅이에서 대통령이 된 링컨의 신화를 뒷받침한다. 실제의 오두막집은 링컨이 대통령이 되기 전에 파손되었으며 사진의 오두막집은 1894년에 지어졌다.
―《선생님이 가르쳐 준 거짓말》에서 인용

2. 링컨의 노예 해방 ▶ 49

동력은 흑인 노예를 이용했다. 특히 그들은 대 농장에서 면화 등을 재배하여 영국에 수출하고 생활필수품을 수입했기 때문에 자유무역을 추구했다. 반면 북부는 철과 석탄 등 풍부한 자원을 바탕으로 한 자본주의적 공업이 발달했으므로 임금을 받는 노동자들이 많이 필요했다. 이것은 남부와 북부에서의 노동력에 대한 가치관의 차이를 단적으로 보여 주는 것이다.

사실 노예 문제는 남부에서 먼저 폐지하려고 생각했었다. 당시 미국에서 생산되는 목화는 전부 영국으로 수출했는데 결정적인 단점이 있었다. 그것은 목화씨를 빼는 데 너무나 많은 시간이 걸려서 실제로 농장주들에게 돌아가는 이익이 많지 않다는 것이었다.

그러나 1793년 엘리 휘트니라는 미국 발명가가 목화의 씨를 뽑아 솜을 타는 조면기를 발명하자 상황은 급변한다. 그의 조면기는 당시 인력으로 했던 것에 비해 무려 3백 배나 빨리 목화씨를 뽑았다. 마침 영국도 산업혁명 덕택에 수많은 기계로 많은 옷감을 짤 수 있는 대량 생산 체제로 돌입했다. 즉 영국의 면방직 공업의 발전은 미국 남부의 면화를 더 많이 필요로 했고 이에 따라 남부 농장주들의 노예에 대한 수요도 점점 더 커져 갔다.

한편 노예제 확대는 세계적으로 보아 시대에 역행하는 것이었다. 영국은 1833년에, 프랑스는 1848년에 노예제를 폐지했다. 남부와 북부의 경제적 여건이 너무나 차이가 났기 때문에 미국은 이 골머리 아픈 문제를 각 주의 자치에 맡겼다. 결국 남부는 노예제를 인정하고 북부는 이를 금지하여 자신들의 이익을 챙겼다.

문제는 서부 개척으로 인해 새롭게 주로 편입된 지역에 노예제를 어떻게 할 것인가였다. 1820년 남북은 미주리 협정을 맺어 북위 36도 30분을 경계로 그 이남에만 노예제를 인정하기로 했기 때문이다. 그러나 이 협정도 1836년 텍사스 주가 에스파냐로부터 독립하여 1845년에 미합중국에 합쳐지면서부터 꼬이기 시작한다.

여기에 노예제도 반대 운동도 가세를 한다. 1831년경부터 게리슨 등이 중심이 되어 노예 문제를 경제적, 정치적인 문제로 보기보다는 도덕적, 인도적인 차원에서 다뤄야 한다고 주장했다. 그들은 노예 폐지의 수단으로써 폭동이나 무장 봉기와 같은 정치 활동을 피하고 노예제도 자체의 악질적 죄의식을 환기시켜 인간성 회복을 일으키자는 소위 모럴 슈에이션(Moral Suasion)을 목표로 했다. 이들의 주장이 큰 반향을 일으키지는 못했지만 1832년에 마침내 조직화에 성공하였고 보스턴에 뉴잉글랜드 노예제 반대협회를 창설했으며 1833년에는 전국적 조직으로 확산되어 다수의 노예 폐지론자들을 규합했다.

흑인도 인간이라는 도덕적인 면을 강조하는 그들이 세를 점점 불려 가고 있는 도중인 1848년, 캘리포니아의 한 물레방앗간에서 금이 발견되었다. 이를 시작으로 서부로 서부로 사람이 몰려가기 시작했다. 바로 이 골드러시가 노예제도 폐지의 기점이 된다. 캘리포니아는 주 편입에 필요한 인구 6만 명이 순식간에 넘어 버렸고 이 새로운 주에서 노예를 인정하느냐 안 하느냐로 설전이 벌어지기 시작한 것이다.

이런 와중에 1852년 스토우 부인의 《톰 아저씨의 오두막(Uncle Tom's Cabin)》이 발간되었다. 그녀의 소설은 당시의 정치와 사회적인 면을 반영하여 노예의 비참한 생활을 고발한 것인데 놀랍게도 미국 전역을 강타하는 초베스트셀러가 되었다. 노예 문제가 전국적인 관심사가 된 것이

| 스토우 부인과 《톰 아저씨의 오두막》의 표지

다.

1859년 존 브라운은 12명의 지지자들을 이끌고 웨스트버지니아 주에 위치한 하퍼스 페리에서 연방군의 무기고를 습격하고 흑인들에게 봉기할 것을 호소했다. 그와 동조자들은 체포되어 모반, 살인, 범죄 공모죄로 사형 당했지만 이 사건을 계기로 여러 교파가 남북으로 분열되었고 각 정당과 연방의회도 노예제 문제로 분열되었다.

이때 공화당의 대통령 후보로 지명된 사람이 링컨이었다. 이 선거에는 세 명의 대통령 후보가 나섰는데 남부 대표인 민주당 후보 브레킨리지는 노예제도의 존속을 주장했고 중도파인 더글러스 후보는 노예 문제는 국민투표로 결정하자며 머뭇거렸다. 반면에 북부를 대표하는 링컨은 노예제도는 인간의 기본권인 자유와 평등에 어긋나므로 다른 국가들이 이미 폐지하고 있는 상태에서 미국만 노예제도를 계속할 수는 없다고 주장했다.

노예 폐지론자 존 브라운
노예 폐지 과격론자인 존 브라운 목사는 연방군의 무기고를 습격하다가 체포되어 교수형에 처해졌지만 이 일은 노예 폐지론에 불을 붙이는 계기가 되었다.

링컨 = 노예 해방

1860년 11월 링컨이 대통령에 당선되었다. 그의

대통령 당선은 바로 노예제도 폐지를 예고하는 것이었다. 남부인들은 링컨을 지지한 표의 99%가 자유 주에서 나왔다는 이유로 사우스캐롤라이나를 선두로 7개 주가 연방에서 탈퇴하였고 1861년 2월 4일 제퍼슨 데이비스를 대통령으로 하는 아메리카 연방, 즉 '남부연합국'을 선포했다.

1861년 3월 4일 링컨은 취임식에서 미합중국의 헌법은 각 주의 자치는 인정하되 합중국에서 빠져 나가 새 나라를 세우진 못하게 정하고 있다고 주장했다. 그러므로 7개 주가 합중국에서 탈퇴하는 것은 미합중국의 헌법에 어긋나는 행동이므로 이를 막을 권리가 있다고 천명했다.

그러면서도 그는 노예제도가 존재하는 주의 문제는 계속적으로 개입하지 않겠다고 말했다. 개인적으로 노예들에 대해 동정적인 태도를 가지고 있었을지는 모르지만 그의 가장 큰 우려는 노예제 문제를 놓고 격렬하게 대립하여 남과 북이라는 '두 개의 미국'으로 분리되는 것이었다. 따라서 그에게 노예제 문제는 연방의 통일이라는 문제보다 항상 뒷전이었다.

링컨의 노예 해방에 대한 소신은 여러 번 오락가락했다. 링컨은 1858년 7월에 일리노이 주 시카고 연설에서 다음과 같이 자신의 의견을 말했다.

> "이 사람이니 저 사람이니, 이 인종이니 저 인종이니, 어떤 인종은 열등하므로 열등한 위치에 있어야 한다느니 하는 따위의 모든 모호한 말들을 버립시다. 우리는 이 모든 것을 버리고 이 땅의 단일한 국민으로서 뭉쳐야 합니다. 그리하여 우리는 모든 사람은 날 때부터 평등하다는 선언을 지지하게 될 것입니다."

이 내용을 자세히 분석하면 링컨은 노예 해방에 대해서 찬성하는 것으로 볼 수 있다. 링컨의 흑인에 대한 생각은 노예제도를 혐오한 아버지로부터 배웠다고 볼 수 있다. 그의 아버지는 어찌나 인종적 노예제도를 반대했는지 켄터키 주에서 인디애너 주로 이주했을 정도였다. 링컨이 친구 조쉬 스피드에게 1840년대 중반에 쓴 편지는 흑인에 대한 동정심이 엿보인다.

'자네도 기억할 거야. 루이스빌에서 오하이오 입구까지 가는 배에 10 내지 12명의 노예가 있었는데 그들은 모두 철사로 묶여 있지 않았나. 그것을 본 후 나는 계속 괴로웠는데 오하이오나 다른 노예 주에 갔을 때도 같은 장면을 목격했네.'

그러나 1858년 9월 일리노이 주 찰스턴에서 한 연설은 노예 해방에 대해 완전히 다른 견해를 피력한다.

"나는 어떤 방법으로든 백인과 흑인이 정치·사회적으로 평등하게 되는 것을 찬성하지 않으며, 찬성했던 적도 없습니다. 흑인에게 선거권이나 배심원의 권한을 주는 것, 그들이 공식적인 지위를 갖는 것, 또한 백인과 결혼하는 것에 찬성하지 않습니다. 그리고 그들이 우리와 함께 머무르고 있는 한 그들이 우리처럼 살 수 없으므로 상층과 하층 계급은 반드시 존재하게 됩니다. 다른 사람들과 마찬가지로 나도 상층의 지위는 백인들에게 할당되어야 한다는 데 찬성하고 있습니다."

이 연설을 보면 링컨은 노예 해방에 대해 적극적으로 반대하였음을 알 수 있다. 링컨이 자신의 속마음을 내비친 서한도 있다. 이것은 링컨이 뉴욕 〈트리뷴〉지의 호레이스 그릴리에게 보낸 편지의 일부이다.

'이 전쟁에서 나의 최대 목표는 연방을 구하는 데 있으며 노예 제도를 유지하거나 없애려는 데 있는 것이 아닙니다. 만약 어떤 노예도 해방시키지 않고 연방을 유지할 수 있다면 나는 그렇게 하려고 합니다. 그러나 노예를 해방시킴으로써 연방을 구할 수 있다면 또한 그렇게 할 것이며, 일부는 노예로 남겨 두고 일부만 해방시킴으로써 연방을 유지할 수 있다면 또한 그렇게 하겠습니다. 내가 노예나 흑인에 대해 어떤 정책을 시행하는 것은 그렇게 함으로써

전장에서의 링컨
1862년 10월, 메릴랜드 주 안티텀 운하에서 장병들을 격려하고 있다. 링컨은 이듬해 1월 노예 해방을 선언했다.

2. 링컨의 노예 해방 ▶ 55

연방을 구하는 데 도움이 되기 때문이며, 도움이 되지 않을 경우에는 어떤 정책도 삼갈 겁니다.'

링컨의 생각은 단순했다. 단일 연방의 유지야말로 미국 정부가 지켜야 할 궁극적인 목표이며 노예제 폐지는 정치적 이해에 따라 찬성할 수도, 반대할 수도 있다는 뜻이다. 결국 그는 노예제도에 관한 한 소신을 갖고 있지 않았다.

그러나 링컨의 이러한 모호한 태도가 오래갈 리 없었다. 그가 대통령으로 취임한 지 한 달밖에 되지 않은 1861년 4월 12일 섬터 요새에 대한 남부의 공격으로 남북전쟁이 시작되었다. 이후 4개 주가 더 남부연합에 가담하여 총 11개 주가 되었다.

미국이 남과 북으로 갈라져 총력전을 벌인 소위 남북전쟁은 4년간 계속되었고 전쟁 발발 초기에는 남군이 우세했다. 리 장군을 비롯한 유능한 지휘관을 가진 남군은 적시적소에서 북군을 공격하여 궁지에 몰아넣었다.

그러나 북부는 경제력과 병력에서 우세했다. 북군의 인구는 남군의 3배나 되었고 공장 지대여서 남부에 비해 무기의 생산량이 월등히 많았다. 더구나 북군은 해군력에서 우세를 보여 남부 해안을 통하여 영국으로 목화 등을 수출하는 뱃길을 차단하여 경제적인 타격을 주었다.

사실 자체 군사력만을 비교한다면 남군은 북군에 비해 모든 면에서 현저하게 열세였다. 더구나 북군은 인도주의적인 면에서 노예제를 반대한다는 명분도 갖고 있었다.

전쟁이 시작되었어도 노예 문제에 대한 링컨의 태도는 여전히 모호했다. 전쟁이 시작된 지 얼마 지나지 않아 장군들이 점령 지역에서 노예제를 즉각 폐지하자고 건의했을 때조차 그는 반대했다.

그렇지만 전투는 북군의 의도대로 돌아가지 않고 남군에게 연전연패했다. 결국 전투에서 패배할지도 모른다는 위기감이 들자 링컨은 1862년 7월 노예 해방령을 선포한다. 그 내용은 1863년 1월 1일을 기해서 반란군 지역에 있는 모든 노예는 영원히 자유의 몸이 된다는 것이었다.

그럼에도 뉴올리언스와 같이 북군이 미리 점령하고 있던 지역의 노예나 남북 경계 주의 노예에 대해서는 아무런 언급이 없었다. 또 반란을 일으킨 주라도 90일 안에 다시 연방으로 돌아오면 노예제의 존속은 그대로 인정될 것이라고 선언했다. 이러한 링컨의 온건하고 보수적인 태도에 대해 의회의 공화당 급진파와 흑인들이 불만을 가진 것은 당연한 일이었다.

남부에 유리하던 전쟁은 1863년 게티스버그 전

게티스버그 전장
게티스버그 전투는 북군 9만 명, 남군 8만 명이 싸워 북군이 2만 명, 남군이 2만 3천 명의 사상자를 낸 대규모 전투로 북군은 이 전투로 결정적인 승기를 잡았다.
―《기이한 역사》에서 인용

투에서 북군이 승리한 이후 전세가 역전되기 시작했다. 게티스버그 전투는 북군 9만 명, 남군 8만 명이 싸워 북군이 2만 명, 남군이 2만 3천 명의 사상자를 낸 대규모 전투였다. 이 전투를 계기로 후일 대통령으로 선출되는 그랜트 장군은 군사 요충지인 미시시피 강의 중요 항구인 빅스버그를 점령한다. 결국 1865년 4월 남부연합의 수도인 리치몬드가 함락됨으로써 전쟁은 끝난다.

전쟁이 끝나자 링컨은 남군을 관대하게 처리했다. 그는 남군에 대한 어떠한 전범 재판도 하지 않았다. 사실 남북전쟁이 끝나고 처형된 사람은 남군의 포로수용소장 한 명뿐이었다. 그가 이렇게 관대하게 남군을 대우한 것은 전쟁의 궁극적인 목적이 연방의 단결에 있었기 때문이다. 이렇듯 링컨이 철저하게 연방의 존립을 위해 행동한 것은 자본주의 발전이라는 북부의 이해관계를 정확하게 반영한 것으로 인정받을 수는 있다.

그런데 놀라운 것은 남북전쟁이 거의 끝날 무렵 많은 남부인들이 남부의 독립을 얻기 위해 노예제도의 철폐를 주장했다는 사실이다. 전쟁 종료 한 달 전, 제퍼슨 데이비스는 한 외교관을 시켜 영국과 프랑스에 '두 나라가 남부의 독립을 공식적으로 인정해 준다면 남부연합이 자발적으로 노예를 해방시키겠다'라고 제안했다. 로버트 리 장군도 남부연합 의회에서 남군이 전쟁에 승리하기 위해서는 흑인들의 도움이 필수적이므로 제퍼슨에게 30만 명의 흑인들에 대한 징병권을 인준해 달라고 요청했다. 당시 남부의 한 신문 사설도 이를 증명해 준다.

'남부의 독립을 쟁취하는 데 노예제도가 방해물이 되어서는 안 된다. 우리의 자유와 독립을 성취하는 데 노예제도가 극복할 수 없는 방해물이 된다면 노예제도를 당장 폐지해 버리자.'

그러나 이런 발언들은 너무 때가 늦은 것이었다. 과정이야 어쨌든 흑인 노예들은 링컨에 의해 해방되었다. 비록 전세를 호전시키기 위해 노예 해방을 전격적으로 선언했지만 그에 의해 노예가 해방된 것은 틀림없는 사실이다.

학자들의 엄밀한 검증에 의할 경우 그는 결코 노예 해방 지지자는 아니었다. 그러나 그에 의해 노예 해방이 결정적으로 이루어진 것이라 포장하는 데 많은 사람들이 주저하지 않는다. 극도의 첨예한 문제를 절묘하게 빠져나간 링컨은 가장 현명하게 거짓말을 한 사람이기도 했지만 결과적으로는 미국 대통령 사상 가장 정직한 사람이었기 때문이다.

부정선거를 자행한 링컨

놀라운 것은 링컨이 대통령이 되기까지의 과정은 정직과는 다소 거리가 멀었다는 점이다. 사실 링컨은 공화당 후보로 지명되었는데 그 지명대회는 '미국 역사상 가장 부패한 지명대회'라는 오명을 갖고 있다.

1860년 시카고에서 열렸던 지명대회 동안 링컨은 고향인 스프링필드에 머물러 있으면서 심복들로 하여금 가장 지저분한 정치공작을 펴도록 한 것으로도 유명하다. 당시 공화당의 유력한 지명 후보자였던 윌리엄 시워드를 밀어내기 위해서였다. 링컨 진영은 모든 수단을 동원하여 시워드측 대위원들이 투표장으로 들어가는 것을 철저하게 막았고 자신의 표를 확보하기 위해 대위원들에게 무차별로 뇌물을 살포했다. 그러나 일단 선출된 이후 링컨은 정직하게 대통령 임무를 수행했다. 링컨은 대통령으로 재직했던 기간만큼은 진실과 정직이라는 숭고한 원리에 충실했다.

대통령 부인은 최고급 상복을 입을 의무가 있다

링컨의 개인적인 사생활도 관심거리이다. 그것은 링컨 개인의 출세와도 관련이 있기 때문이다. 사실 링컨은 가난한 집에서 태어났으므로 그가 부유한 집안의 여자인 메리 토드와 결혼하지 않았다면 결코 대통령까지 되지 못했을 것이라는 게 정설이다.

메리 토드는 돈 많고 뼈대 있는 은행가 집안에서 태어나 부족함이 없이 자란 여자였다. 그런 그녀가 가난하고 볼품없는 집안의 링컨과 결혼하려고 하자 집안의 반대는 대단했다. 그렇지만 그들은 결국 결혼에 골인하였고 그녀의 헌신으로 링컨은 고향인 일리노이 주에서 변호사로 봉직할 수 있었으며 급기야는 정치의 중앙무대로 발돋움할 수 있었다.

그러나 메리 토드가 마냥 링컨에게 헌신만 하는 양처는 아니었다. 그녀에게도 치명적인 문제가 있었으니 그것은 선천적인 낭비벽이었다. 링컨은 한 푼이라도 아끼려고 했던 반면에 아내는 씀씀이가 헤펐다. 그녀는 백악관에 입성하자마자 자신의 사치와 낭비벽을 유감없이 발휘하기 시작했다.

남북전쟁으로 모든 면에서 내핍을 강조할 때임에도 그녀는 2천 달러의 흰색 바늘뜨개 레이스 숄(당시 링컨 대통령의 연봉이 2만 5천 달러였다), 2천 달러짜리 가운, 1천 달러 상당의 캐시미어 숄까지 사들였다. 심지어는 한 달 사이에 84켤레의 장갑을 구입하기도 했다.

당시 대통령 영부인의 자격으로 2만 달러까지는 국고에서 지출이 가능했지만 그 정도로는 택도 없었다. 그녀는 초인종 당김줄, 커튼, 호화 가구, 주문형 카펫, 벽지 등을 사들여 백악관을 장식했다. 백악관을 그녀의 말대로 현대화하는 데 비용이 2만 달러에서 무려 6천7백 달러가 초과하였다.

결국 그녀는 벤자민 브라운 프렌치 공공건축청장에게 백악관을 새로 단장하려면 예산이 항상 초과된다는 것을 남편인 링컨에게 귀띔해 달라고 부탁했다. 한마디로 초과된 돈 때문에 자신이 곤란한 일이 생기지 않도록 힘써 달라고 간청했던 것이다.

그러나 백악관을 단장한다는 것은 명목일 뿐이고 결국 그녀의 낭비벽에 의한 초과 지출인 것을 잘 아는 프렌치는 링컨에게 사실대로 보고했다. 링컨은 화를 내면서 말했다.

"전장에 나가 있는 군인들이 담요 한 장도 없어 고생하는 마당에 대통령이 낡은 집 한 채를 수리하는 데 2만 달러가 넘는 지출을 승인한다면 국민들이 어떻게 생각하겠소? 나는 결코 이 예산을 승인하지 않겠소."

그러나 그녀는 자신의 낭비벽은 나름대로 이유가 있다고 생각했다. 대통령의 영부인으로서 항상 우아한 옷을 입어야 할 의무가 있다는 것이다. 더구나 수입품을 사 쓰는 것도 관세를 내는 것이므로 국고에 보탬이 되며 애국적인 행동이라고까지 말했다.

그녀의 우아한 옷에 대한 집착은 링컨이 저격당한 후에도 계속되어 링컨의 장례식 땐 검고 가벼운 최고급 상복을 주문했다. 그녀는 의회에 품위 유지비가 필요하다고 탄원하기도 했다. 더구나 언론에 도움을 요구하는 광고를 게재하고 자신이 가난하다는 것을 보여 주기 위해 옷을 비롯한 개인 재산을 경매에 부치려고 했다. 국민들이 그녀에 대해 분노를 느끼고 비난한 것은 말할 필요도 없다.

물론 당시 언론은 그녀의 부정적 측면에만 초점을 맞춤으로써 그녀가 야전병원 방문 등 영부인으로서 수행했던 선행까지 무시했다는 비난도 있다.

결국 연금 법안이 1870년에 의회에서 통과되었다. 연금과 특별금, 그녀가 결혼 전에 갖고 있던 재산에도 불구하고 메리는 자기가 빈털터리로 죽는다고 생각했다. 그러나 1882년 64세로 사망할 때 그녀의 재산은 거의 9만 달러나 되었다. 남편이 사망했을 당시보다 훨씬 많았다. 검약이 몸에 밴 링컨은 8만 달러 상당의 재산을 남겼다.

링컨은 가장 성공한 정치가 중의 한 명이다. 그것도 자신의 소신과는 전혀 다른 결정으로 역사상 가장 유명한 인물이 되었다. 그러나 부인인 메리 토드의 치다꺼리 때문에 항상 고전을 면치 못했다. 바로 그 점이 그를 정치적인 위기에서 구해 주었다는 말까지 있을 정도이다.

그가 대통령에 재임하는 동안 언론은 링컨 개인에 대한 공격보다는 메리 토드의 낭비벽을 부단히 비난했는데 바로 그것이 노예 해방에 대한 링컨의 모호한 견해를 반박하거나 정치화하는 것을 막아 주었다는 뜻이다. 결국 링컨은 현명한 결혼을 한 셈이다.

3. 나폴레옹의 러시아 침공 | 나폴레옹

은 생애 동안 수없이 많은 거짓말을 했는데 그중에서도 가장 신경을 많이 쓴 부분은 자신이 벌인 전투에 대한 전황 보고였다. 그가 승리한 전투는 많은 부분에서 과장되었고 심지어는 고의적으로 자신에게 유리하도록 조작하기까지 했다.

나폴레옹은 보고서를 허위 작성하면서 그때마다 아군의 사기 진작을 위해서라든가 적군을 유인하기 위해서라는 이유를 붙였다. 그러나 사실은 나폴레옹이 국민들의 지지를 얻어 자신의 입지를 유리하게 만들려는 야심 때문이었다.

유럽에 있는 정신병원에서 가장 인기 있는 사람은 남자로는 나폴레옹이고 여자로는 클레오파트라이다. 이들 정신병 환자들은 자신들이 나폴레옹이나 클레오파트라의 현신이므로 사람들이 자신들에게 봉사할 의무가 있다고 강변한다. 실제로 정신병자가 주인공으로 나오는 영화나 연극에서도 이 두 사람은 빠지지 않고 나온다.

정신병자들이 가장 많이 애착을 갖는 사람이라면 그들이 인류가 태어난 이래 가장 성공적인 삶을 산 사람들이라 볼 수 있을 것이다. 그러나 그들이 수많은 사람들에게 선망의 대상이었다는 것은 역으로 볼 때 그들을 둘러싼 많은 구설수나 거짓말들이 있었을 거라는 데 이의를 제기하는 사람은 없을 것이다.

나폴레옹은 프랑스가 자랑하는 영웅이며 아직도 전 세계의 수많은 사람들이 파리의 '엥발리드'에 있는 그의 묘지를 찾는다. 파리를 점령한 히틀러가 제일 먼저 찾은 곳도 나폴레옹 무덤이었다.

나폴레옹은 살아 있을 당대에 수많은 적과 동지를 만든 장본인으로 후대의 평가는 사람마다 다르지만 그가 일부 전문가들로부터 혹평을 받는 이유 중의 하나는 자신의 지위 향상을 위해 상습적으로 거짓말을 한 전력도 단연 황제급이라는 사실 때문이다. 나폴레옹이 갖고 있는 명성의 거의 대부분이 그에 의해 교묘하게 조작되었거나 철저하게 과장되었다는 사실을 보아도 그렇다.

코르시카의 촌뜨기 나폴레옹

나폴레옹은 1769년 프랑스의 식민지 코르시카 섬에서 이탈리아계 지주의 아들로 태어났다. 그는 해군장교가 되고 싶었으나 식민지 출신이라는 불리한 조건 때문에 육군사관학교에 지원했다. 육군사관학교를 졸업할 때에도 기병이나 보병장교가 되지 못하고 포병장교가 되었다. 기병이나 보병장교는 프랑스 귀족 가문 출신에게만 허용되었기 때문이다.

물론 나폴레옹이 식민지 출신임에도 사관학교에 입학할 수 있었던 것 자체가 당시로서는 파격적인 일임에 틀림없다. 그것은 아버지의 배경 때문이었다. 그의 아버지는 코르시카가 이탈리아 영토로부터 프랑스 영토가 되는 데 결정적인 공헌을 했다. 나폴레옹은 프랑스인으로 태어났지만 프랑스인들이 나폴레옹을 항상 이탈리아 촌뜨기로 대우한 이유가 여기에 있었다. 또한 나폴레옹의 아버지는 이탈리아인들로부터 나라를 팔아먹은 매국노라는 비난을 계속 받아야 했다.

나폴레옹의 출생에 따른 문제는 그가 출세할 때마다 아킬레스건으로 작용한다. 프랑스인들 입장에서 볼 때 나폴레옹은 프랑스인이 아니라 이탈리아인으로 비쳐졌고 이탈리안들이 볼 때 나폴레옹은 매국노의 아들이었다.

나폴레옹 생가
코르시카 섬의 아자시오에 있는 나폴레옹의 생가로 코르시카는 나폴레옹이 태어나기 2년 전에 프랑스 영토가 되었기 때문에 그는 프랑스인이지만 이탈리아 촌뜨기라고 놀림을 받았다.

 그러므로 이와 같은 출신 배경의 문제를 해결하기 위해 나폴레옹은 황제가 된 후에, 자신이 점령한 다른 나라는 모두 가족이나 부하들로 하여금 나눠서 통치하게 했지만 이탈리아만은 프랑스와 합병하여 통치했다. 나폴레옹이 프랑스와 이탈리아를 통합한 단일 국가의 황제이므로 그의 출생 문제는 통합 국가에서 문제가 되지 않았다.

여하튼 나폴레옹은 시골뜨기라는 조롱을 당하면서도 사관학교를 무사히 졸업하였다. 그의 사관학교 졸업 성적은 58명 중 42번째로 좋지 않았으나 역사와 수학만큼은 뛰어났다.

1791년 22살이 된 그는 프랑스 혁명의 주력 세력인 자코뱅 당(프랑스 혁명기 급진파)에 가입하여 포병 연대장이 되었으며 2년 후인 1793년 툴롱 전투에서 영국군을 섬멸한다.

이것은 프랑스 혁명정부의 운명을 좌우한 매우 중요한 전투였다. 프랑스 남부 지중해에 있는 툴롱 항은 영국이 점령하고 있었는데 성이 견고한 것은 물론 모든 보급품을 바다로부터 받고 있었으므로 프랑스는 그들을 격퇴할 방법이 없었다.

한편 프랑스 영토 안에 영국의 점령지가 있다는 것은 프랑스로서는 불명예였으므로 툴롱을 함락시키는 것은 혁명정부에게 가장 중요한 일이었다. 혁명정부는 역전의 명장 카르토우 장군을 투입했지만 효과가 없었다. 이때 참모회의에 참석한 조그마한 포병장교가 자기의 의견을 말했다.

"제가 망원경을 갖고 산을 돌아다녀 본 결과 기습작전을 편다면 에기에트 포대를 점령할 수 있다는 것을 발견했습니다. 일단 이 포대를 점령한다면, 한눈에 툴롱 항이 내려다보이므로 영국군은 복부를 찔리는 것이 됩니다. 그 사실을 깨닫는 순간 영국 함대는 모두 도망치거나 아군의 포격으로 침몰하게 될 겁니다."

그의 의견은 곧바로 채택되었고 이 키 작은 청년 장교는 부하 병사들을 이끌고 산으로 올라가 기습작전으로 영국군의 에기에트 포대를 점령했다. 그가 포대를 점령하자 영국군은 자기 군대가 프랑스군 포화의 과녁이 되었다는 것을 깨닫고 곧바로 모든 함대를 철수한다. 이 청년 장교가 나폴레옹이며 그는 이 사건으로 일약 국민적인 영웅이 된다.

프랑스인들을 후련하게 만든 나폴레옹의 신화

나폴레옹의 출발은 순탄했다. 그러나 1795년 세칭 테르미도르 반동, 즉 자코뱅 당의 지도자 로베스피에르가 실각된 후 처형당하자 탄탄대로를 달리고 있던 나폴레옹도 체포되어 감옥 생활을 하게 된다.

앙티브에 유폐된 나폴레옹
나폴레옹은 자코뱅 일파라는 혐의를 받고 테르미도르 정부에 의해 1795년 8월 앙티브에 유폐되었으나 그의 재능을 인정받아 2주 만에 석방되었다(웰링턴 미술관 소장).

여기에서 기적이 일어난다. 그는 자코뱅 당의 일원이었기 때문에 당연히 처형되어야 했지만 극적으로 목숨을 건진 것이다. 파리에서 일어난 왕당파의 반란을 진압하기 위하여 툴롱의 영웅은 혁명정부에게 꼭 필요한 사람이었기 때문이다.

그는 단 2주일 만에 석방되며 기대대로 반란을 효율적으로 진압하고 이어서 이탈리아 원정군 총사령관으로 임명된다. 당시 프랑스는 대(對) 프랑스 동맹의 중심세력인 오스트리아를 공격하기 위하여 군대를 파견했는데 나폴레옹이 그중 이탈리아 방면의 제3군을 지휘하게 된 것이다.

제1, 2군은 모두 오스트리아에게 패했으나 나폴레옹만은 알프스를 넘어 이탈리아를 패배시킨 후, 1797년에는 오스트리아의 수도 빈에 육박했다. 여기에서 오스트리아는 프랑스에 굴복하고 캄포포르미오 조약을 체결하며 벨기에와 이탈리아의 북부지방인 롬바르디아를 프랑스에게 넘겨 주었다.

젊은 청년 장군 나폴레옹의 인기는 하늘을 찔렀다. 그러나 혁명정부는 나폴레옹의 인기가 너무 높아지자 견제하기 시작했다. 그를 프랑스 국민들로부터 떨어뜨려 놓기 위해 이집트로 파견 명령을 내린다. 명목은 영국과 인도를 잇는 길을 차단함으로써 영국의 인도 지배를 방해하고 그 세력을 약화시킨다는 것이었다.

이집트의 원정이 결정되자 나폴레옹은 여타 지휘관들과는 다른 명령을 내린다. 원정군을 군인만으로 구성하지 않고 학자들을 포함시킨 것이다. 그는 3만 5천 명의 장병 외에도 3백 명의 과학자들을 선발했다. 그의 부대는 알렉산드리아에 상륙한 후, 지역의 호족들을 쳐부수고 카이로에 입성했다.

나폴레옹이 대동한 학자들은 이집트의 고대 유적은 물론 이집트에 살고 있는 동식물, 고대 이집트인들의 풍속 등을 조사했다. 이때 발견된 로제타석이 결국 이집트의 고대 문명을 밝히는 데 결정적인 역할을 한다.

이런 면이 나폴레옹은 다른 지도자와는 달리 학자들을 우대하였으며 전쟁만을 일삼는 전쟁광이 아니라고 선전된다. 그러나 나폴레옹이 학자들을 데리고 이집트에 원정을 간 것은 사실 이집트를 보다 정확하게 파악하여 그들의 재산을 손쉽게 약탈하기 위한 방안 중의 하나라는 지적이 많다. 또한 당시에 외국을 침략할 때 어느 나라의 지휘관들이던지 나폴레옹과 같이 학자들을 대동하였다.

그것은 일본이 한국에 진출할 때 제일 먼저 한반도를 측량하고 각지의 풍물을 조사하였던 것과 같은 맥락이다. 나폴레옹의 이집트 원정이 특별히 유명한 것은 이집트가 몇천 년의 역사를 갖고 있었는데도 역사에서 도외시되었던 지역인데다가 피라미드 등과 같은 신비의 유적들이 많이 있어 일반인들의 호기심을 자극했기 때문이다.

피라미드 전투
나폴레옹은 이집트의 맘루크 군대와 싸우기 전 '4천 년의 역사가 귀관들을 보고 있다'며 장병들의 사기를 북돋았다.

3. 나폴레옹의 러시아 침공 ▶ 71

제1통령 시대의 나폴레옹
나폴레옹은 1802년 8월 2일 프랑스 원루원에서 종신의 제1통령으로 임명되었다(앵그르 작품, 벨기에 리에지 미술관 소장).

나폴레옹이 이집트 원정에 나가 있는 동안 프랑스는 국제적으로 사면초가에 빠져 있었다. 영국과 오스트리아가 다시 동맹을 맺고 프랑스를 위협했으며 국내 세력도 그들의 공격을 막아내기에는 역부족이었다. 이때의 주변 상황을 면밀히 파악하고 있던 나폴레옹은 혁명정부의 명령도 받지 않고 몰래 이집트에서 탈출한 후 동생 루시앙의 도움으로 쿠데타를 일으킨다.

그는 헌법을 폐기하고 3명의 통령을 두는 새 헌법을 만들어 국민투표에 부쳤다. 나폴레옹은 개인적인 인기를 등에 업고 제1통령이 되어 사실상 프랑스 정권을 자신의 손아귀에 넣는다.

당시 프랑스인들은 루이 16세를 처형하는 등 혁명의 와중에서 벗어난 지 얼마 되지 않았기 때문에 안정과 질서를 바라고 있었다. 그런 면에서 나폴레옹은 그들의 구미에 맞는 인물이었다. 프랑스인들에게 나폴레옹은 프랑스의 자존심을 높여 준 영웅이었기 때문이다.

이후에도 나폴레옹은 계속 평탄한 가도를 달린다. 오스트리아를 굴복시켜 프랑스인의 자존심을 세워 주었고 1802년에는 숙적 영국과 아미앵 조약을 체결하여 10년 만에 평화를 맞았다. 프랑스 국민들은 이에 부응하여 나폴레옹을 종신통령에 임명했다.

정권을 잡은 나폴레옹은 프랑스인들의 민심을 여러 면으로 유효 적절히 이용한다. 한 마디로 자신이 황제가 되어야만 프랑스가 안정된다는 것을 국민들에게 심어 준 것이다. 그의 여론몰이는 성공하여 2년 후 국민투표에 의해 마침내 황제가 된다. 루이 16세를 처형하고 공화정으로 나선 지 겨우 10년 만의 일이었다.

그러나 그에게 골칫거리는 역시 영국이었다. 영국은 해군력을 바탕으로 나폴레옹의 권력에서 벗어나고 있었기 때문이다. 나폴레옹은 영국을 철저하게 굴복시키기 위해 1806년 대륙봉쇄령을 내려 유럽 국가들로 하여금 영국과의 교역을 금지시켰다. 그러나 영국과의 무역에 의지하던 러시아는 이 명령으로 생존권에 영향을 받자 봉쇄령을 어긴다. 이것은 1812년 60만의 군대를 이끌고 러시아로 쳐들어가는 이유가 된다.

나폴레옹군은 예상대로 쉽사리 모스크바를 점령하였다. 그는 모스크바를 점령하기만 하면 러시아에서 그가 제안한 화평에 응할 것으로 생각했다. 그러나 러시아의 알렉산드르 황제는 나폴레옹의 화평 제의를 거절하고 항전의 뜻을 굽히지 않았다. 러시아에서 겨울을 지낼 준비를 하지 않은 나폴레옹군은 결국 빈손으로 퇴각하지 않을 수 없었다.

나폴레옹군이 퇴각하는 순간을 기다린 러시아군은 철수하는 프랑스군을 철저히 공격하여 궤멸시켰다. 이 당시의 패배는 나폴레옹의 몰락을 초래했고 1814년 결국 나폴레옹은 지중해의 작은 섬 엘바로 유배되었다. 새 황제로 루이 16세의 동생 루이 18세가 즉위했다.

그러나 1815년 2월 나폴레옹은 엘바 섬을 탈출하여 다시 파리로 돌아왔고 루이 18세는 도망쳤다. 다시 유럽은 나폴레옹을 저지하기 위해 군대를 모았고 6월에 벨기에의 워털루에서 양 진영은 운명의 한 판을 벌였다. 결과는 나폴레옹의 패배였다. 재집권한 지 꼭 백 일 만의 일이었다. 이 패배로 나폴레옹은 더 이상 재기할 힘을 잃고 대서양의 외딴 섬인 세인트헬레나 섬으로 유배되어 그곳에서 사망한다.

여론 조작에 천재성을 보인 나폴레옹

나폴레옹의 거짓말로 돌아간다. 나폴레옹이 사관학교를 졸업하고 포병장교로 임관하였을 당시 프랑스는 사면초가 상태였다. 프랑스에서 유혈 혁명이 일어나자 유럽의 여러 나라들은 혁명의 불똥이 자기 나라로 튈까 걱정하여 동맹을 맺고 프랑스를 쓰러뜨리려 했기 때문이다. 이 상황을 철저하게 이용한 사람이 바로 나폴레옹이었다. 그는 자신이 참가한 전투마다 승리를 거두어 프랑스 국민들을 열광시켰다. 외적의 침입에 의해 국토가 유린당하는 상황에서 나폴레옹의 승전 소식은 그야말로 프랑스 국민들이 바라던 바였다.

그러나 그가 승리한 전투는 많은 부분에서 과장되었고 심지어는 고의적으로 자신에게 유리하도록 조작하기까지 했다.

1800년 9월 지중해의 작은 섬 몰타를 지키고 있던 프랑스 수비대는 영국군의 포위로 궁지에 몰렸다. 식량이 부족해지자 프랑스 병참장교 두블레는 나폴레옹에게 지원병과 식량을 보내 몰타를 구해 달라고 급히 전갈을 보냈다. 그러나 그가 보낸 편지는 프랑스 정부에서 발행하는 신문 〈모니퇴르〉에 정반대의 내용으로 게재되었다.

> '각하의 존함은 몰타의 용맹스러운 수비대에게 새로운 용기를 불어넣어 주었습니다. 수비대에는 현재 충분한 병사와 식량이 있습니다.'

결국 지원병과 식량은 몰타로 가지 않았고 몰타 수비대는 영국군에게 항복하고 말았다. 이것은 나폴레옹이 공문서, 특히 각종 전황보고서를 수없이 변조한 사례 중의 하나에 지나지 않는다. 나폴레옹의 비서인 동시에 전기작가이기도 한 부리엔느는 다음과 같이 적었다.

> '나폴레옹은 전황보고서를 대단히 중시하여 그것들을 손수 작성하거나 혹은 다른 사람이 작성하는 경우 그 내용이 마음에 들지 않으면 직접 수정하곤 했다… 전황보고서는 언제나 나폴레옹이 국민들로부터 믿어지기를 바랐던 내용대로 발표되었다… 승리에 대한 것은 부풀려진 반면에 패배나 사상자 수에 관한 것

은 발표되지 않거나 혹은 줄여서 발표되었다.'

나폴레옹은 이러한 변조행위를 정당화시키기 위해 항상 적절한 변명을 준비해 두었다. 영국의 역사가 토머스 칼라일은 나폴레옹의 허위 전황보고는 거의 상습적이었다고 비평했다. 나폴레옹은 보고서를 허위 작성하면서 그때마다 아군의 사기 진작을 위해서라든가 적군을 유인하기 위해서라는 이유를 붙였다. 그러나 나폴레옹이 국민들의 지지를 얻어 자신의 입지를 유리하게 만들려는 야심 때문이라는 것을 당시에 알아차린 사람은 거의 없었다.

나폴레옹이 만든 허위 전황보고를 그대로 믿고 그를 영웅시한 프랑스 국민들에 의해 그가 마침내 황제 자리에 오를 수 있었음은 물론이다. 자신의 출세를 위해서 전황을 임의로 조작한 나폴레옹은 자신의 패배에 대해서도 거짓말을 감추지 않았다.

나폴레옹의 가장 큰 실수 중의 하나인 러시아의 침공에 따른 패배는 예상하지 못한 기후 때문이라는 것이 그의 한결 같은 주장이었다. 러시아의 침공으로 50여만 명이나 되는 많은 병사들을 죽음으로 몰아넣었는데 그는 이 참패의 책임을 간단하게 천재지변으로 돌렸다.

> "나와 나의 용감한 군대가 러시아에서 패배한 것은 1812년부터 3년 동안이나 계속된 혹독한 추위 때문이다. 게다가 그해 겨울은 이상하게도 일찍 찾아왔다."

나폴레옹의 12월 3일 보고서에서도 그는 겨울 때문에 프랑스군이 파멸했다고 적었으며 세인트헬레나 섬에 유배되어 있을 동안에도 나폴레옹은 같은 주장을 되풀이했다.

일반적으로 그 당시의 상황을 묘사할 때 도로와 하천이 꽁꽁 얼어붙고 휘몰아치는 눈 속에서 사람과 말이 속수무책으로 얼어죽은 지독한 추위라는 데 이의를 달지 않는다. 톨스토이의 장편소설《전쟁과 평화》에서도 나폴레옹의 주장대로 혹독한 추위였다고 적혀 있고 대부분의 역사책에도 그렇게 기술되어 있다. 물론 1812년부터 3년간에 걸친 겨울은 19세기를 통틀어 가장 추운 겨울이었다는 것에는 이론의 여지가 없다.

그러나 당시의 상황을 면밀히 분석해 보면 혹독한 추위는 자신의 실패로 50만 명의 장병들이 희생된 책임을 피하기 위한 나폴레옹의 속셈이라는 것을 잘 알 수 있다. 1812년은 나폴레옹이 설명한 것과 달리 겨울이 예상보다도 늦게 찾아왔기 때문이다.

1812년 6월 24일 나폴레옹은 대군을 이끌고 러시아를 침공했다. 그해 여름은 유난히 더웠고 건조했다. 이에 병사들은 신속하게 행군했고 병사들의 사기도 좋았다. 그런데 폴란드부터 말썽이었다. 병사가 너무 많아 비위생적인 환경이 되자 군대 안에서 이질과 장티푸스는 물론 치명적인 발진티푸스가 창궐하기 시작했다.

7월 셋째 주의 오스트로비나 전투에서 이미 8만 명 이상이 발진티푸스 때문에 죽거나 전투 불능에 빠졌다. 프랑스를 출발한 지 한 달 만에 전염병으로 전투력의 5분의 1이 사망하거나 부상으로 줄어든 것이다. 이런 참혹한 사태에 직면하자 부하장군이 병사들에게 줄 식량조차 부족하다며 행군을 멈출 것을 건의했다. 그러나 러시아 국경까지 겨우 2백 킬로미터밖에 남지 않은 데에다 승리를 목전에 두었다고 생각한 나폴레옹은 진격을 명령했다.

나폴레옹의 진군 명령에 의한 피해는 더욱 커져 갔다. 8월말에 이미 공격 부대 중에서 14만 명이 사망했고 9월초에는 또다시 발진티푸스로 3만 명이 사망했다. 그동안 러시아는 계속 후퇴를 하면서 나폴레옹을 러시아 깊숙이 유인했고 나폴레옹은 전투다운 전투도 별로 하지 않고 9월 중순에 모스크바에 입성했다. 이 당시 모스크바에 도착한 프랑스군은 고작 9만 명에 지나지 않았다.

그래도 나폴레옹은 자신이 러시아의 수도인 모스크바를 점령했으므로 자신이 승리했고 러시아에서 곧 항복해 올 것이라고 생각했다. 그러나 상트페테르부르크에 버티고 있던 러시아 황제 알렉산드르는 시종 일관 평화 교섭을 벌이는 척하면서 시간을 질질 끌었다. 나폴레옹의 참모는 추위가 닥치면 모스크바에서 오도가도 못한다고 경고하였지만 나폴레옹은 그 건의를 묵살했다.

그러다가 러시아군이 평화 협상 시간을 끌면서 전력을 재정비하고 있다는 것을 알게 되자 뒤늦게 퇴각을 결정한다. 모스크바에 진주하고 있는 동안 1만 5천 명의 증원군이 도착했지만 그동안 1만 명이 질병과 부상으로 사망했으므로 전력에 도움이 된 것은 아니었다. 결국 러시아의 회답을 기다리고 있던 나폴레옹은 마침내 철군을 단행하지 않을 수 없었다. 이 당시의 프랑스군은 고작 9만 5천 명이었다.

철군을 시작한 날은 10월 19일이었다. 나폴레옹은 다음과 같이 그 당시의 상황을 적었다.

스군은 현지에서 어떤 물품도 조달받을 수 없었다. 결국 나폴레옹은 러시아의 작전에 말려들어 패배를 자초한 것이다.

프랑스군은 60만 명의 참전 병사 중에서 겨우 4만 명만이 살아서 귀환했고 그 가운데 다시 전투에 나설 수 있을 만큼 온전한 병사는 고작 1천 명에 지나지 않았다. 나폴레옹은 자신의 전적을 직접적으로 챙기면서 전황을 수시로 바꾸었고 러시아의 패배도 기후 때문이라고 넘겼다. 그러나 역사는 그의 말대로만 진행되지 않았다. 전쟁의 패배에 따른 책임에 의해 황제에서 퇴위하지 않을 수 없었으며 더구나 그가 거짓말했다는 것조차 모두 밝혀졌기 때문이다.

나폴레옹은 독살되었다

평소에 자신에게 유리한 거짓말을 밥 먹듯이 했던 나폴레옹은 아이러니하게도 자기 스스로가 커다란 거짓말의 피해자가 된다. 그것은 나폴레옹의 죽음에 대한 수수께끼이다. 놀랍게도 그는 자신이 왜 죽어가는지를 알고 있었다.

1815년 10월 15일, 프랑스·이탈리아의 황제로부터 퇴위한 후 세인트헬레나 섬에서 지냈을 때의 나폴레옹은 비록 유폐되는 상황에 있었지만 매우 활기 있고 건강했으며 규칙적인 생활에 적응했다. 아침 9시에 일어나서 10시에 식사를 하고 별로 외출하지 않았으며 한때 수상이었던 비서 라스 카세스에게 자신이 구술하는 것을 받아쓰게 했다. 저녁 7시에 식사를 하고 11시까지 소리내어 고전을 읽다가 잠자리에 드는 것이 그의

"11월 6일까지는 날씨가 더없이 좋아서 군의 이동이 순조로웠다. 그런데 다음날부터 무서운 추위가 닥쳤고 14일부터는 온도계가 영하 16, 18도를 가리켰다. 겨우 며칠 사이에 3만 마리 이상의 말이 쓰러져 버렸다. 6일까지만 해도 화려하던 우리 군대는 14일에는 그림자 같은 존재에 불과했다."

러시아에 진격한 나폴레옹
1812년 8월, 나폴레옹은 러시아의 도시 스몰렌스크를 점령했다(베르사이유 미술관 소장).

나폴레옹군은 11월 25일부터 27일 사이에 중요한 베레시나 강을 건넜다. 이때의 상황을 묘사한 많은 전쟁화에서는 엄청난 눈과 한파에 시달리는 병사들이 강을 건너고 있다. 한 전기작가는 한술 더 떠서 베레시나 강을 건널 때의 온도가 영하 35도였으며 러시아의 공격에 속수무책

이었다고 적었다.

그러나 실제로 이 시기에 베레시나 강은 전혀 얼지 않았다는 것이 확인되었다. 진상은 간단하다. 추위는 훨씬 나중에야 닥쳤기 때문이다. 핀란드 헬싱키의 중앙기상연구소가 보유하고 있는 기상자료에 의해서도 그의 거짓말은 증명된다. 기록을 보면 1812년 10월은 평년보다 따뜻하여 키예프는 영상 10.6도, 바르샤바는 10.2도, 레바르는 6.6도였다. 중요한 것은 11월도 평년보다 훨씬 따뜻하여 나폴레옹이 겪었다는 혹독한 추위와는 거리가 멀었다. 키예프의 11월 한 달 낮 평균 기온은 영상 1.8도 정도였다.

나폴레옹이 보고한 영하 16도나 영하 18도는 전혀 근거가 없는 일이다. 그런데도 나폴레옹의 거짓말이 인정을 받을 수 있었던 것은 나폴레옹 자신은 한파가 닥치기 훨씬 이전에 파리에 도착했으나 병사들은 그가 느끼지 못한 지독한 추위를 실제로 체험했기 때문이다. 그 시기도 고작 1~2주 차이였다. 그가 단 1~2주일만 일찍 철수 명령을 내렸더라면 몇만 명이 얼어죽는 그러한 사태는 초래하지 않았을 것이고 유럽의 역사는 바뀌었을 것이다. 물론 나폴레옹군이 베레시나 강을 건널 때 큰 고통을 당했는데 그것은 한파 때문이 아니라 얼음이 녹아서 탈출을 위한 임시 다리를 건설할 때까지 꼼짝하지 못했기 때문이다.

결국 러시아에서의 재앙은 겨울이 너무 빨리 닥쳤기 때문이 아니라 전적으로 나폴레옹이 모스크바 철군을 너무 늦게 결정했기 때문이다. 나폴레옹은 자신이 제안한 화평 제의를 러시아가 결국 받아들일 것으로 믿었으며 그런 자신의 판단이 틀렸다는 것을 알아차렸을 때는 너무 시기가 늦어 버린 것이다.

더욱 프랑스군의 피해가 컸던 것은 나폴레옹이 모스크바의 퇴각에 대해 전혀 준비하지 않았기 때문이다. 전사에 의하면 퇴각에 즈음하여 준비한 식량은 고작 20일분이었고 말먹이는 1주일분도 안 되었다. 이것은 러시아군의 작전에도 기인한다. 프랑스군이 러시아를 침공하자 퇴각하는 러시아군은 전쟁에 유용한 물건들을 모두 태워 버렸다. 러시아군이 가장 잘 애용한 초토화 퇴각 전법은 공격군으로서는 그야말로 악몽이었다.

대부분의 전쟁은 승리자가 패배자의 물자들을 획득함으로써 본국으로부터의 보급품을 최대한으로 줄일 수 있었지만 러시아는 이를 용납하지 않았다. 프랑스군이 러시아 영토로 들어올수록 전선이 길어졌지만 프랑

나폴레옹군의 퇴각
프랑스군이 뒤늦게 퇴각하기 시작하자 러시아군은 총공격을 했다. 원정군 60만 명 중에서 4만 명만 살아서 귀환했다.

일과였다.

그런데 이렇게 정력적이고 활동적인 나폴레옹이 1821년 5월 5월, 유배된 지 5년 반 후에 사망하였다. 나폴레옹을 검시한 의사들의 공식적인 사망 요인은 간으로 침투한 악성위궤양이었다. 사실 나폴레옹이 위궤양으로 사망했다는 것은 하등에 이상한 일이 아니다. 나폴레옹 집안은 유달리 위궤양 환자가 많았으며 그의 아버지도 위궤양으로 38세에 세상을 떠났기 때문이다. 당시의 의학적인 소견으로는 위궤양이라 했지만 현대 의학으로 볼 때 말기 위암과 간암으로 추정하는 데 이 병은 현대 과학으로도 고치지 못하는 병이다.

그러나 나폴레옹은 자신의 죽음이 정상적이 아니며 특별한 이유가 있다는 것을 분명하게 적었다.

'나는 내 명을 다 살지 못하고 죽으며, 영국의 소수 권력 집단과 그들이 고용한 암살자들의 손에 의해 살해된다.'

이 당시의 상황을 보다 상세하게 살펴보자. 나폴레옹이 사망한 다음 날, 롱우드 하우스에서 여섯 명의 영국인 군의관과 나폴레옹의 시의(侍醫)였던 안톤 마르키의 손에 의해 검시(檢屍)가 이뤄졌다. 약 2시간이 지나 검시를 마친 일곱 명의 의사들은 서로 다른 의견을 보였다.

위에서 십이지장 사이에 궤양이 있다는 것은 모두 인정했지만, 안톤 마르키는 '암성 궤양'으로 보았고, 영국인 군의관들은 '암으로 발전할 가능성이 있는 악성 종양'으로 판단했다. 두 명의 의사는 나폴레옹의 간장이 겉으로 보기엔 멀쩡한 데 비해 상당히 늘어나 있는 것에 관심을 보

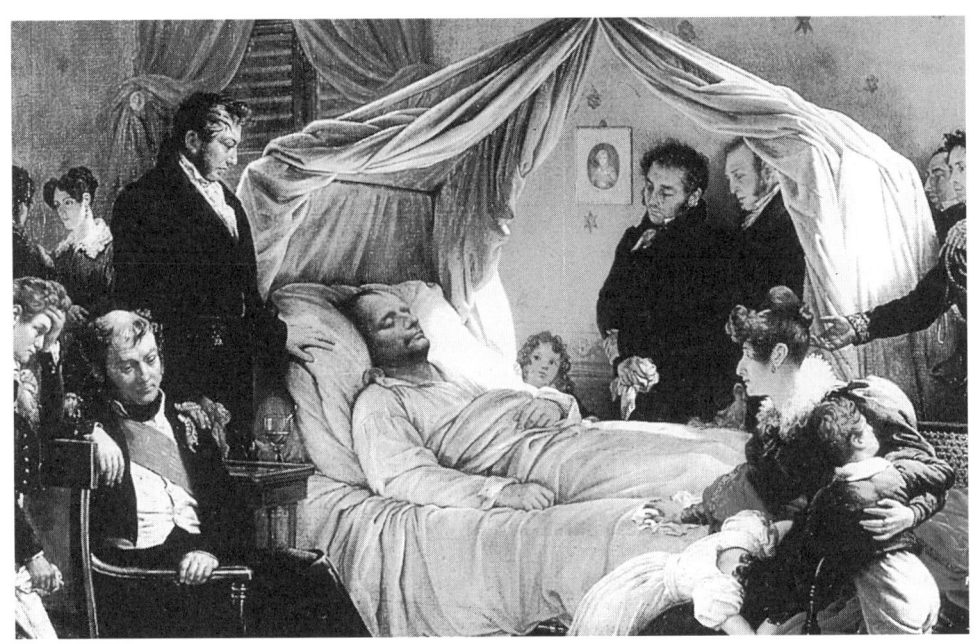

임종하는 나폴레옹
나폴레옹은 유배지 세인트헬레나 섬에서 1821년 5월 5일 사망했다. 그의 임종에는 몬트론 장군, 시의 안톤 마르키, 시종장 마르샹 등이 입회했다(스테우벤 그림).

였다. 결국 일곱 명의 의사들은 나폴레옹이 위암이나 유문(幽門 : 위의 아래쪽 끝 십이지장에 연결되는 부분)암으로 죽었다고 기록했다.

나폴레옹은 영국의 감금자들에 의해 서서히 독살되고 있다는 확신을 갖고 있었다. 그의 유언은 머리를 면도로 밀어낸 뒤 몸은 화장시키고 머리카락은 친구들에게 나누어 주라는 것이었다. 또한 화장한 재는 자신이 사랑하던 프랑스 사람들 곁 센느 강변에서 뿌려 주기를 바랐다.

그러나 그의 재를 센느 강변에다 뿌려 달라는 유언의 일부는 지켜지지 않았다. 1840년 루이 필립 통치 시대에 나폴레옹의 재를 엥발리드의 돔 안에 안치했다. 현재도 그의 재는 엥발리드의 박물관 안에 있다.

세인트헬레나 섬에서 나폴레옹은 외형적으로 평온한 생활을 했지만 실제로는 매우 정신적인 고통을 겪고 있었다. 그의 아내 마리 루이는 물론 아들 등 그와 관련되는 어떤 사람들과도 연락할 수 없었기 때문이다.

나폴레옹은 자신이 유폐되어 있지만 많은 사람들이 자신을 그리워할 것이라 생각했다. 아내도 자기를 만나고 싶어 하지만 점령자들의 간계 때문에 상봉할 수 없다고 생각했다. 그러나 그녀는 그가 생각하는 생활을 하고 있지 않았다. 그녀는 자신의 보호자로 지정된 오스트리아의 군장교 그라프 아담 폰 네이퍼그와 정을 통하고 있었으며 나폴레옹이 사망하기 이전에 비밀리에 결혼까지 했다. 거짓말의 대가인 나폴레옹이라 할지라도 자신과 가장 가까운 처까지 자신을 배신하고 있는지는 알지 못했던 것이다.

아들의 경우도 나폴레옹이 생각하고 있었던 것과는 달리 생활했다. 전직 로마 왕이었던 자신의 아들이 라이히슈타트의 공작이 되어 비엔나에서 안전하게 살고 있었다는 사실을 모르고 나폴레옹은 유서에서 다음과 같이 썼다.

'나는 내 아들이 프랑스 왕자로 태어났다는 사실을 결코 잊지 않기를 바라며, 통일된 유럽 국가를 반대하는 권력 집단의 손에 놀아나는 도구가 되는

나폴레옹의 관
파리의 엥발리드에 있는 나폴레옹의 관으로 나폴레옹을 화장한 재가 보관되어 있다.

것을 그 스스로 허용하지 않기를 바란다.'

'아버지의 죽음을 복수하지 말고 오히려 그것을 교훈으로 삼아라.'

'외교 문제에 관한 한 아버지의 업적을 계승해라.'

'진보적인 사상가가 되어라.'

또한 나폴레옹은 아들에게 '프랑스를 적국으로 하는 전쟁을 절대로 하지 말라' 고 요구하고 아들더러 '모든 것을 프랑스 국민들을 위하여' 라는 자신의 신념을 받아들일 것을 제안했다. 나폴레옹은 자신이 퇴위해도 아들이 프랑스와 이탈리아를 이끌 것이라 생각한 것이다.

나폴레옹이 세인트헬레나 섬으로 유폐된 이유는 간단하다. 나폴레옹이 정권을 잡아 유럽을 전쟁의 소용돌이로 몰아넣는 일이 더 이상 생기지 않도록 원천봉쇄를 하기 위해서였다. 그것은 나폴레옹이 사실상 영국의 포로로서 엄중한 감시를 받고 있으며 그가 살아서는 결코 그 섬을 나올 수가 없다는 것을 뜻했다.

그럼에도 불구하고 나폴레옹은 감시자들로서는 아주 골머리 아픈 사람이었다. 나폴레옹이 엘바에서 탈출하여 전 유럽을 공포에 몰아넣은 전적이 있기 때문에 언제든지 또다시 세인트헬레나 섬을 탈출하여 복권을 시도할지도 모르기 때문이었다.

가장 좋은 대안은 누구나가 금방 예측할 수 있는 일이다. 그가 더 이상 숨을 쉬지 않도록 만드는 것이다. 그런 의미에서 누군가가 그의 죽음을 재촉한 것이 아닐까 하는 생각을 할 수 있다.

1821년 봄부터 시작하여 나폴레옹은 위와 간의 통증으로 심한 고통을 당하고 있었다. 그는 구토에다 세인트헬레나 섬에서 옮은 아메바성 이질로 인한 급성 설사가 겹쳐서 심한 탈수 상태에 빠져 있었다.

그의 주치의 프란시스코 안톤 마르키는 그에게 주석(酒石 : 포도주 침전물) 구토제를 레모네이드에 타서 주었다. 주석 구토제는 유독한 안티몬 혼합물로 당시 의사들이 표준으로 사용하는 설사약이었다. 이 약을 마시고 나폴레옹은 고통스러워 방바닥을 굴렀으나 의사는 아랑곳하지 않고 투약을 계속했다. 두 번째 주치의였던 군의관 아치볼드 아노트는 설사약을 더 많이 쓰는 것이 황제에게 도움이 된다고 말했다.

이 당시의 의사들은 죽어가는 허약한 환자들에게 대량으로 설사 출혈을 유도하는 발포관장을 하게 하는 것이 보통이었지만 현재의 의학자들은 나폴레옹에 대한 이런 치료가 고의적이라고 생각한다. 실제로 위암 환자에게 설사약을 투여하여 위를 비우도록 시도하는 것은 의도적인 살인이나 마찬가지라는 뜻이다.

나폴레옹의 고통이 심화되자 아노트는 설사약으로 사용하는 유독성 염화 제1수은 10개를 투약했는데 이는 최대 허용치를 3배나 초과하는 분량이었다. 나폴레옹은 몇 시간 내에 의식을 잃고 1821년 5월 5일 오후 5시 49분에 사망했다.

증거물로 채택된 나폴레옹의 머리카락

1955년 스웨덴의 치과의사 퍼슈홋은 나폴레옹의 시중을 들었던 시종장 마르샹의 수기를 읽던 중 의아한 생각이 들었다. 쏟아지는 졸음과 불면증의 반복, 다리의 부종, 한 움큼씩 빠지는 머리카락 등 죽기 직전에 보인 나폴레옹의 증상은 만성 비소 중독 증상이었다.

비소는 나폴레옹 시대에 흔히 쓰였던 독약으로 독살에는 안성맞춤이었다. 특히 쥐를 잡는 데 자주 쓰였으므로 어디에서나 쉽게 구할 수 있었고 맛과 냄새가 없어 다른 음식물과도 잘 섞였다. 여기에서 중요한 사실은 비소를 몇 년에 걸쳐 조금씩 먹게 되면, 흔히 볼 수 있는 여러 질병의 증상과도 비슷하므로 장기적으로 사람을 살해하는 데는 그만이었다. 퍼슈홋은 나폴레옹에 관한 모든 기록을 검토한 결과 비소 중독의 서른 가지 징후 가운데 적어도 스무 가지 이상이 나타났다는 사실을 알게 되었다. 그러나 물적 증거가 없었다.

여기에서 나폴레옹의 머리카락이 등장한다. 비소에 중독되면 사람의 신체는 머리카락을 통해 비소를 몸 밖으로 내보내려고 하기 때문에 머리카락은 몸 안에 축적된 비소의 양을 밝히는 데 아주 좋은 재료가 된다.

나폴레옹은 화장하기 전에 자기의 머리를 깎아서 그 머리카락을 세인트헬레나 섬의 수행원들에게 나누어주도록 유언했다. 퍼슈홋은 그 당시 두 명의 시종이 나폴레옹으로부터 받은 머리카락의 소재지를 알아내었다. 마침 스코틀랜드의 글래스고 대학 법의학과 스미스 교수가 한 올의 머리카락을 시료로 당사자의 신체상황을 예측할 수 있는 중성자유도방사화분석이라는 기술을 개발하였다.

퍼슈홋은 나폴레옹의 머리카락을 구해 스미스 교수에게 전달했다. 스미스 교수의 실험은 퍼슈홋의 가정에 정확히 부합하였다. 나폴레옹의 머리카락에서 정상인들의 13배 분량에 해당하는 비소가 발견되었기 때문이다. 스미스 교수는 비소의 오염이 외부로부터 침입할 가능성은 거의 없으며 분명히 몸 안에서 머리카락으로 옮겨 간 것이라고 단언했다.

퍼슈홋은 나폴레옹의 병세가 악화되었던 1820년 9월부터 사망한 1821년 5월까지 약 8개월 동안의 병상 기록을 조사하기 시작했다. 8개월 동안 나폴레옹은 여섯 번이나 급성 중독 증세로 발작을 일으켰고, 그 사이 만성 비소 중독 증세는 깊어져 가고 있었다. 그는 나폴레옹이 세인트헬레나 섬에 유배된 1815년부터 그의 몸 안에 상당량의 비소가 축적되고 있었다는 사실도 알게 되었다.

나폴레옹의 머리카락
사진 좌측 중앙부분에 나폴레옹의 머리카락이 보인다(파리 역사박물관 소장).

퍼슈홋은 누가 과연 나폴레옹을 살해했을지 일일이 체크하기 시작했다. 그는 우선 시의 안톤 마르키는 섬에 처음부터 들어가지 않았기 때문에 용의자에서 제외시켰다. 요리사 피에론이 나폴레옹의 식사를 만들었지만 시중을 든 사람은 시종장 한 사람뿐이었기 때문에 요리사가 나폴레옹에게 비소를 투여한다는 것은 불가능한 일이었다.

그는 몬트론 장군과 마르샹 시종장에 주목했다. 나폴레옹을 독살하기 위해서는 항상 나폴레옹의 옆에 있어야 하기 때문이다.

마르샹은 철이 들면서부터 나폴레옹을 모셨고 그의 어머니도 나폴레옹 집안에서 일하였다. 그의 일가 가운데 왕당파와 연계된 사람은 한 사람도 없었다. 엘바 섬으로 유형 갈 때에도 나폴레옹과 함께 있었다. 그가 나폴레옹을 살해하리라고는 생각할 수 없는 일이었다.

이제 몬트론 장군의 차례였다. 퍼슈홋은 그가 세인트헬레나 섬으로 들어간 것은 상식에 어긋나는 일이라는 것을 발견했다. 그는 귀족 출신 장교이기는 하지만 한 번도 전장에 나간 일이 없었으며 나폴레옹은 몬트론에 대해 아무것도 알지 못했다. 그 역시 나폴레옹에게 은혜를 입은 일이 없었다.

몬트론은 왕당파와도 인연이 깊었다. 그의 양아버지는 샤를르 10세와 가까운 관계였으며 몬트론은 제1왕정 부활 후에 장군의 지위를 얻었다. 그런데 퍼슈홋은 자료를 찾던 중 몬트론에 대한 놀라운 사실을 발견한다. 그가 휘하의 군사들에게 지급하는 월급에서 6천 프랑을 횡령했다는 것이다. 유죄가 인정되면 군법회의감인데 이상하게도 그는 아무런 제재를 받지 않았다.

퍼슈홋의 추론은 간단했다. 기록에 따르면 몬트론은 술 창고 담당으로 포도주가 저장된 창고 열쇠를 가지고 있었다. 나폴레옹은 항상 자신이 아껴 마시는 술을 매일 같은 술병에 담아서 마셨는데 술 창고 담당인 몬트론이 술을 병에 옮기는 과정에서 비소를 넣었다는 것이다. 그가 포도주 병에 독을 넣는 일이 발각될 리는 없었던 것이다.

몬트론 장군
몬트론은 전장에 나간 적이 없음에도 장군으로 승진했다. 그가 나폴레옹이 마시는 포도주에 비소를 섞는 것은 어려운 일이 아니었다.

몬트론은 나폴레옹을 독살할 목적으로 세인트헬레나 섬에 온 사람이었다. 퍼슈홋은 명령을 내린 사람은 샤를르 10세라고 추정했다. 그가 몬트론의 양아버지를 통해서 이 명령을 따르지 않는다면 공금횡령죄로 감옥에 보내겠다는 협박을 했을 것이라는 추측이다.

권력무상

나폴레옹의 죽음은 씁쓸한 면도 남겼다. 천하를 호령하던 그도 권력무상이라는 말의 의미를 정확히 이해하지 못하고 사망하였기 때문이다.

나폴레옹은 세인트헬레나 섬에서 자신의 재산과 부동산이 아주 공평하게 분배되도록 유언을 남겼다. 함께 유배당한 그의 부하들, 시종들, 전전·현직 하인 및 비서들, 자기와 함께 전투에 참가했던 군인들, 그와 싸우다 전사한 군인들의 미망인과 자녀들이 포함되었다. 자신이 전쟁을 수행하는 도중에 피해를 입힌 적이 있는 마을들에 대해서도 위로금조의 유산을 주도록 했다. 코르시카의 옛 친지들과 측근들은 물론 어머니, 형제자매, 조카들, 아내, 그리고 아들에게 유산이 골고루 돌아가도록 유언을 하였다.

특히 나폴레옹은 1만 프랑을 프랑스군 장교 캉티옹에게 남겼다. 캉티옹은 대담하게 나폴레옹을 워털루에서 격파한 웰링턴 공작의 암살을 시도했기 때문이다. 나폴레옹은 '웰링턴이 내가 이 세인트헬레나 바위섬에서 썩도록 할 수 있는 권한을 갖고 있는 만큼 캉티옹은 그 소수 집단 독재주의자 웰링턴을 암살할 권한을 갖고 있다'라고 썼다.

그러나 나폴레옹은 결론적으로 유언장에 적힌 수혜자 모두에게 커다란 거짓말을 했다. 나폴레옹은 자신이 갖고 있다고 믿은 6백만 프랑을 모든 수혜자들에게 나누어지도록 아량을 베푸는 유언장을 작성했지만 실제로 그가 갖고 있었던 재산은 휴대품을 제외하고는 아무것도 없었다. 그가 갖고 있던 모든 명예와 소유의 재산을 승리자인 영국측이 박탈했기 때문이다. 죽어서도 결국 가장 가까운 사람들에게 커다란 거짓말을 남긴 셈이 되었다.

　한편 나폴레옹에 대한 전설 중에 가장 잘 알려진 이야기는 나폴레옹의 키가 매우 작다는 것이다. 나폴레옹은 자신의 키에 대해 콤플렉스를 갖고 있었으며 세계 지배의 야심을 가지게 된 이유도 언제나 그의 작은 키로 돌려졌다. 그의 키는 사망 후 부검 기록에 의하면 5피트 2인치(1백55센티미터 정도)였다. 그러나 이 길이는 과거 프랑스의 길이 단위로, 현재의 길이 단위에 의하면 그의 키는 5피트 6인치(1백65센티미터) 정도로 작은 키는 아니었다는 주장도 있다. 물론 현재 서양인의 기준으로 볼 때 1백65센티미터가 큰 키는 아님이 틀림없지만 나폴레옹 당시의 프랑스 남자 키로는 작은 키가 아니었다.

4. 자유를 향한 바스티유 점령

"바스티유의 대포 15문이 쉴새없이 민중들에게 불을 뿜었으며 이 폭격으로 사망자는 거의 1백 명에 가깝고 부상자도 비슷했다. 몇 시간 동안 총격이 계속된 후 난공불락의 성벽에 돌파구가 열리고 군중들이 진입하여 옥에서 신음하고 있는 무고한 희생자들을 해방시켰다."

프랑스가 자랑하는 바스티유 공격에 관한 기록은 사실과 전혀 다르다. 바스티유 공격, 그 자체가 처음부터 존재하지 않았으며 감옥에서 신음하고 있는 무고한 죄수들도 없었다.

프랑스 사람들이 가장 중요하게 기념하는 7월 14일은 증오의 표적이었던 '전제주의의 요새' 바스티유를 공격하여 점령한 날이다. 매년 개선문 앞에서 기념식이 열리고 유명한 샹제리제 거리를 따라 축하 행렬이 이어진다. 다른 나라와 마찬가지로 이때에 새로 나온 최첨단 무기들이 선보이며 프랑스의 국력을 세계에 과시한다.

하나 특이한 것은 축하 행렬에서 가장 먼저 행진에 참가하는 팀은 군대가 아니라 폴리테크닉에 다니는 대학생들이라는 것이다. 프랑스 혁명 기념일에 제일 처음 행진할 만큼 폴리테크닉 학생들이 큰 비중을 차지하는 것은 그들이 엘리트 중의 엘리트로 프랑스를 이끌 재목이라고 인정받고 있기 때문이다.

프랑스의 학제는 다른 나라와는 여러 면에서 다르다. 프랑스의 학생들은 고등학교를 졸업할 때 한국의 수능시험과 같은 바칼로레아를 치르는데 이 시험에 합격하면(합격률은 70~75%) 프랑스 영향권에 있는 대학은 모두 입학할 수 있다. 소위 대학교의 평준화이다.

그러나 바칼로레아 합격자들 중에서 상위 그룹은 대학교에 입학하지 않고 2~3년간 '그랑제꼴 예과과정'으로 진학한다. 여기서 입시 준비 후 소위 천재학교로 불리는 '그랑제꼴'에 지망한다(예능학교는 제외).

고교 우수졸업생들이 4년제 대학교보다 예과에서 더 공부하는데다가 경쟁률이 엄청나게 높은데도 필사적으로 그랑제꼴에 입학하려는 이유는 간단하다. 공부한 만큼의 대가가 있기 때문이다. 그랑제꼴에서 수학하는 기간 동안에도 공기업 수준의 월급을 받으며, 졸업하고 나면 교수나 연구원, 고등관료, 군장교 등 전문직종에 특채된다. 일반 기업체로 갈 경우에는 일반 대학교 출신보다 봉급이 2~5배가 넘는 것이 보통이다. 그랑제꼴을 졸업한 20대 중반의 신참이 유명 기업의 회장보다도 더 많은 봉급을 받는 경우가 없지 않다.

그런 그랑제꼴 중에서도 서열 1위, 2위 학교가 폴리테크닉과 에꼴노르말이다. 이중에서 폴리테크닉은 프랑스의 혁명 때문에 탄생했다고 해도 과언이 아니다. 프랑스 혁명이 일어나고 우여곡절을 겪은 후 나폴레옹이 황제로 등극하면서 만들었기 때문이다. 프랑스 혁명이 일어나지 않았다면 나폴레옹이 황제로 등극하지도 않았을 것이고 나폴레옹이 없었다면 폴리테크닉도 존재하지 않았을 것이다.

이와 같이 프랑스인들은 모든 면에서 프랑스 혁명과 연관시키고 더욱 그 의미를 부각시키려고 노력한다. 프랑스인들에게 자국의 자부심을 한껏 높여 준 프랑스 혁명은 바스티유 감옥의 공격에서부터 시작된다.

프랑스 혁명의 전야

프랑스 대혁명은 근대사의 위대한 전환점으로 간주되고 있는데 그 과정은 상상을 초월할 정도로 극적이다. 프랑스 혁명 전후로의 세계 정세는 사실 폭풍 전야와 같았다. 프랑스 대혁명이 일어나기 전, 미국에서 먼저 독립전쟁이 일어났는데 이것은 프랑스의 식자들에게 커다란 충격을 던져 주었다.

미국의 독립선언이 영국의 절대왕정체제에 반기를 든 것으로 생각을 했지만 실제로 독립까지 이어지리라고는 생각하지 않았던 것이다. 그런데 놀랍게도 미국이 독립에 성공하자 자유·평등의 개념이 백성들에게까지 유포되기 시작했다. 절대왕정에 대한 반감이 프랑스 백성들의 마음속에 축적되기 시작했으며 그들도 미국과 같은 자유를 얻을 수 있다는 희망을

공격받는 바스티유
바스티유 성은 15.5미터나 되는 높이에 견고하게 축조되어 어떤 공격에도 충분히 대항할 수 있었지만 결국 함락되었다(파리 카르나발레 미술관 소장).

4. 자유를 향한 바스티유 점령

품게 되었다.

　미국 독립전쟁과 마찬가지로 프랑스 대혁명도 사실은 돈과 관련된 문제에서 비롯되었다. 대혁명 전 프랑스는 유럽의 부국 가운데 하나였다. 프랑스의 영토는 좌측은 스페인과 피레네 산맥, 우측은 알프스 산맥이 가로막고 있어 자연적인 국경이 이루어지는데다가 중앙 부분은 평탄하여 천혜의 농업국으로서 좋은 입지를 갖고 있다. 특히 프랑스는 자체적인 농산물 생산만 갖고도 자급자족이 가능하므로 다른 국가와는 달리 먹을것 때문에 문제가 되진 않았다.

　그러나 대부분의 부는 왕과 귀족의 손에 쥐어져 있는 반면에 백성들은 가난하기 그지없다는 것이 문제였다. 막상 돈을 많이 갖고 있는 부자들은 세금을 내지 않는 대신에 가난한 백성들은 세금을 꼬박꼬박 부담해야 했다.

　당시 프랑스는 세 가지 신분으로 나누어져 있었다. 제1신분은 성직자로서 이들은 총 2천6백 만 프랑스 인구 중 0.4%에 불과하였으나 전 국토의 10%를 소유하고 세금을 면제받았다. 제2신분인 귀족도 10만 내지 25만 명에 불과했지만 전 국토의 20%를 소유한데다 고위관리직을 독점하고 있었고 세금도 면제받고 있었다. 제3신분인 평민은 시민, 농민, 도시노동자들이었다. 그중 상인, 수공업자, 변호사, 문필가, 하급관리들로 이루어진 시민은 생활이 비교적 나은 편이었지만 농민과 노동자들은 간신히 생존할 정도에다 세금을 모두 도맡아야 했다.

　이런 상황에 왕실은 엉뚱한 곳에다 국고를 낭비하고 있었다. 루이 14세는 '짐이 곧 국가이다' 라는 말을 할 정도의 절대군주로서 모든 권력을 장악한 채, 파리에서 서쪽으로 19킬로미터 정도 떨어진 곳에 베르사이유 궁전을 건설했다.

　1661년 루이 14세는 당대 최고의 건축가, 조각가, 정원사를 고용하여 돈을 물 쓰듯 하였다. 수백 개의 방을 만든 뒤 값비싼 가구와 장식들로 가득 채웠다. 게다가 궁전에서는 오락회, 음악회, 무도회, 연회가 매일 이어졌고 공식적으로 일주일에 한 번 '그랑 꾸베르(Grand Couvert)'라는 회식이 열렸다.

혁명을 성공시킨 민중
좌 : 혁명 열의에 불탄 여인들의 모습
우 : 프랑스 혁명기의 귀족 남자들은 모두 몸에 착 달라붙는 퀼로트(반바지)를 착용했다. 그래서 프랑스혁명의 주도세력인 '상퀼로트'는 퀼로트(반바지)를 입지 않은 사람, 즉 긴 바지를 입은 노동자를 일컫는 말이 되었다.

더구나 루이 14세는 에스파냐 왕 카를로스 2세가 후계자 없이 사망하자 그의 손자 펠리페 5세를 에스파냐 왕으로 책봉하는 과정에서 영국을 포함한 네덜란드, 오스트리아, 프로이센 등 유럽 국가와 전쟁을 벌이다 참패한다. 이 전쟁으로 프랑스는 북아메리카에 있는 모든 식민지를 포함하여 뉴퍼틀랜드, 허드슨만 지역 및 아카디아도 영국에 양도하고 만다.

아들인 루이 15세도 마찬가지였다. 미국이 영국에 대항하여 독립전쟁을 일으키자 프랑스 왕실은 미국 식민지를 지원했는데 이때의 전비가 상상을 초월할 정도로 많이 지출되었다. 이런 저런 사정에 따른 무분별한 국고 소비로 극심한 빚더미에 올라앉은 프랑스는 세금을 거둬들이는 족족이 이자 상환에 돌리는 데도 벅찰 지경이었다.

국고가 바닥나고 더 이상 다른 나라로부터 차관을 끌어다쓰는 것이 불가능해지자 프랑스는 국내 세금을 인상한다. 당시에 먹을 빵도 없어서 빵을 달라는 폭동이 끊이지를 않았던 백성들에게 세금을 올린다는 것은 그야말로 벼룩의 간을 내어먹겠다는 말이나 다름없었다.

오스트리아 공주의 낭비벽

프랑스의 재정이 바닥으로 치닫자 국왕 루이 16세는 묘수를 부린다. 제3계급인 평민만이 아닌 귀족들에게 세금을 부과하겠다는 것이었다. 그러나 제2계급인 귀족들은 자신들의 특권인 세금 면제 권한을 양보할 수 없다며 세금 납부를 거부했다. 루이 16세는 결국 3부회의를 소집하지 않을 수 없었다. 3부회의는 성직자, 귀족, 평민 세 계급으로 구성된 의회로 왕권의 견제와 귀족의 특권 강화를 위해 구성되었으며 세금 인상과 같은 중요한 안건을 결정할 때는 꼭 소집되어야 한다고 법으로 명시되어 있었다.

문제는 국민들이 세금을 인상해야 하는 근본 요인이 루이 16세의 왕비인 마리 앙투아네트의 낭비 때문이라고 믿고 있다는 점이었다. 낭비가 어찌나 심했던지 '적자 부인'이라는 별명까지 얻은 그녀의 사치는 사실 도를 넘어선 지 오래였다. 겨울이면 각종 장신구는 물론, 12벌의 화려한 야회복, 12벌의 무도복, 12벌의 평상복에다가 여름에는 따로 드레스를 주문했으며 야회복에는 수많은 금이나 진주가 수놓아져 있었다.

그녀는 디자이너들이 제안하는 사치를 거절하는 법이 없었다. 디자이너는 그녀의 낭비벽을 잘 알고 있었으므로 달마다 새로운 색깔이나 아이디어를 제안했다. 그들이 제시한 색깔 중에는 1776년에 등장한 '벼룩 색깔'이라는 다갈색도 있었다. 많은 여성들이 왕비를 흉내내 비싼 의상을 사들이기 시작하자 귀족 남편들이 노골적으로 불만을 터뜨릴 정도였다. 앙투아네트는 1년 사이에 전담 디자이너에게 8만 7천6백 리브르, 영국인 승마복 재봉사에게 3만 1천 프랑을 지불했다는 것을 알고 자신도 놀랐다고 한다.

그녀의 보석에 대한 집착도 문제였다. 한 번은 연간 지출액을 배나 초과했는데도 20만 프랑에 상당하는 팔찌 한 벌을 구입한 후 남편인 루이 16세에게 돈을 빌려달라고 했다. 또한 40만 프랑 상당의 다이아몬드 귀고리 한 벌을 구입하기 위해 자신이 갖고 있던 다이아몬드를 팔기도 했다. 그녀의 낭비벽을 보다 못해 오스트리아의 왕비인 어머니 마리 테레지아가 낭비하는 버릇을 고치라고 타이르자 그녀는 자신의 낭비벽은 '따분함을 풀어 주는 오락이다'라고 변명했다. 인생의 유일한 즐거움이 낭비이므로 프랑스의 왕비로서 그 정도의 지출은 당연한 일이라고 주장한 것이다.

사실 앙투아네트는 당시의 유행을 이끈 여성이기도 했다. 머리를 최소한 30센티미터 이상 올려 5백 그램 정도의 분과 포마드를 바른 뒤 그 위에 관을 씌워 깃털, 리본, 꽃, 다이아몬드 등을 꽂은 헤어스타일도 유행시켰다. 헤어스타일 외에 그녀가 관심을 기울인 것은 춤으로, 그녀는 우아한 춤을 보급시킬 의무가 자신에게 있다고 생각하기도 했다.

그녀는 낭비벽 때문에 여러 가지 모함을 받기도 했다. 파리에서 백성들이 빵을 달라고 폭동을 일으키자 앙투아네트가 '빵 대신 과자를 먹으면 될 것 아니냐?'고 반문했다는 에피소드는 너무나 잘 알려져 있다. 그러나 학자들은 앙투아네트가 그런 말을 했다는 것은 근거 없는 낭설이라고 확신했다.

학자들이 드디어 그 인용문의 장본인을 찾아냈는데 그것은 바로 루소였다. 루소는 자신의 저서 《고백론》에서 그 말의 진원지는 '젊은 공주'라고 적었으나 앙투아네트는 그 책이 쓰여질 당시 프랑스의 왕비가 아니었다. 후대로 갈수록 과장되어지고 있는 앙투아네트에 대한 비난이 믿을 만한지 의심스러운 대목이다. 하지만 '젊은 공주'를 앙투아네트라고 연상한 것은 그만큼 그녀가 사치스러웠기 때문일 것이다.

앙투아네트 왕비를 가장 크게 괴롭힌 것은 유명한 다이아몬드 목걸이 사건이다. 프랑스 왕족인 로앙 대사교(大司敎)는 오스트리아 공사를 사임하고 귀국한 후 왕비인 앙투아네트에게 접근할 방법을 찾고 있었다. 그때 마술사로 유명한 카글리 오스트로와 보석상 라 모트가 당시 금전적으로 곤란을 받고 있던 왕비에게 값비싼 다이아몬드 목걸이를 제공하는 것이 가장 좋은 방법이라는 조언을 한다.

로앙은 한밤중에 트리아농 궁전에서 왕비를 만나 보석을 건넨다. 하지만 때마침 나타난 이방인으로 인해 별다른 이야기를 나누지 못하고 황급히 헤어지고 만다. 그가 왕비에게 제공한 다이아몬드는 보에메르라는 보석상에게 후불로 구입한 것이었는데 왕비를 만나 소기의 목적을 이루고자 했던 로앙은 이방인의 출현으로 인해 실패로 돌아가자 다이아몬드 대금을 지불하지 않는다. 결국 보석상 보에메르는 법에 고소를 한다.

이것이 다이아몬드 목걸이에 대한 진상이지만 이 당시 관련된 모든 사람이 구속되자 왕비도 구설수에 오르게 된다. 다이아몬드를 왕비가 탈취하려고 했다는 소문은 물론 로앙 대사교와 불륜을 저질렀다는 악성 루머에까지 휘말리게 된 것이다. 자신은 다이아몬드 사건에 전혀 관련되지 않았다고 항변했지만 그녀의 평소 품행을 알고 있는 국민들은 그 말을 믿지 않았다. 그녀가 루이 16세를 따라 단두대에서 처형된 것도 이 사건이 결정적인 영향을 미쳤다는 것이 정설이다.

탈출도 우아하게

루이 16세와 마리 앙투아네트를 프랑스인들이 처형하게 된 이유는 여러 가지가 있지만 이들이 외국의 보수 세력만이 왕정을 구해 줄 수 있다고 믿고 치밀한 탈출 계획을 세운 후 프랑스를 탈출하려다 발각된 것이 결정적인 이유이다. 엄밀하게 말해서 그들이 프랑스를 탈출하는 것은 당시의 여건으로 볼 때 그리 어려운 일이 아니었다. 나폴레옹의 실각 후 왕으로 복귀하는 루이 16세의 동생 루이 18세도 마차를 타고 프랑스를 탈출하는 데 성공했고 당시 목숨에 위협을 느낀 수많은 귀족들이 탈출을 했기 때문이다.

그러나 루이 16세와 마리 앙투아네트는 탈출에 성공하지 못한다. 정확하게 표현하면 그들도 파리를 탈출하는 데는 성공했지만 국경을 넘기 직전에 신분이 탄로나서 강제로 송환된다. 이 탈출극으로 왕에 대한 이미지가 나빠지고 결국 죽음을 자초했는데 그들의 탈출이 실패로 돌아가게 된 데는 앙투아네트의 왕비 병이 한몫을 단단히 했다.

그녀는 프랑스를 탈출하는 데도 왕비답고 우아하게 처신해야 한다고 생각했다. 그래서 측근들이

루이 16세의 탈출 실패
국외로 도망가던 국왕 일가가 바렌에서 발견되어 파리로 연행되고 있는 모습을 그린 풍자화(파리 카르나발레 미술관 소장).

그들이 탈 마차는 작고 속도가 빨라야 하며 물건들도 최소한으로 줄여야 한다고 권고했지만 막상 마차를 제작하는 단계에서 앙투아네트가 자신의 휴대품을 모두 갖고 가야 한다고 고집을 부렸다. 그녀는 자신의 화장 도구, 가구, 식기류, 술도 갖고 가야 하며 변기도 두 개나 설치하도록 명령을 부렸다. 화장실(변기)이 두 개나 갖추어진 것을 보면 아무리 탈출하는 처지라도 프랑스의 왕이 길가에서 용변을 본다는 건 생각할 수 없었던 모양이다.

결국 그녀의 모든 조건을 만족시키다 보니 당연히 거대한 마차가 되고 말았다. 12마리의 말이 끄는 마차에 루이 16세 일가 5명에 7명의 하인이 탈 수 있었는데 요즘 시대로 보면 거대한 버스와 마찬가지의 규모였다.

결국 이러한 거대한 마차에다 수행하는 마차 한 대까지 합세했으니 그들의 이동이 눈에 띄지 않았을 리 없었다. 사실상 그들이 프랑스 국경까지 갈 수 있었던 것도 엄청난 기적이었다. 더구나 천진한 왕 일가족은 파리를 벗어나자 긴장이 풀려 마차를 세우고 산책까지 즐겼다고 한다.

19세에 프랑스의 왕비가 되어 38세에 단두대의 이슬로 사라진 앙투아네트는 사치스러운 생활과 구설수로 군주제에 내재되어 있는 부정적인 이미지를 가장 극명하게 드러낸 상징적인 인물이었다.

루이 17세의 비밀

루이 16세와 마리 앙투아네트가 단두대에서 사라지면서 프랑스 대혁명의 열기는 절정에 달했지만 왕당파들은 그들의 여덟 살 난 아들이 감옥에 있음을 알고 그를 '프랑스의 신왕 루이 17세'로 추대했다. 물론 실권이 없는 이름뿐인 왕 '루이 17세'는 부모를 잃은 소년 죄수에 불과했다. 파리 탕플 감옥소의 엄중한 감시하에 있던 소년은 2년 후인 1795년에 결핵으로 사망했다.

루이 17세의 죽음과 함께 근거를 알 수 없는 소문이 퍼지기 시작했다. 왕당파들이 어린 왕을 구출해 유럽 어딘가로 도피시켰으며 감옥에서 죽은 소년은 왕의 대역이라는 것이다. 혁명의 여파로 생긴 공화정이 왕정으로 복귀하자 더욱 더 소문은 커져 갔고 자신이

| 루이 16세의 처형

루이 17세 또는 그의 자손이라고 주장하는 사람도 1백 명이 넘었다. 네덜란드에 있는 프랑스 망명 귀족인 샤를르 기욤 논도르프의 비석에는 '여기 프랑스 왕이 잠들다' 라고 적혀 있을 정도이며 루이 17세에 대한 책도 무려 5백 권이 넘는다.

루이 17세의 진위를 가리기 위해 파리 근교의 생드니 성당에 보존되어 있는 돌처럼 굳어진 심장이 등장한다. 이 심장은 루이 17세로 알려진 소년 죄수를 부검할 때 비밀리에 적출된 것으로 학자들은 이 심장의 DNA를 마리 앙투아네트의 DNA와 비교하면 전설의 진상을 알 수 있을 것으로 판단했다. 마리 앙투아네트의 머리카락은 오스트리아의 쇤부른 궁에 보존되어 있었다.

소년의 심장이 보존될 수 있었던 것도 루이 17세의 생존설만큼이나 드라마틱하다. 루이 17세의 것으로 알려진 심장은 부검에 참여했던 의사 필립 장 펠레탕이 훔쳐낸 것으로 그는 심장을 알코올을 채운 유리단지에 넣어 두었다. 그러나 시간이 흐르면서 알코올이 모두 증발하자 심장은 딱딱한 돌처럼 굳었다.

펠레탕은 이 심장을 죽기 직전 파리 대주교에게 기증했다. 1831년 무장한 파리 시민들이 대주교의 저택에 들이닥쳤고 무리 중에 있던 한 인쇄공이 루이 17세라고 쓰여진 단지를 발견했다. 전투의 와중에 단지는 깨졌지만 돌처럼 굳은 심장은 파손되지 않고 전투가 벌어진 후 수습되어 원 주인인 펠레탕의 아들에게로 보내졌다.

열렬한 왕당파였던 펠레탕의 아들은 심장을 숨겨 두었다가 비밀리에 지방에 있는 한 왕족의 성으

루이 17세의 초상화
루이 16세가 처형되자 왕당파들은 감옥에 있는 8살의 왕자를 루이 17세로 추대했다. 부모를 잃은 소년 죄수 루이 17세는 2년 후에 감옥에서 결핵으로 사망했다.
―〈주간동아〉제233호 인용

로 옮겼다. 이 성에서 보관되던 심장이 1975년에 '메모리얼 드 프랑스'에 이관된 후 생드니 성당에 있는 왕족의 무덤에 안치된 것이다.

검사를 의뢰받은 벨기에와 독일의 과학자들은 소년의 심장을 레이저 칼로 잘라냈고 마리 앙투아네트의 머리카락과 비교했다. 2001년 4월 19일 벨기에 루벵 대학교 장 자크 카시만 교수는 심장의 주인공이 마리 앙투아네트의 아들이 분명하다고 발표했다. 독일의 뮌스터 대학교에서도 같은 결론을 내렸다. 이로써 1백 명이 넘었던 '자칭 루이 17세와 그 자손들'은 모두 가짜였음이 밝혀졌다. 유전자 감식이라는 현대 과학 앞에서 가짜의 설자리는 점점 좁아지고 있는 것이다.

조작된 바스티유 함락

바스티유 함락 사건으로 돌아간다. 프랑스 대혁명은 바스티유 함락으로부터 시작되었지만 바스티유 공격 자체가 존재하지 않았다는 것은 사실이다. 유명한 '공격자'의 한 사람인 에리라는 장교는 '바스티유는 결코 무력으로 공략되지 않았다. 공격받기 전에 항복했기 때문이다'라고 시인했다. 1806년에 나폴레옹 밑에서 장군으로 승진한 유란도 같은 발언을 했으며 바스티유 수비대 소속 하사관도 이를 수긍했다.

나중에 민중의 혁명적인 영웅 행위를 조사하는 상설위원회에서 조사한 결과 역시 일반인들이 알고 있는 것과는 너무나 달랐다. 원래 요새인 바스티유는 그 당시 감옥이라고는 하지만 사실은 신분 높은 사람들을 위한 호화로운 설비의 감옥이었다. 파리의 시내에 있는 바스티유 감옥은 정치범 등을 수용한 것이 아니라 당시 여러 가지 불미스러운 일에 관련되었던 사람들만 수용하고 있었던 것이다.

420년이나 되는 바스티유 성은 15.5미터나 되는 높이에 견고하게 축조되어 외부에서 접근하는 것이 쉽지 않았다. 당시 82명의 수비병과 31명의 스위스 용병들이 있었는데 그들은 어떠한 공격에도 충분히 대항할 수 있었다. 한 가지 문제는 바스티유 성안에는 단 1일분의 식량밖에 없었다는 것이다.

사실 봉기한 민중도 당시 7명이던 죄수를 해방시키는 것이 목적이 아니라 그곳에 저장되어 있던 화약이 필요했던 것이다. 때문에 그들은 바스티유 사령관 드 로네이 후작과 몇 차례 교섭을 가졌고 드 로네이는 최종적으로 수비대 전원이 무사히 철수할 수 있게 해주는 조건으로 바스티유를 넘겨주는 데 동의하고 성문을 열어 주었다.

그러나 이 조건은 지켜지지 않았다. 바스티유 성의 수비병들과의 싸움에서 이겼다고 생각한 군중들은 혁명기간 동안에 사망한 동지의 복수를 해야 한다고 주장했다. 결국 스위스 용병들은 시청에 끌려가 총살되었고 드 로네이 사령관은 시청으로 끌려가는 도중 군중들에 의해 살해되었다.

당시 바스티유 감옥은 왕의 절대 권력의 상징이며 파리 시민의 봉기는 '앙시앵 레짐(낡은 제도)'에 대한 프랑스 민중의 저항이라고 볼 수 있다. 그러므로 바스티유 감옥이 혁명의 와중에 민중에 의해서 공격당한 후 점령되었다고 설명되는 것이 가장 바람직한 일이었을 것이다.

사람들은 바스티유의 점령이 프랑스 혁명사에서 가장 중요한 사건이라고 말하는 데 주저하지 않는다. 일반인들이 믿는 것에는 그 사실이 진실이냐는 중요하지 않다. 단지 그것이 일반인들의 구미에 어떻게 잘 부합하느냐가 중요한 것이다. 굳이 거짓말을 하려고 하지 않아도 가장 그럴듯한 이야기는 항상 값비싼 정보라고 생각되기 마련이다. 시민들이 믿고자 하는 상황, 바로 그것이 지금까지 진실과는 전혀 다른 바스티유 감옥의 함락에 대한 전설이 전해 내려올 수 있었던 이유가 되는 것이다.

5. 리빙스턴과 스탠리의 동상이몽

1871년 10월, 아프리카 오지인 우지지에서 영양실조와 말라리아로 거의 죽음을 눈앞에 둔 리빙스턴 박사가 미국의 스탠리 기자에 의해 발견된 것은 아프리카 탐험 사상 가장 극적인 사건 중의 하나로 알려져 있다. 그들이 만날 수 있는 확률은 모래사장에서 바늘을 찾는 일만큼이나 적다는 것을 고려할 때 이들의 만남은 아프리카 탐험사상 가장 가슴이 벅찬 장면이라 할 수 있다. 그러나 아프리카로서는 가장 불행한 순간인 동시에 가장 증오스러운 순간이었다.

리빙스턴도 놀란 아프리카 탐험기의 명성

 리빙스턴은 1813년 스코틀랜드 라나크셔 주 블란타이어에서 니일 리빙스턴의 둘째아들로 태어났다. 21살 때 중국에 보낼 의료 선교사를 구한다는 공고가 나자 시간제로 공장에 근무하면서 글래스고 대학에서 2년간 희랍어, 신학, 의학을 배우고 '런던 선교회'에 가입한다.
 그러나 1839년 아편전쟁이 일어나 중국에 가려던 리빙스턴의 꿈은 사라졌지만 1840년에 의사 면허를 받아 정식으로 선교사로 임명된다. 그리곤 아프리카 남부에서 선교하던 모패트 목사의 권유에 따라 1841년 3월 케이프타운에 도착한다. 그는 곧바로 포트 엘리자베드를 거쳐 기독교가 전파되지 않은 곳을 찾아 북쪽으로 올라갔으며 크루만에서 아프리카 원주민들의 말과 풍속을 익혔다.
 1844년, 백인이 한 번도 가본 적이 없는 곳을 향해 더욱 깊숙이 들어갔던 리빙스턴은 사자에게 습격을 당해 왼쪽 어깨뼈가 으스러져 평생 왼팔을 위로 쳐들지 못하는 불구자가 된다. 그런 리빙스턴에게 행복한 순간이 찾아온다. 1845년 모패트 목사의 딸인 메리와 결혼하게 된 것이다.

이 결혼은 리빙스턴으로서는 행운이었다. 그녀는 아프리카에서 태어났고 원주민 말도 잘해서 리빙스턴이 아프리카에서 정착하는 데 가장 큰 힘이 되었기 때문이다.

1849년 6월 리빙스턴은 칼라하리 사막을 건너 북쪽에 정착하여 의술을 베풀고 새로운 곳을 탐험하겠다고 발표한다. 그 소식을 들은 주변의 모든 사람들이 미친 짓이라며 그를 말렸다. 사막이 끝나는 곳은 풀 한 포기 없는 곳이며 사막을 넘는다는 것 자체가 무모한 짓이라는 것이었다. 그러나 아내 메리의 적극적인 협조를 받으면서 칼라하리에 도전하여 악전고투 끝에 60일 만에 사막을 건넌 리빙스턴과 그 일행은 그만 놀라고 말았다.

그곳은 풀 한 포기 나지 않는 곳이 아니라 수많은 푸른 들판과 동물들이 있는 낙원이었던 것이다. 그는 자신이 발견한 누가미 호수에 대해 왕립지리학협회에 보고했고 학회는 그에게 금메달을 수여했다. 그후 리빙스턴은 협회와 긴밀한 협력을 유지하면서 지리적 탐험에 보다 큰 관심을 갖기 시작해 틈이 나는 대로 오지를 탐험하는 데 시간을 바쳤다.

둘레가 1백 킬로미터나 되는 엔가미 호수를 발견하기도 한 리빙스턴은 1853년에는 잠베지 강의 탐험에 나선다. 강의 물줄기를 찾아 서쪽으로 가면 대서양이 나오리라는 생각에서였다. 그렇게 된다면 유럽에서 케이프타운까지 먼 길을 둘러가지 않아도 되는 것이다.

리빙스턴은 수많은 고생 끝에 대서양이 닿는 루안다에 도착했다. 그러나 잠베지 강은 대서양까지 흐르지 않았다. 그는 허탈한 마음을 감추며 발길을 돌려 동쪽으로 인도양을 바라고 나아갔다. 그렇게 몇 날 며칠을 여행하던 리빙스턴은 천지를 울리는 천둥소리를 내며 쏟아지는 어마어마한 폭포를 발견한다. 그는 너비 1천7백 미터, 높이 1백 미터가 넘는 이 폭포를 영국 여왕의 이름을 따서 빅토리아 폭포라고 명명하였다. 그리고 1856년 5월 마침내 잠베지 강이 인도양으로 흘러드는 곳, 켈리마네에 다다른다. 16년 만에 아프리카 동서를 가로지른 최초의 유럽인이 된 것이다.

  1856년 12월 리빙스턴은 자신이 탐험한 것을 학회에 보고할 겸 영국을 방문한다. 영국에 도착하자마자 그는 국민적인 영웅으로 환영을 받는다. 국민들의 환대에 어찌나 놀랐던지 자신이 꿈을 꾸고 있는 것 같다고 실토할 정도였다. 아프리카 오지만을 다닌 그가 영국 사회의 유명인사가 된 것이다. 더구나 그가 출간한 책《남아프리카 전도 여행》은 무려 7만 권이나 팔려 세상을 놀라게 했다.

리빙스턴의 아프리카 탐험은 노예 해방을 위해서

  아프리카에 돌아온 리빙스턴은 이번엔 나일 강의 수원지를 발견하려는 탐험을 시도하게 된다.

  지도도 없고 정보도 없는 아프리카 오지의 탐험은 고난의 연속이었다. 탐험이 동행자들과의 불화로 좌절되는가 하면 의약품을 도난당하는 등 악재가 겹쳐 병으로 졸도까지 한다. 결국은 영양실조와 말라리아로 생사의 기로를 헤매게 되는데 이때 그를 찾아나선 스탠리에 의해 1871년 10월, 극적으로 구출된다.

여기에서 리빙스턴의 아프리카 탐험은 매우 순수했다는 것을 염두에 둘 필요가 있다. 그가 아프리카 탐험에 나선 본래의 목적은 나일 강의 수원을 찾고 노예 무역을 뿌리 뽑겠다는 생각에서였다. 리빙스턴은 기독교를 전하고 문명을 보급함으로써 아프리카인들이 스스로 깨어 노예 무역에서 벗어날 수 있어야만 인간답게 살 수 있을 거라 생각했던 것이다.

유럽인들은 아프리카를 단순 노동을 시킬 수 있는 노예들의 공급지로만 생각하고 있었다. 아프리카인들은 인간인 자신들과는 다른 동물이라고 생각하는 사람들도 있을 정도로 아프리카에 대해서 무지했다.

성경을 가르치는 리빙스턴
리빙스턴은 아프리카인들에게 기독교를 전파하는 것이 그들을 노예생활에서 벗어나게 해주는 길이라고 생각했다.

리빙스턴은 유럽인들의 목표가 돈이므로 아프리카에서 돈을 벌 수 있도록만 하면 노예 사냥을 하지 않을 것이라 생각했다. 유럽과 아프리카가 직접 교역하여 아프리카에서 상아나 털가죽 등을 유럽으로 팔 수 있다면 아프리카인들의 경제적 상황이 개선될 수 있을 뿐만 아니라 유럽인들의 노예 사냥도 근절될 거라는 단순한 생각을 갖고 있었다.

리빙스턴에게 이와 같은 생각을 하게 한 노예 문제는 무려 3백여 년을 거슬러 올라간다. 흑인 노예 무역이 처음 시작된 것은 콜럼버스 때로 노예 상인들은 대부분 국왕의 비호를 받고 있었으므로 전혀 죄책감을 느끼지 않았다.

흑인 노예 무역이 성행한 것은 신대륙이 발견된 이후 노동력의 확보 때문이었다. 당시 유럽은 산업혁명으로 면직물 공업이 크게 발달했는데 그 공급원이 대부분 신대륙 남부의 면화공장이었다. 문제는 면화 재배에 수많은 노동력이 필요하다는 것이었다.

처음에 미국에 정착한 유럽인들은 인디언들을 잡아서 노동에 이용하려고 했다. 그러나 인디언들은 체력이 약해서 집단 농장 같은 곳에서의 열악한 노동 환경에 적응하지 못하고 모두들 죽고 말았다. 그러므로 아프리카 흑인들이 그 대안으로 떠오른 것이다.

노예 무역은 수지 맞는 장사였다. 유럽인들은 노예 무역을 필수불가결한 것으로 생각했고 그 어떤 무역보다 국가적인 이익이 큰 사업이었다. 심지어 유럽인들은 노예제가 '아프리카 야만인들에게 친절을 베푼 것이며 그들은 노예제 덕분에 훨씬 행복한 생활을 하게 되었다'고 생각하기조차 했다. 그들은 아프리카에서 포로가 된 흑인들이 항해 도중에 여섯 명 중 다섯 명이 사망했다는 것 따위는 생각하지 않았다.

그러나 시간이 흐르면서 비인도적인 노예제도의 실상과 문제점을 깨달은 많은 나라에서 적극적으로 폐지하기 시작했고 리빙스턴이 아프리카에 있을 때에는 미국에서조차 노예제도가 금지되었다. 그럼에도 불구하고 노예 무역은 계속되었고 노예 상인들은 감시를 피하느라 흑인들을 상자 속에 집어넣어 운반하는 등 그 참상은 이루 말할 수 없었다. 리빙스턴은 유럽과 미국에서 아프리카와의 무역으로 이득을 얻으면 노예 사냥이라는 비도덕적인 행위는 근본적으로 사라질 것이라 생각했던 것이다.

노예 매매
남북전쟁시 남부군의 수도였던 리치몬드 역에서 흑인 노예들이 팔려가고 있다. 리빙스턴은 아프리카에서 이런 비극이 사라지려면 유럽과의 무역이 필요하다고 생각했다.

스탠리가 함께 귀국하자고 했지만 리빙스턴은 거절한다. 자신은 아프리카에 온 목적을 이루기 위해 끝까지 아프리카에 머무르겠다고 한다. 결국 리빙스턴은 스탠리와 헤어진 지 채 2년도 되지 않아 1873년 치탐보 마을의 오두막집에서 사망했다. 1874년 4월 그의 시신은 영국으로 옮겨져 웨스트민스터 사원에 묻혔다.

그의 기념비에는 다음과 같은 구절이 새겨졌다.

'고독한 생활을 하고 있는 나는 이렇게 덧붙여 말합니다. 바라건대 미국, 영국, 터키, 그밖의 어디서건 이 세상의 악습을 없애는 데 협력하는 모든 사람들이 하느님의 은총을 받으시길 바라며……'

영국의 노예선 설계도
18세기에 노예 수송에 사용되었던 선박의 설계도로 아프리카로부터 북아메리카까지 40일간 가축처럼 실린 채 운반되었다는 것을 증명한다.

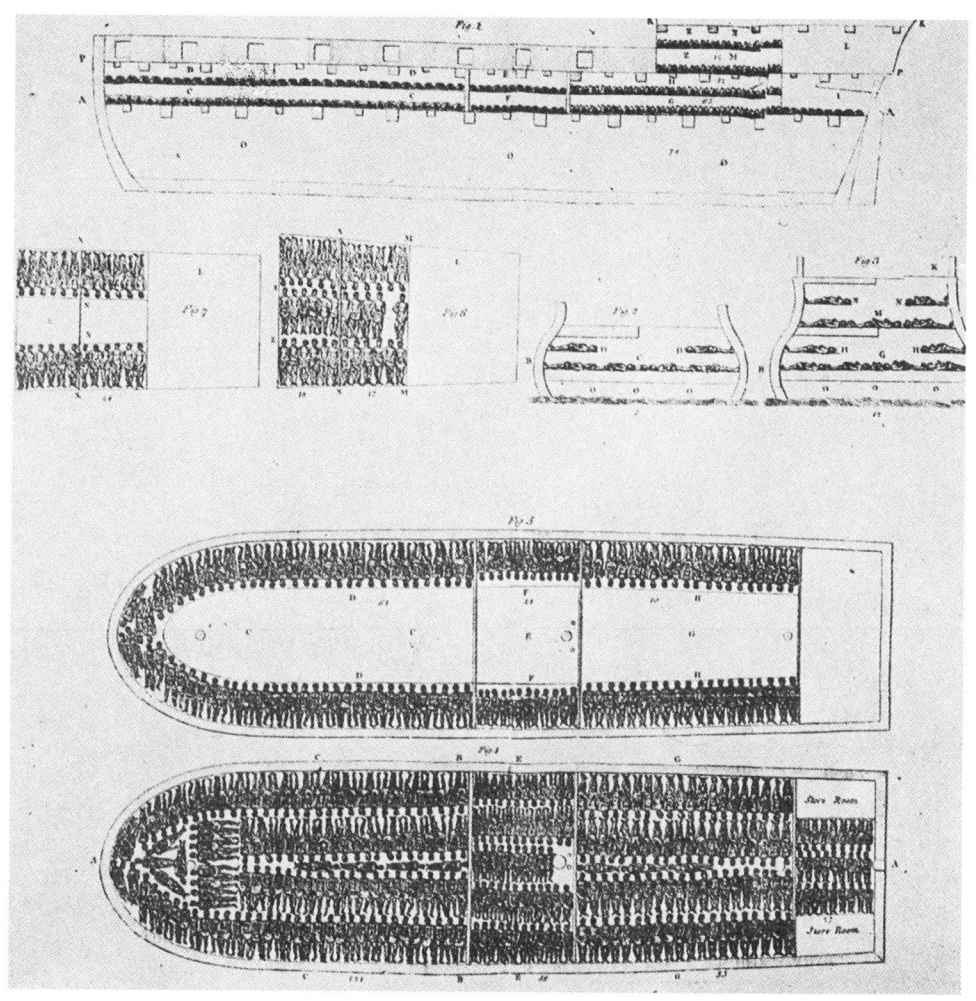

5. 리빙스턴과 스탠리의 동상이몽 ▶ 119

리빙스턴이 아프리카를 탐험했다는 공헌만으로 웨스트민스터 사원에 매장되었다는 것은 그야말로 파격적인 대우임을 주목할 필요가 있다. 그것은 리빙스턴이 열강들로 하여금 아프리카를 정복할 수 있는 실마리를 제공했기 때문이다.

낫세포 빈혈증이 노예 사냥의 주범?

근래 아메리카에서 흑인들이 가혹한 환경에도 잘 적응할 수 있었던 것은 흑인들의 체력이 선천적으로 좋기도 하지만 그들이 갖고 있는 유전자의 역할도 크다는 연구 결과가 나와 많은 사람들을 놀라게 했다. 그것은 요사이 언론에서 자주 거론되는 낫세포 빈혈증을 연구하는 도중에 알려졌다.

정상적인 적혈구를 만드는 유전자를 A, 결함이 있는 적혈구를 만드는 돌연변이 유전자를 a라고 한다면 AA를 가진 아이는 정상, Aa를 가진 아이는 낫세포 빈혈증의 형질을 갖는다. 반면에 aa의 유전적 조성을 가진 아이는 심한 빈혈을 일으키다가 출생 초기에 100% 사망한다.

이 빈혈증은 두 가지 치명적인 장애를 갖고 있다. 첫째는 개체에 충분한 산소를 공급하지 못하므로 뇌와 신장에 손상을 준다. 둘째는 몸에 있는 악성의 적혈구를 제거하기 위해 많은 에너지를 소비한다는 점이다. 골수(骨髓)는 파괴된 적혈구를 치환하기 위해 새로운 적혈구를 생산하려고 온 정력을 쏟고 심장은 혈액을 더욱 순환시켜 풍부한 산소를 공급하려고 필요 이상의 노동을 한다. 요컨대 불필요한 에너지를 추가로 소요한다는 것이다.

유전학적인 이론으로 볼 때 이 빈혈증을 일으키는 'a' 돌연변이 유전자를 제거하면 병을 치료할 수 있다고 생각할 수 있다. 그런데 아프리카와 일부 아시아 등지에서 이 빈혈증의 유전자 빈도가 무려 25%나 된다. 이는 25%나 되는 사람의 어린아이 대다수가 사망해야 한다는 것을 의미한다. 그런데도 결과는 그렇지 않았으며, 그 이유를 발견하지 못한 학자들은 고민에 빠졌다.

그 실마리는 엉뚱한 데서부터 풀리기 시작했다. 이 유전자가 많은 곳은 열대 말라리아가 있는 지방이다. 다른 말라리아와 마찬가지로 이 말라리아도 원생동물에 의해서 일어난다. 말라리아 모기의 암컷이 사람의 피를 흡혈할 때 말라리아를 일으키는 원생동물이 혈액에 들어오는 것도 동일하다. 사람의 몸에 들어온 원생동물은 적혈구에 침입하고 거기서 증식을 하면서 병을 일으킨다. 그런데 놀랍게도 낫세포 빈혈증 보균자에게는 이 과정이 일어나지 않는 것이다. 낫세포 빈혈증 보균자는 적혈구에 원생동물이 들어가지 않기 때문에 말라리아에 대해 면역을 가지므로 병에 걸리지 않는다.

이 결과만을 갖고 다음과 같은 추론을 얻을 수 있다. aa의 유전 조성을 가진 사람은 낫세포 빈혈증으로 사망하며, AA의 유전 조성을 가진 사람은 말라리아에 걸리면 죽거나 심한 증세로 고생하게 된다. 그러나 Aa의 유전 조성을 가진 사람은 말라리아에도 걸리지 않을 뿐더러 낫세포 빈혈증에도 걸리지 않는다. 이런 의미에서 a 유전자는 말라리아가 창궐하는 지역에서 대단히 유용하다. 하지만 말라리아가 존재하지 않는 지역에서 a 유전자는 치명적이 된다.

당시 신대륙으로 잡혀온 흑인들은 바로 이런 유전자를 갖고 있는 경우가 많았다. 당시에는 말라리아가 노동력 저하의 가장 치명적인 요인이었는데 흑인들은 바로 이 유전자 때문에 말라리아에 걸리지 않았던 것이다. 아프리카 흑인들의 노동력이 타 인종에 비해 월등히 좋았던 것은 바로 예기치 못한 유전자 때문이었다.

리빙스턴의 지도가 보물임을 알아차린 스탠리

리빙스턴과 스탠리가 아프리카에서 만난 것은 인류 역사상 그야말로 극적인 사건으로 알려져 있는데 발단은 정말로 우연하게 시작된 것이다. 탐험가로 유명한 리빙스턴이 실종되었다는 사실은 당시에는 큰 뉴스거리였다.

미국의 〈뉴욕 헤럴드〉에서는 리빙스턴의 실종사건을 이용하여 판매 부수를 올리려는 기획에 착수한다. 아프리카에 통신원을 파견해 소식이 끊긴 대탐험가를 찾게 하는 것이다. 그래서 발탁된 통신원이 바로 스탠리였다.

리빙스턴이 미국인도 아닌데다가 행방불명되어 소식조차 모르는데 그를 찾으라는 것이 말이 되느냐고 스탠리가 항의하자 신문사 사주는 그에게 한 가지 계교를 알려 준다. 자신도 리빙스턴이 살아 있다고는 생각하지 않으므로 '리빙스턴 추적'이라는 제목으로 그가 갔음직한 소문을 따라 추적하면서 그곳의 풍물기를 쓰라는 것이다. 소위 리빙스턴의 명성을 이용하여 흥밋거리의 기사를 작성하는 것만으로도 충분하다는 얘기였다.

스탠리의 본명은 존 로우랜즈이다. 그는 1841년 영국 웨일즈 덴비셔에서 태어났고 열다섯 살 때 미국으로 왔다. 1859년 뉴올리언즈에서 양아버지를 만나 스탠리라는 이름을 받았고 1867년부터 뉴욕 헤럴드 신문사에 근무하고 있던 차에 리빙스턴을 찾는 역할을 맡게 된 것이다.

사주의 제안을 수락하고 스탠리는 이집트에 들러 수에즈 운하 개통식을 취재하고 1871년 1월에 중부 아프리카에 도착해 '늙은 백인이 살고 있다'는 소문만을 뒤따라 그

감격적인 상봉
스탠리는 5년이나 소식이 끊긴 리빙스턴과 1871년 탕카니카 호반의 우지지에서 조우했다.

의 행적을 추적한다. 1871년 11월 3일 스탠리는 아프리카의 오지인 우지지 마을에서 1866년 이래 5년 동안이나 소식이 끊긴 리빙스턴을 만나게 된다.

리빙스턴이 스탠리의 도착으로 원기를 회복하자 두 사람은 함께 5개월간 아프리카 내륙을 탐험한다. 두 사람의 의기가 어느 정도 통했는지 리빙스턴은 스탠리와 헤어지면서 소중한 지도 한 장을 준다.

리빙스턴은 틈날 때마다 자신이 탐험한 곳을 지도로 만들었다. 미지의 아프리카 대륙이 그의 발길을 따라 조금씩 베일을 벗어간 것이다. 그가 스탠리에게 자신이 평생을 걸쳐 탐험하여 만든 그렇게 소중한 지도를 준 목적은 자신의 순수한 의도, 즉 아프리카의 현대화와 노예 사냥 금지에 힘을 써달라는 부탁에서였다.

그러나 리빙스턴이 선의의 목적으로 스탠리에게 준 한 장의 지도는 아프리카 현대사를 완전히 뒤바꾸어 놓는 계기가 되었다. 스탠리는 지도를 받자마자 꼼꼼하게 그려진 지도의 중요성을 곧바로 간파했고 이를 이용하면 큰 재산을 모을 수 있겠다고 생각했다. 리빙스턴의 지도야말로 유럽 국가들이 갖고 싶어 하던 정보, 즉 아프리카를 식민지화할 수 있는 결정적인 자료가 되기 때문이다.

아프리카 지도를 확보하자 스탠리는 원대한 목표를 숨긴 채, 서두르지 않고 계획을 하나하나씩 실전에 옮기기 시작했다. 그는 매우 치밀한 사람으로 아프리카라는 대륙을 대상으로 누군가와 협상하려면 우선 자신이 보다 많은 아프리카 지역을 탐험해야 한다고 믿었다.

사실 아프리카는 이미 로마시대 때부터 유럽에 잘 알려져 있는 지역이다. 기원전 430년경 역사가 헤로도토스는 나일 강을 아스완 부근까지 거슬러 올라가 나일 강 상류에 있다는, 흑인이 통치하는 쿠시 왕국에 대해 적었다. 로마시대에는 아프리카 북부에 로마제국 식민지가 건설되어 현재도 많은 유적들이 남아 있으며 61년에는 네로 황제가 나일 강 상류를 탐험하기도 했다.

그러나 지중해 쪽의 아프리카에서 조금만 남쪽으로 내려가면 '돌과 모래의 바다'인 사하라 사막이 가로막고 있어 유럽인들의 접근을 불허하고 있었다. 16세기가 되어서야 유럽인들은 해안을 따라 항해를 했고 1652년 네덜란드 동인도회사가 동인도 무역의 보급기지로서 케이프타운에 상륙한 이래야 비로소 아프리카 남부에서 북동 내륙부로 진출할 수 있었다. 그후 남아프리카공화국이 수립되었다.

유럽인들은 아프리카 남부를 제외하고는 내륙으로 들어가지 않고 해안에 살고 있는 아프리카인들을 납치하여 노예로 팔거나 일부 물품을 강탈하는 데만 열중했다. 황금 해안, 상아 해안, 노예 해안이라는 이름이 붙은 이유였다.

유럽인들이 아프리카 내부 깊숙이 들어가지 않았던 이유는 '유럽인들의 묘지'라고 부를 정도로 습도가 높고 기후가 나빴기 때문이다. 간혹 가다 내륙으로 들어간 사람들도 식인종이나 야수, 독충들에 물려 희생되기 일쑤였다. 리빙스턴이 유럽에서 그렇게 환대를 받고 유명인사가 된 이유도 바로 그런 아프리카 내륙 지역을 탐험했기 때문이며 그의 실종이 커다란 이슈가 된 것도 그 때문이었다.

원주민 학살장으로 변한 아프리카

미국으로 돌아온 스탠리는 자신의 계획을 본격적으로 추진하기 시작한다. 우선 탐험에 필요한 자금을 확보하기 시작했다. 1873년 리빙스턴이 죽었다는 소식을 듣고 그가 못 다한 탐험을 계속하겠다고 선언하자 자금은 곧바로 확보된다. 그는 즉시 아프리카로 떠나 1874년에 빅토리아 폭포를 탐험했고 1876년 탕가니카 호수를 조사하여 루알라바 강이 나일 강의 상류가 아니라 콩고 강의 상류임을 알아냈다.

이 탐험은 예상대로 매우 위험한 일이었다. 그들은 탐험 도중에 항상 식인종과 맞부딪혔는데 식인종들은 탐험대가 다가가면 '고기다, 고기다'라고 외쳤다. 그러나 이런 일에 굴할 스탠리가 아니었다. 그는 목적을 위해서는 어떤 일이라도 할 수 있는 사람이었다. 그는 식인종과 부딪히는 대로 그들을 죽였다. 이와 같은 비인도적인 행위로 인해 함께 탐험에 참가한 사람조차 그를 '인간 사냥꾼'이라고 비난했다. 스탠리는 탐험대원들의 생명을 보호하려는 정당방위였다고 주장했지만 그에 대한 비난은 그가 사망할 때까지 사라지지 않았다.

아프리카에서 돌아온 스탠리는 자신이 본 것을 토대로 아프리카 개발의 중요성을 역설했다. 한 마디로 무인지경으로 깃발만 꼽으면 된다는 것이었다. 여기에 제일 먼저 호응한 사람이 벨기에 국왕 레오폴드 2세였다. 그는 레오폴드 2세의 지원으로 벨기에의 은행과 합작하여 '콩고회사'라는 사설 회사를 만들어 아프리카 진출에 착수한다.

스탠리의 원대한 계획은 아프리카에 도착하자마자 실행에 옮겨진다. 그는 전 콩고 지방을 돌면서 원주민 추장에게 구슬이나 옷감 등을 선사하고 자신이 갖고 간 종이 위에 그 종족의 표시를 그리거나 찍게 한다. 아프리카인들이 아무것도 모르고 호의의 표시로 찍어 준 이 종이가 뒷날 아프리카를 침략하는 통한의 위임장으로 변한다. 스탠리의 속임수에 의해 만들어진 문서를 넘겨받은 레오폴드 2세는 5백 명의 원주민 추장들에게서 권리를 넘겨받은 증서를 갖고 있다고 하며 본국의 수백 배나 되는 영토를 식민지로 지정한다.

스탠리는 사실 운도 좋았다. 그가 처음에 진출한 콩고는 열대우림 지역이지만 그 남부는 광산물이 풍부하여 아프리카에서는 노른자와 같은 지역이었기 때문이다. 레오폴드 2세는 전제군주답게 자신의 소유물은 마음대로 다룰 수 있다면서 많은 비난을 무시하고 콩고인을 철저하게 착취했다. 때마침 세계는 고무 붐이 일었는데 레오폴드 2세는 '검은 황금'으로 불리는 고무를 콩고인들에게 모아 오라고 지시했다. 정해준 양을 가져오지 못한 사람은 그 자리에서 사살했다.

영국의 선교사 스크리워너는 그 참상을 이렇게 적었다. 히로시의 《질투하는 문명》에서 인용한다.

"백인 병사들은 그 자리에서 몇 명의 원주민을 총으로 사살

스탠리의 학살
스탠리는 자신의 발포가 식인종들의 공격에 대한 자위권 발동이라고 주장했지만 그의 비인도적 행위로 '인간 사냥꾼'이라는 별명을 얻었다.

했다. 그리곤 다른 원주민을 총으로 후려갈기며 '고무를 더 가져와라. 그러지 않으면 죽여 버리겠다'고 위협했다. 공포에 질린 원주민들은 휴대할 식량을 마련하기 시작했다. 고무나무 숲으로 가려면 왕복 2주일이 걸리기 때문이다.

원주민들이 출발 준비를 하고 있는데 병사들이 왔다. '뭐야. 아직도 출발하지 않았어?' 하며 몇몇 원주민을 처자식 앞에서 사살했다. 가족들은 울부짖으면서 사체를 땅에 묻으려고 했지만 그것마저 허락되지 않았다. 원주민들이 음식을 갖고 있지 않다고 항의하자 병사들은 그냥 떠나라고 호통쳤다. 불쌍한 원주민들은 모닥불을 피우는 부싯돌 하나 없이 맨손으로 떠날 수밖에 없었다. 정글로 가는 사이에 많은 사람들이 굶주림과 밤의 추위로 죽어갔다. 물론 더 많은 사람들이 총살을 당했다."

자로 재서 분할한 아프리카 지도

레오폴드 2세가 지배하던 콩고는 단 20년 동안에 인구가 2천5백만 명에서 1천5백만 명으로 줄었다. 레오폴드 2세가 이때 쌓은 부로 세계의 미녀들을 낚았다는 이야기는 당시 전 유럽에 퍼졌다. 콩고에서 벨기에가 엄청난 부를 축적했다는 소식이 전해지자 유럽 열강은 앞을 다투어 탐험가를 후원하여 아프리카 진출을 서둘렀다. 아프리카는 불과 15년 만에 서구 열강의 식민지 혹은 보호령이 되었다. 프랑스는 사하라 사막을 중심으로 아프리카 서부, 북부, 중부 일대를 장악했고 벨기에는 콩고를, 이탈리아는 트리폴리와 리비아를, 독일은 카메룬과 토고를 손에 넣었다. 아프리카 대륙에 남은 독립국은 에티오피아와 라이베리아뿐이었다.

아프리카 지도를 보면 나라간의 국경선이 다른 대륙과는 달리 일직선으로 곧게 그려져 있는 것을 발견한다. 이는 유럽 열강들이 아프리카를 분할하면서 정복국의 편의에 따라 마음대로 경계선을 그었기 때문이다. 이에 따라 아프리카 원주민의 삶은 처참하게 파괴되었다.

리빙스턴이 준 호의의 지도 한 장은 이렇게 스탠리에 의해 완전히 변질되어 아프리카 지역은 멍에의 굴레 속으로 빠져든다. 벨기에뿐만 아니라 다른 강대국도 스탠리와 같은 묘수를 사용했다. 사전에 철저히 준비한 유럽 열강들이 내민 위임장의 진실을 아프리카인들이 알았을 때는 이미 유럽의 식민지로 추락한 후였다. 물론 위임장에 서명하지 않았다고 해서 강대국에게 문제가 되는 것은 아니었다. 그들은 총, 칼을 갖고 아프리카인들을 위협한 후 자신들의 식민지라고 선언만 하면 되었기 때문이다.

6. 인류의 조상 필트다운인

그럴듯한 말로 사기를 치거나 남을 속이는 일은 어느 시대, 어느 사회, 어느 분야에서나 있어 왔다. 과학사에도 이러한 사기 사건의 예는 적지 않다. 그중에서도 선사시대 과학은 자료가 충분치 않아 사실성을 확인받는 것이 쉽지 않기 때문에 이런 일들이 자주 벌어지곤 한다. 여기에 더하여 명성에 대한 열망과 허영심, 질투는 물론 협잡 등이 꼬여 교묘하게 조작된다. 이런 사건들 중에 인류 조상의 두개골을 발굴하는 과정에서 빚어진 이른바 '필트다운 사건'은 가장 유명하다.

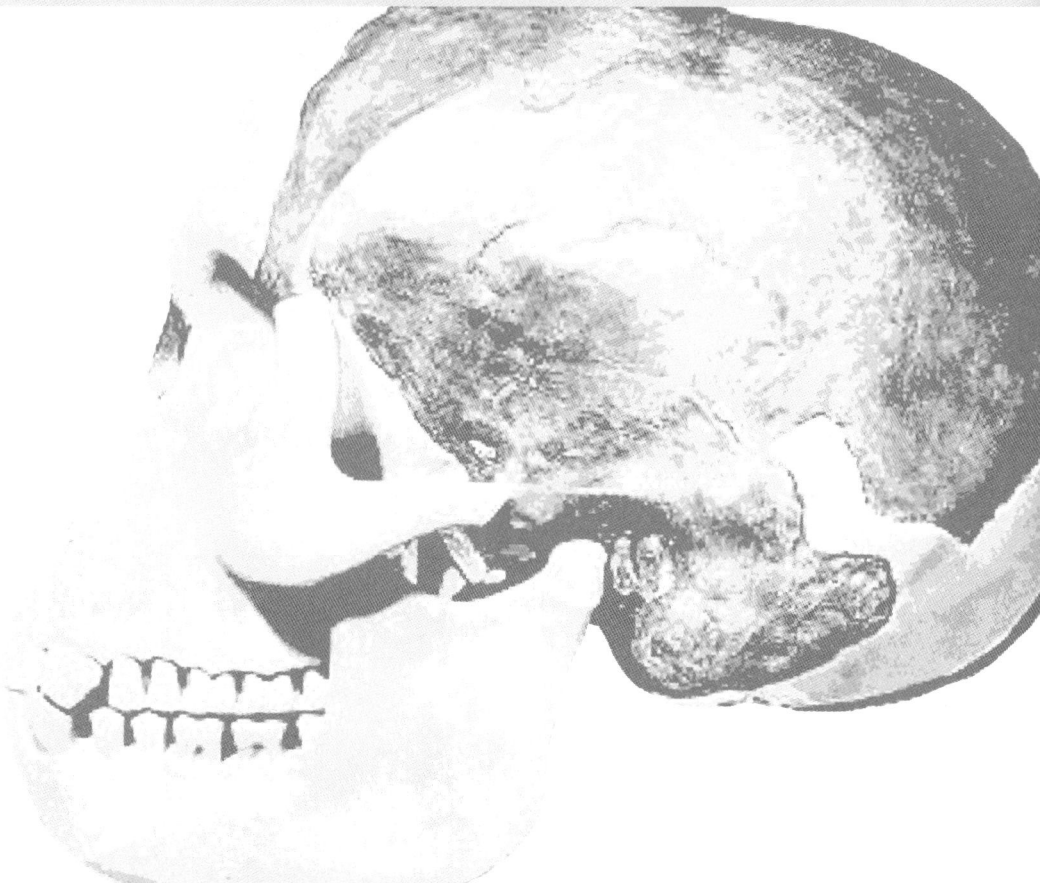

성경에도 적혀 있지 않은 불가사의한 화석

필트다운 사건을 이해하려면 화석에 얽힌 과거의 사기 사건에 대해 먼저 파악할 필요가 있다. 그래야만 필트다운 사건과 같은 괴이한 일이 일어날 수 있었던 요인을 유추할 수 있기 때문이다.

고대인들에게 화석은 그야말로 골칫거리였다. 산 정상에서 조개나 물고기 화석이 나오기도 하고 인간이 살지 않는 사막에서도 화석들이 발견되었기 때문이다. '화석은 생물의 유해가 돌처럼 굳어서 만들어진 것'이라는 걸 많은 학자들이 알고 있었지만 일반 사람들은 이를 받아들이려 하지 않았다. 화석은 동식물의 유해가 아니라, 우연히 생물체의 모양을 닮은 돌에 지나지 않는다는 것이었다.

기독교적 세계관으로 뭉친 중세 유럽에서는 '과학은 신학의 시녀'라는 표현에 걸맞게 화석도 '성경의 말씀'에 적용해서 풀이했다. 즉 산에서 발견된 조개의 화석은 노아의 홍수 때 산까지 떠밀려간 조개들이 죽어서 된 것이라고 해석했다. 또한 이미 멸종되고 없는 기이한 동물들의 화석은 '하나님이 흙으로 빚어서 창조하려다가 실수로 생명을 불어넣는 것을 잊어서 그렇게 된 것이다'라고 주장했다.

  과학자들이 종교인들의 이러한 무지를 곧바로 공격한 것은 당연한 일이다. 예를 들어 조개 화석 등이 여러 층에서 발견되는데 그렇다면 노아의 홍수가 두 번 이상 있었느냐는 식으로 질문을 해댄 것이다. 그러나 그러한 학자들의 반론에도 종교인들이 완강하게 자신의 주장을 견지했음은 물론이다.

  독일의 화석 연구가 요한 바톨로뮤 아담 베링거(1667~1740)도 그중의 한 사람이었다. 뷔르츠부르크 대학의 교수인 그는 유기물이 아닌 무기물도 화석이 될 수 있다고 주장하며 대부분의 화석들은 신의 세공품이라고 보았다.

  이와 같은 그의 주장을 터무니없다고 생각하던 동료 교수 로데릭과 추밀원 고문관이자 대학 사서인 하원의원 에카르트는 베링거가 너무나 거만하게 굴자 그를 골탕 먹일 계획을 세운다. 그들은 석회암에 생물 모양 등을 조각해서 화석처럼 만들고 소년들을 시켜서 땅 속에 묻은 후 베링거가 화석 탐사를 할 때 발굴되도록 한다.

  베링거는 그들의 계획을 눈치 채지 못하고 물고기, 새, 곤충, 뱀 등 여러 동물의 모양이 새겨진 돌과 식물 모양, 심지어는 해와 달, 별들과 꼬리를 길게 뻗친 혜성이 분명히 그려진 돌들을 발굴한다. 그는 이러한 돌들을 세밀하게 조사한 후 유기물만이 아니라 무기물도 화석이 될 수 있다는 자신의 주장이 증명된 것이라고 의기양양해한다.

  베링거는 이를 토대로 1726년 책자를 발간하여 세인들로부터 큰 인기를 모았고 유명인사가 되었다.

  특히 라틴어, 아랍어, 히브리어가 새겨진 돌들도 발견했는데 그것을 번역해 보니 여호와의 이름도 나타났다고 주장했다. 그러나 그만 자신의 이름이 새겨진 돌까지 발견하자 누군가에 의해 함정에 빠졌음을 알아차린다. 베링거는 재산을 털어서 자신이 발간한 책들을 모두 수거해 불태워 버린 후 쓰라린 굴욕감으로 고민하다가 1740년에 사망한다.

그가 죽자 1767년에 그간의 상황을 잘 알고 있는 출판업자가 그 사건의 전말을 첨부하여 재판을 발간한다. 놀랍게도 재판이 초판보다 더 많이 팔리는 기염을 토했다. 사실 거짓말을 진실처럼 포장하고 그 거짓말의 진상을 밝히는 것처럼 재미있는 것은 없기 때문이다.

베링거 사건의 진상이 알려지자 로데릭은 대학에 사표를 냈고 에카르트 역시 직장을 잃었다. 물론 가장 피해를 많이 본 사람은 베링거 자신이었다. 가짜 화석 사건으로 인하여 대학교수로서의 명예에 치명적인 손상을 입

로데릭의 가짜 화석들
납작한 표면에 개구리, 곤충, 새, 뱀, 해와 달 등이 새겨진 것을 발견한 베링거는 유기물뿐만 아니라 무기물도 화석이 될 수 있다고 주장했다.
―〈과학동아〉 2001년 7월호에서 인용

은 것은 물론, 결국 그 일로 불명예스럽게 사망했기 때문이다.

베링거가 슬픔에 싸여 죽은 것이 아니라 사기 사건 후 14년간 더 살았으며 교수직도 유지했다는 주장도 있음을 첨언한다.

베링거가 받은 불명예는 오히려 자업자득이나 마찬가지라고 많은 학자들이 비아냥거렸다. 화석이 만들어진 이유에 대해 수많은 증거가 있는데도 불구하고 화석을 신의 섭리라고 주장했다는 것 자체가 처음부터 잘못되었다는 것이다. 결국 그는 과학과 종교를 구분하지 못하고 부적절한 행동을 하다가 과학사의 한 페이지를 불명예로 장식한 사람이 되었다.

차츰 밝혀지는 화석의 진가

베링거 사건은 무모함과 교만으로 인한 자업자득이라고 볼 수 있는 반면에 화석의 진가를 모르기 때문에 엉뚱한 결론을 내리거나 중요성을 간과한 예도 부지기수이다.

1823년 척추동물 고생물학의 창시자이자 화석의 대가인 조르주 퀴비에는 스트라스부르그 근처의 라르라는 곳에서 발견된 해골의 절반을 검토한 후 그것이 다른 포유류 및 사라진 종들의 화석 발굴 지점에서 함께 발견되었는데도 불구하고 고대인이 아니라 공동묘지에서 나온 최근 사람의 것이라는 결론을 내렸다.

1844년, 아마추어 고고학자인 아이마르는 드니즈 화산 위에서 해골 파편들을 발견한다. 같은 지역의 다른 쪽 사면에는 맘모스와 코뿔소의 잔해가 있었음에도 사람들은 도시 계획을 위해 그 지역을 말끔히 정돈했기 때문에 최근의 인골이 맘모스와 코뿔소의 유골들과 함께 발견된 것이라고 생각했다.

인류사에서 가장 유명한 발굴 사건 중의 하나는 네안데르탈인의 발견이다. 1856년 라인 강 유역의 네안데르탈이라는 곳에서 굴착작업을 하던 중에 기형인데다가 거의 난쟁이에 가까운 인간의 해골이 우연하게 동굴 속에서 발견되었다. 물론 이 네안데르탈인이 고대인으로서의 신분증명서를 곧바로 획득한 것은 아니다. 일부 학자들은 몽고족 출신의 코자크 기병이 나폴레옹 전쟁 당시 이 동굴 속에서 죽었을 것이라는 조롱 섞인 비난을 했다.

어느 분야나 마찬가지이지만 어떠한 비난에도 불구하고 꿋꿋이 진실을 파헤치는 사람이 있기 마련이다. 해골을 정밀 검사한 학자들은 해골의 주인공이 선사시대 인류의 특징을 갖고 있다는 데 동의했다. 그러나 세부적인 면에서 학자들마다 조금씩 다른 의견을 보였고 일부 학자들은 이 표본이 키가 작고 등이 굽었으며 원숭이와 대단히 흡사한 고대 인류라고 상상했다.

현대의 발전된 측정 기술에 의해 이때 발견된 해골은 관절염 때문에 몸을 제대로 움직이지 못하는 노인의 것이었음이 밝혀졌다. 오늘날에는 네안데르탈인들이 키가 매우 컸으며, 몸을 곧게 세우고 다녔고 눈썹 위가 툭 튀어나온 것만 제외하고는 우리들과 매우 흡사하게 생겼다고 묘사한다.

1908년 마르슬랭 불이 복원한 네안데르탈인은 정말로 원숭이와 같은 표정을 보여 주고 있지만 1986년 파리의 인간박물관에서는 이 네안데르탈인을 현대 기술로 보다 인간적인 형태로 복원하여 전시하고 있다. 동일한 화석으로도 완전히 다른 형태가 되는 것이다. 이것은 화석이나 유골을 갖고 일반 사람들은 물론 전문가들까지도 손쉽게 속일 수 있다는 뜻도 된다.

아마추어 고고학자 도슨

인류의 조상을 풀어내기 위해 연구하던 고생물학자들에게 가장 큰 영향을 끼친 필트다운인으로 돌아간다. 영국 서섹스 주 필트다운 지방의 시골 변호사이며 아마추어 고고학자였던 찰스 도슨은 1911년, 필트다운 커먼스 근처의 플레스토센느에서 한 자갈층 안에 있는 몇 개의 뼈를 발굴했다고 발표한다. 그는 그 뼈 조각들이 아주 오래된 인간의 두개골 상반부, 원숭이와 흡사한 깨진 턱, 특유의 어금니를 갖고 있는 걸로 볼 때 인류의 조상에서 떨어져 나온 것이 틀림없다고 추정했다.

유골에 대해 어느 정도 일가견이 있는 그는 1912년 12월 런던의 대영박물관(현재 자연사 박물관) 지질학 연구원인 아서 스미스 우드워드에게 자신의 발굴물에 관한 소식을 전하면서 독일의 하이델베르그에서 발견된 것보다 더 귀중한 인류의 화석이라고 말한다.

1913년 6월초에 도슨은 우드워드를 비롯한 고생물학자들과 필트다운의 자갈층을 재탐사했고 그 결과 더 많은 유골들이 출토되었다. 이들 두개골 파편과 이빨이 달린 턱뼈를 감정한 우드워드는 이것이 약 50만 년 전경의 인류의 조상인 원인(原人)의 뼈라고 확인했다. 함께 발굴된 동물의 화석들이 약 50만 년 전의 것이라는 게 그 증거였다.

우드워드의 발표는 곧바로 반론에 직면한다. 그들이 발견한 턱뼈가 원인의 것이라고 하기에는 너무 원숭이의 것과 닮았고, 특징이 있는 두 개의 닳아빠진 어금니는 그 아래턱뼈가 인간의 것이라는 걸 증명하기엔 불충분하다는 것이었다.

당시에는 다윈의 진화론의 영향으로 인류와 유인원이 같은 조상에서 출발했다는 주장이 널리 받아들여지고 있긴 했지만, 그래도 인류의 기원에 대한 지배적인 사회적 통념은 인류가 지적으로 월등히 발달되어 있어 다른 유인원에 비해 반드시 뇌가 컸을 것이라 생각했다.

하지만 1924년 다트 교수가 남아프리카에서 오스트랄로피테쿠스 아프리카누스를 발견했을 때, 그 두개골은 실제 침팬지의 두개골처럼 작고 뇌의 용적도 현생인류와는 비교도 되지 않을 정도로 작았다. 이런 차제에 뇌가 크고 아래턱이 발달한 필트다운인은 인류학자들의 자존심을 세워주는 데 꼭 알맞은 화석이었다. 필트다운인은 과도기적인 동물, 즉 순종 원숭이와 순종 인간 사이의 공백을 메우는 데 적격이었다.

턱이 원숭이류의 특성을 보이는 것도 그들의 추정과 맞아떨어졌다. 당시 고생물학자들은 원숭이와 인간 사이의 과도기적 동물은 턱이 인간과 흡사한 모양새를 갖추기 훨씬 이전에 뇌부터 먼저 진화되었다고 추정하고 있었는데 필트다운인이 바로 그 점을 증명시켜 주었던 것이다.

일부 학자들이 의혹을 제기하였지만 우드워드는 자신의 주장을 굽히지 않았고 1915년에 도슨은 또 한 벌의 두개골과 턱뼈를 발견했다고 발표했다. 그것은 좀 더 온전한 형태로 발견되었으므로 우드워드의 주장은 그제야 확실한 증거를 갖춘 것으로 인정받았고, 도슨은 '잃어버린 고리'

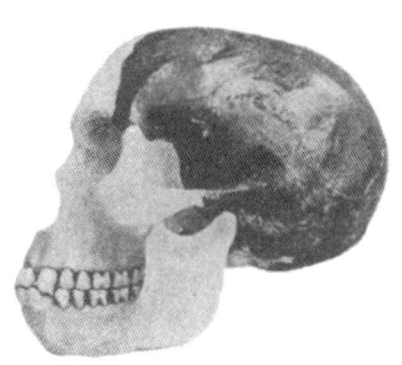
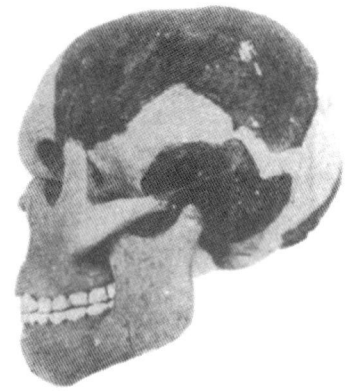

필트다운인의 두개골
좌측 : 우드워드가 재구성한 것으로 턱의 모양이 원숭이를 닮았고 뇌의 용량도 적다.
우측 : 오클리 교수가 재구성한 것으로 턱과 뇌의 용량이 인간과 흡사하다. -《유물로 본 세계사》에서 인용

를 찾아낸 발견자로 명성을 얻었다.

원인의 명칭도 그의 이름을 따서 '가장 오래된 인류'라는 뜻의 '에오안트로푸스 도스니'라고 명명되었고 발견지의 이름을 따서 '필트다운인'이라고 불려지기도 했다. 이 필트다운인은 제2~3간빙기에 살았던 가장 오래된 인류로 간주되었고 인류학, 지질학, 선사학의 권위자들이 앞다퉈 이를 보증했다. 도슨은 영국의 학계로부터 큰 지원을 받았고 필트다운인에 관련된 논문이 2백여 편이나 발표되었다.

인류의 오리진

우리의 조상들이 현대인으로 향하는 과정이 어떻게 일어났는가를 완벽하게 기술한다는 건 사실상 불가능하다. 그것에 관한 증거가 너무나

빈약하기 때문이다. 학자들이 발견한 것들이란 극히 양호한 조건에서 보존된 몇 개의 석기, 화석화된 골편(骨片) 몇 조각뿐이다. 이들이 고대에 살았던 영장류의 사회적·문화적 활동을 엿보게 해주는 빈약한 유물의 전부이지만 학자들은 이들을 갖고 가히 혁명적이라고 할 과거의 역사를 밝혀내고 있다.

인류의 기원을 주제로 하는 학회에는 고고학자(석기를 연구), 고인류학자(초기 인류의 화석을 연구), 지질학자(고대인의 생활 주거 환경 연구), 골편발굴학자(뼈의 묻힘과 화석화되기까지의 과정 연구), 인류학자(현대의 원시사회를 연구), 동물행태학자(유인원의 습성 연구), 심리학자(인류의 지능 발달 과정 연구) 등이 참석한다. 이들이 비록 적은 발굴품이지만 전문지식을 동원하여 인류의 기원에 관해 이전보다 더욱 완벽한 모습의 과거를 그려내는 것이다.

현재까지의 연구 결과에 의하면 우리 인류의 조상으로 보이는 가장 오랜 유인동물은 카이로에서 남쪽으로 1백 킬로미터 떨어진 파이윰 오아시스에서 발견되었다. 사람인지 원숭이인지 명확히 구분할 수는 없지만 인류와 유인원의 공통 조상으로 생각되며 약 2천8백만 년 전의 것으로 추정된다. 언뜻 보아서는 작은 개와 비슷하지만 영장류로 볼 수 있는 전형적인 두개골에 긴 코와 커다란 치아가 있기 때문에 이집토피테쿠스 조이크시스(피테쿠스는 유인원을 지칭하는 희랍어)라고 명명되었다. 물론 이것은 인류의 조상이라기보다는 오히려 유인원의 조상이라는 주장도 있다.

그후 지금으로부터 약 2천만 년 전에는 현재 유인원과 가장 비슷한 영장류가 있었다. 드리오피테쿠스 아프리카누스라고 불리는 동물로 숲 속의 과일이나 잎, 어린 가지, 꽃을 먹고 생활하며 네 발로 돌아다녔다. 이들이 인류와 유인원의 공통 직계 조상이라고 부르는 데는 아직도 논란이 있으나 일반적으로 드리오피테쿠스 속의 초기 성원으로부터 인류, 유인원 두 계통의 공통 조상이 나왔을 것으로 추정한다.

1천6백만 년 전부터 세계적인 기후 변화가 일어나서 광대한 열대림이 소멸되기 시작했고 소규모의 초원이나 숲으로 변해 갔다. 드리오피테쿠스가 환경에 적응하거나 멸망하면서 일부가 라마피테쿠스라고 불리는 새로운 무리를 낳게 되었다. 학자들은 라마피테쿠스를 인과(人科)의 최초의 대표, 즉 호미니드로 인정한다.

라마피테쿠스류는 드리오피테쿠스류보다 크고 평평한 어금니와 보다 작은 앞니를 가지고 있었다. 그 덕분에 다른 동물보다 강인해졌고 다양한 음식을 고루 먹을 수 있어서 가혹한 환경에서도 살아남을 수 있었던 것 같다. 이 종은 1천4백만 년 전부터 8백만 년 전까지 전 세계에 걸쳐 번성했다.

8백만 년 전 이후로는 라마피테쿠스류의 화석이 발견되지 않았다. 그 이유는 8백만 년 전부터 6백만 년 전까지 세계의 기후가 다시 변화했기 때문이다. 그후 4백만 년 전까지는 화석이 공백 상태다. 그렇지만 학자들은 라마피테쿠스가 어떤 방법으로든 계속 생존했을 것이라 추정한다.

1974년 미국의 고인류학자 도널드 요한슨이 에티오피아 아파르 삼각지의 한 지점인 하다르에서 수십 개의 뼈 조각을 찾아냈다. 다 짜맞추니 완전한 골격의 절반 가량이 되었다. 키는 90센티 정도였고 나이는 20살 전후였다. 이 유골이 바로 약 3백20만 년 전에 살았던 원숭이와 인간 사이의 과도기적 생명체로 현대 인류의 조상이 된다는, 그 유명한 '루시'

이다. 학명은 '오스트랄로피테쿠스 아파렌시스'로 명명되었다.

루시는 인간이라고 하기에는 너무나 뇌가 작고 턱도 뾰족했다. 생김새는 원숭이와 비슷했지만, 치아는 인간과 거의 비슷하고 호수 근방에 살았다. 무릎 관절로 미뤄봐서 오스트랄로피테쿠스 아파렌시스 루시가 똑바로 걸어다녔다는 것을 알 수 있었다. 평균적으로 여자는 몸무게가 약 28 내지 30킬로그램, 키가 1백 내지 1백20센티미터였고, 남자는 몸무게가 40 내지 55킬로그램, 키가 1백20 내지 1백35센티미터 정도였다.

1955년 루시의 조상일지도 모르는 오스트랄로피테쿠스 아나멘시스도 발견되었다. 이 종은 두 발로 걸어다녔고 4백만 년 전에 살았던 것으로 추정된다.

1994년에는 에티오피아의 약 4백40만 년 가량된 암석에서 새로운 원시 인류의 화석이 발견되었다. 아르디피테쿠스 라미두스라고 불리는 이 종은 루시보다 더 원숭이에 가깝지만 치아의 해부학적 구조로 볼 때 인간과 유사한 점도 있었다. 학자들은 이 종이 원숭이와 인간 사이의 틈새를 메우리라 기대한다.

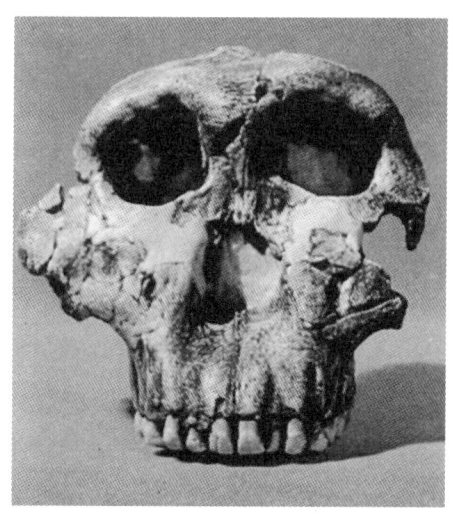

| 진잔드로프스의 두개골

다음으로 오래된 유인동물의 화석으로는 탄자니아의 올드바이 계곡에서 발견한 진잔드로프스로 1백50만 내지 2백50만 년 전의 것으로 측정되었다. 이들을 호모 하빌리스라고 부르는데 동물의 껍질을 벗기

거나 고기 덩어리를 떼어내는 데 돌 조각을 사용했다. 그들은 돌 조각으로 동물들을 죽일 수도 있었기 때문에 음식물의 폭이 넓어 종족을 번성시키기 유리했을 것으로 추정한다.

그후 1백만 년 전에 호모 하빌리스보다도 뇌가 크고 보다 고급스런 석기를 만들었던 인류가 나타났다. 바로 호모 에렉투스다. 호모 에렉투스의 뇌 용적은 9백 내지 1천 CC로 추정되고 호모 하빌리스보다 현대 인류와 가까운 얼굴 생김새를 하고 있었다. 혹자는 마술을 부려 호모 에렉투스 한 명을 21세기의 런던이나 뉴욕에서 열리는 가장무도회에 참석시킨다 하더라도 그의 걸음걸이나 일반적인 외모가 별다른 주목을 끌지는 못할 것이라고 추정하기도 한다. 키가 보통 사람보다 약간 작은 정도일 뿐 이미 현대인의 특성을 거의 갖추고 있기 때문이다. 이들은 손도끼와 절단기를 사용했는데 이것은 상당히 큰 둥근 돌을 깨뜨려서 만들었다. 이런 석기는 그후 변하지 않고 거의 1백50만 년 전부터 20만 년 전까지 표준형으로 계속 사용된다. 더구나 이들은 활과 화살을 발명하여 수렵 생활을 보다 편리하게 만든다. 호모 에렉투스는 아프리카뿐만 아니라 유럽이나 중국, 자바에서도 발견되었다.

기원전 40만 년 전부터 20만 년 전까지 호모 에렉투스와 호모 사피엔스의 특징이 섞여 있는 두개골이 나온다. 네안데르탈인이 바로 그들이다. 그들을 궁극적으로 인류의 시조라고 불리며 그후 현생 인류의 시조인 크로마뇽인, 즉 호모 사피엔스가 나타난다. 학자에 따라서 네안데르탈인을 호모 사피엔스로 부르고 크로마뇽인을 호모 사피엔스 사피엔스로 명명하기도 하는데 필자는 네안데르탈인은 네안데르탈인으로, 크로마농인은 호모 사피엔스로 부르겠다. 네안데르탈인은 유럽, 중동 지방에 특히 밀집하면서 구세계에 널리 분포되었고 그 인구는 몇십만 혹은 몇백만에 달했을 것이라 추정한다.

그들이 현대인들과 다른 점은 팔이나 다리의 뼈가 유난히 굵다는 것이다. 키는 1백60센티미터 정도로 크지 않지만 몸이 엄청나게 다부지고 얼굴은 희며 머리카락은 금발이다. 움푹 패인 눈은 큰 코에 가려 잘 보이지 않지만 눈의 색깔은 파란색으로 추측된다. 간단하게 네안데르탈인은 키 1백65센티미터에 1백 킬로그램 정도의 땅땅한 사람을 상상하면 된다.

네안데르탈인들이 이와 같은 몸매를 갖고 있는 것은 추운 곳에서 중노동을 해야 했기 때문이라고 생각된다. 전체적으로 굵고 짧은 몸은 체중에 비해 체표면적이 작으므로 열의 방출이 적다. 원래 근육이 발달되어 있으면 처음부터 열을 많이 발생할 수 있지만 피하 지방이 많으면 과분한 열의 발산을 막는다. 또한 뇌 용량은 1천5백 cc로 현생 인류보다도 컸다.

네안데르탈인은 정신적인 면모도 갖추고 있어서 죽은 자의 장례를 치르는 풍습도 있었다. 프랑스의 무스티에 유적지에는 10대 소년이 옆으로 누워서 머리를 팔 위에 얹어 놓은 상태로 매장되어 있었다. 그의 손 옆에는 훌륭한 돌도끼 한 개가 놓여 있고 소의 뼈가 둥그렇게 그를 둘러싸고 있었다. 그것들은 틀림없이 소년의 사후에 있을 여로에 도움이 되도록 무덤에 놓여진 것이었다. 또한 이라크의 자그로스 산맥에 있는 샤니달 동굴에서 발견된 인골은 40세 정도의 남자인데 다리가 접히고 구부러져 있었다. 인골 주위에서 접시꽃, 푸핀, 엉겅퀴, 무스카리 등을 비롯한 많은 꽃가루 화석이 발견되었는데 이들은 규칙적으로 뿌려져 있었다. 그 꽃씨들은 시체를 매장할 때 우연히 무덤 속에 떨어진 것이 아니라 의도적으로 뿌려진 것이다. 죽은 자에게 꽃을 바치는 의식이 있었다는 사실은 원시인의 이미지를 근본부터 뒤엎는 일이었다.

그뿐 아니다. 네안데르탈인은 피리도 만들었다. 약 3만 5천 년 전의 동굴에서 발견된 이 피리는 곰의 넓적다리뼈로 만들어졌고 인공적으로 뚫은 것이 분명한 4개의 둥근 구멍이 있었다. 하루 종일 사냥에 지친 네안데르탈인들이 동굴 안에서 피리소리를 들으며 휴식을 취했을 것으로 학자들은 추측한다. 이 피리로 미뤄보아 네안데르탈인들이 언어를 갖고 있었으리라는 추정도 있다. 의식적으로 음악을 연주할 수 있으면서 언어를 갖지 못했다는 것은 상상할 수 없다는 것이다.

최근 과학자들은 네안데르탈인의 화석에서 채취한 DNA 유전자를 분석한 결과 현생 인류와 염기 배열이 다르므로 현생 인류에게 유전적으로 아무런 영향을 미치지 않았다고 발표했다. 이와 같은 연구 결과가 사실이라면 네안데르탈인은 현생 인류와 한때 지구상에서 공존하여 살았지

| 네안데르탈인(좌측)과 크로마뇽인 두개골(우측)

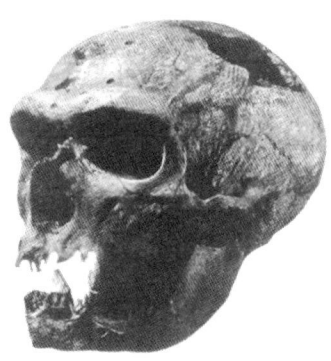

만, 서로 성관계(짝짓기)는 갖지 않아 피가 섞이지 않았다는 얘기가 된다. 대부분의 학자들은 네안데르탈인을 현생 인류의 아종(亞種)으로 생각한다.

어느 날 갑자기 학자들을 혼돈에 빠뜨리는 증거들이 나타나기 시작했다. 크로마뇽인의 등장이 그것이다. 우리 현생 인류로 보이는 호모 사피엔스인 크로마뇽인이 기원전 12~15만 년경(학자들에 따라 5~6만 년 전으로 추정하기도 한다)에 어디서부터인지 알 수 없는 곳에서 슬그머니 나타났던 것이다. 문제는 인류의 선조로서 몇십만 년 동안 지구를 지배하면서 살아왔던 네안데르탈인으로부터 현생 인류로 불리는 크로마뇽인이 태어난 것은 아니라는 점이다.

학자들이 주목하는 것은 호모 사피엔스인 크로마뇽인이 너무나 엄청난 비약을 하고 있다는 점이다. 평균 신장이 약 180센티미터로 현대인보다 조금 컸다. 크로마뇽인은 육체에서 골격까지 네안데르탈인과 전혀 다른 종의 인류이다. 네안데르탈인은 3만 5천 년경에 소멸되는데 크로마뇽인이 열등 종인 네안데르탈인을 말살했다는 주장도 있다.

크로마뇽인들이 남긴 유물을 봐도 네안데르탈인들과는 너무나 차이가 있다. 활과 화살, 고래 잡는 작살, 바늘, 재단된 바지와 몸에 딱 붙는 짧은 상의, 칼라 달린 셔츠와 커프스 된 소매 등이 발견되었다. 또한 그들은 나무, 돌, 뼈 등을 재료로 은신처를 만들었다. 게다가 아르마딜로(아메리카에 거주했던 대형 동물)를 죽인 다음 껍질을 벗겨 내어 은신처의 바람막이로 이용했다. 뿐만 아니라 크로마뇽인들은 남쪽 방향으로 집을 지어 태양열을 이용할 줄 아는 지혜도 갖고 있었다.

도슨 사망 후 추가 유물이 나오지 않았다

다시 필트다운인으로 돌아가자. 도슨은 영광을 한 몸에 받으며 1916년에 사망했다.

그런데 이상하게도 그가 사망한 연후에는 필트다운에서 원인의 뼈가 전혀 발굴되지 않았다. 일반적으로 한 번 유골이 발견된 후에 그 부근을 엄밀히 조사해 보면 다른 유골들이 많이 발견되기 마련이다. 그것은 첫 번째 유골이 나온 시기와 동일한 여건으로 다른 유골도 묻혀 있을 가능성이 많기 때문이다.

그뿐만 아니라 이 필트다운인의 특징은 너무나 특이해서 이후에 발견된 인류의 화석들과 비교할 때 어떤 계보에도 넣을 수 없다는 문제점이 제기되었다. 다른 화석 인류들은 뇌가 비교적 작고 이빨이 진화한 반면 필트다운인은 그 반대였기 때문이다. 무엇보다도 원숭이를 닮은 턱과 인간을 닮은 뇌가 결합되었다는 해석에 대해 해부학적인 근거를 두어 많은 고고학자들이 불가능한 일이라고 지적했다.

그럼에도 불구하고 어느 누구도 그 유골 자체의 진위 여부에 대해서는 의심하지 않았다. 그러나 1948년 대영박물관의 케네스 오클리를 비롯한 몇몇의 과학자들이 드디어 이 필트다운인의 비밀을 밝히는 데 도전했다. 그것은 당시에 최첨단 연대 측정법, 즉 불소 연대 측정법이라는 기술이 개발되었기 때문이다.

불소 연대 측정법이란 화석화되는 동안에 광석에서 나오는 불소가 뼈 속에 계속 침전되기 때문에 화석이 오래 되면 될수록 더 많은 불소를 함유하게 되는데 그 불소량으로 연대를 측정하는 것이다. 그러나 막상 시료를 엄밀히 측정해 보니 필트다운인의 두개골에는 아주 작은 양의 불소가 들어 있었다. 결론은 필트다운인 유골이 예상만큼 오래된 것은 아니라는 것이다. 그럼에도 불구하고 턱뼈와 뇌의 연관 문제는 끊임없이 논쟁의 쟁점이 되었다.

1953년 옥스퍼드 대학의 조지프 위너 교수가 폭탄선언을 한다. 필트다운인의 턱뼈는 원숭이의 것이며 인위적으로 수정이 가해졌다는 것이다. 위너의 가설이 타당하다고 확신한 오클리는 전면적인 조사를 요구했고 자연사박물관은 이 같은 요구를 받아들여 필트다운인의 유골을 모두 건네주었다.

곧바로 진상이 밝혀졌다. 이들의 정밀 측정으로 필트다운인의 두개골은 비교적 오래된 원인의 것이었으나 턱뼈는 현생 오랑우탄의 뼈를 가공하여 붙였다는 것을 알아냈다. 게다가 턱의 어금니를 줄질로 깎아내어 마치 사람이 음식물을 많이 씹어서 남긴 마모같이 보이도록 만들었고 그 전체를 화석처럼 갈색으로 칠해서 오래된 것처럼 꾸몄던 것이다. 오랑우탄의 뼈는 1천 년도 채 안 된 것이었다. 함께 발굴된 50만 년 전의 동물 화석들도 세계 각지에서 모아서, 필트다운의 자갈층에 가짜 원인의 뼈와 함께 묻었다가 다시 파낸 것이었다.

이것은 누군가의 고의적인 장난에 의해 고생물학이 40여 년간이나 엉뚱한 데서 헤매었다는 것을 뜻한다. 학자들은 필트다운인의 턱뼈와 머리뼈가 잘못 접합되었다는 것은 알았지만 그 발굴물 자체가 속임수라는 것까지는 미처 상상하지 못했던 것이다.

이 사건은 워낙 고생물학계에 미친 영향이 커서 필트다운 사건의 동기에 대해 수많은 연구가 이루어졌다. 우선 사람들은 누군가를 골탕 먹이는 것에서 느낄 수 있는 쾌감이 제일 먼저 떠올랐다. 거짓말을 상습적으로 하는 사람은 세계를 상대로 거짓말을 하고 싶은 유혹을 항상 느끼기 때문이다.

그렇다면 이런 거짓말의 장본인은 누구일까. 도슨이 이 사기 사건에 연루되어 있음은 분명하지만 그가 그런 일을 꾸미기에는 과학적 소양이 턱없이 부족하다는 것이 지적되었다. 고인류에 대해 해박한 지식을 가져야 가능한 속임수였기 때문이다.

자신들이 속았다고 분개하는 고생물학자들은 과연 그가 누구일까 하는 문제를 추적하기 시작했다. 우선 이런 음모를 꾸미기 위해서는 마땅히 그에 상응하는 동기가 있어야 한다. 도슨의 동기는 사회적 존경과 명성을 한 몸에 누릴 수 있는 왕립협회 회원이 되기 위한 고도의 절차라고 단순하게 넘길 수 있는 일이었다. 그가 왕립협회 회원이 되기 위해 필요한 학계의 인정과 명예는 필트다운인을 고의로 만들어 어리숙한 전문가들을 잘 속여 넘기기만 하면 얻을 수 있기 때문이다.

그렇더라도 그를 적극적으로 도와줄 공범이 필요하다. 그들은 무슨 연유로 필트다운에서 발견된 유골을 은밀히 변조했을까. 사기극이 들통난 이후 용의자들은 철저한 조사를 받았지만 확실한 범인은 가려지지 않았다. 필트다운인이 엄밀한 검증을 받을 때 이미 관련자들은 모두 사망했기 때문이다. 그러므로 범인들은 그들의 비밀을 무덤까지 가지고 간 것이다.

보다 인간적으로 당시 필트다운인에 관련되었던 지지자들을 망신시키려는 의도도 제기되었다. 그것은 도슨을 망신 주겠다는 것으로 표현된다. 그러나 가장 많은 지지를 받은 것은 역시 도슨과 관계되는 일이었다.

일단 필트다운인이 학계에 인정을 받기만 하면 그 유골에 관련되었다는 공로로 부여받게 될 특권에 대한 욕심, 혹은 화석학의 기존 이론들을 뒤엎고 싶은 충동 때문이라는 것이다. 아마추어 고고학자로서의 욕망, 즉 필트다운인이 뒷받침해 주는 진화론을 진전시켜 학계에서 독보적인 존재가 되고 싶다는 이유에서라는 것이다.

우드워드를 음해하려는 다른 학자의 고도의 기만 전술이라는 설도 있었다. 놀라운 것은 수많은 가설 가운데 발굴지의 소유주가 땅값을 올리려고 그런 짓을 꾸몄다는 주장도 있었다. 심지어는 아서 코난 도일이 도마 위에 오르기도 했다. 셜록 홈즈의 아버지인 코난 도일이 발굴 장소에서 15킬로미터쯤 떨어진 곳에 살고 있었는데 그가 밉살스러운 과학자들의 거만한 태도에 원한이 맺힌 나머지 고고학자들을 매장하려고 그런 음모를 꾸몄다는 것이다.

이렇게 말도 안 되는 소리가 나온 것은 그만큼 필트다운인이 유명했기 때문이다. 이것으로 인해 찰스 도슨은 생전에 '잃어버린 고리'를 찾아낸 장본인으로 유명했으나 오늘날에는 원인 발굴사상 '최대의 사기극'을 꾸민 장본인이라는 불명예를 뒤집어썼다.

결국 필트다운인 사건은 결론 없이 필트다운인을 학계에서 영구히 추방함으로써 끝을 맺는다. 그러나 학자들의 줄기찬 연구로 지금까지 제시된 가장 그럴듯한 가설은 역시 발견자인 도슨의 자작극이며 그에게 유명한 공범자가 있다는 것이다. 공범자의 이름도 알려졌는데 그는 고생물학자이자 철학자인 테이아르 드 샤르뎅이다. 그들은 대학교에서 서로 우정을 쌓았고 청년시절부터 선사시대에 깊은 관심을 갖고 있었다. 이들은 장난기로 이 같은 음모를 꾸몄고 테이아르는 착색제로 쓰이는 중크롬산

염을 구하는 등 적극적으로 참여했다는 것이다. 물론 이러한 추측이 결론이 날 리 만무하지만 고생물학자들은 이 사건으로 중요한 교훈을 얻었다. 고대 인류에 대한 연구와 확증을 위해서는 보다 신중하게 모든 것을 검증해 보아야 한다는 것이다.

곧바로 새로운 연대 측정 기술이 개발되었다. 제2차세계대전 이후에 발명된 새로운 연대 측정 기술, 즉 C_{14}을 이용하는 탄소 연대 측정법이 그것이다.

연대 측정방법의 노하우

현재 주로 사용되는 절대 연대 측정방법에는 C_{14} 탄소 연대 측정법, 열형광법, 아미노산정량법, 핵분열비적법, 전자상자성공명법 등 10여 가지가 있다.

가장 유명한 C_{14} 측정법은 1960년 노벨화학상을 수상한 리비가 제안한 것으로 이산화탄소(CO_2)의 동위원소인 C_{12}와 C_{14}의 비율이 일정하다는 것에서 출발한다. 우주로부터 지속적으로 도달하는 우주선(우주에서 지구로 쏟아지는 높은 에너지를 가진 미립자와 그 방사선 및 이들이 대기의 분자와 충돌하여 2차적으로 생긴 높은 에너지의 미립자와 그 방사선의 총칭)은 대기 중의 질소와 결합하며 이들 중 몇몇 질소 원자에 의해 방사성 탄소인 C_{14}로 변한다. 이 탄소 동위원소는 이산화탄소에 의해 신속하게 흡수된다.

생물이 죽으면 더 이상 대기 중의 이산화탄소를 흡수하지 못한다. 따라서 죽은 동물, 식물, 박테리아 안의 방사성 탄소인 C_{14}는 붕괴되어 그 양이 점점 줄어든다. 반면 C_{12}는 비방사성이므로 유기체가 죽어도 그대로 남아 있다. 다시 말하면 C_{14} 대 C_{12}의 비율은 유기체가 죽은 뒤 시간이 지남에 따라 감소한다.

C_{14}의 반감기는 5730년이므로(이 방법을 발견한 리비는 5568년을 사용함) 이 비율을 측정하면 유기체의 사망 연대를 측정할 수 있다. 이 방법의 장점은 그것이 무엇이든 일단 한번 살아 있던 물질이라면 이 기술에 의해 연대 추정이 가능하다는 것이다.

그러나 C_{14} 측정법도 결정적인 약점이 있다. C_{14}의 연대 측정법은 대략 5백 년 전부터 7만 년 전까지의 대상물에 적용할 수 있다고 하지만 일반적으로는 3만 5천 년 전까지가 한계라고 인정되기 때문이다.

3만 5천 년부터 20만 년까지는 대부분 타조 알로 측정한다. 타조 알로 연대 측정하는 것은 비교적 간단하다. 타조 알의 껍질에 있는 단백질의 아미노산은 L형과 D형 두 가지가 있다. 그런데 생명체 안에서 합성되는 아미노산은 L형 하나뿐이다. 두 가지 다 상당히 안정적이지만 수천 년 동안 그대로 내버려두면 L형이 D형으로 조금씩 변한다.

이것은 생물체가 죽은 시간의 길이에 따라 D형 아미노산이 많아진다는 것을 뜻하는데 이를 '라세미아' 반응이라고 부른다. 이 비율을 측정해 보면 그 알이 타조의 몸에서 빠져나온 지 얼마나 지났는지를 알 수 있는 것이다.

이보다 오래된 시료를 측정하는 방법은 여러 가지가 있으나 현재 가장 각광을 받는 측정 방법은 전자상자성공명법이다. 이 방법은 1944년에 원리가 밝혀진 후 1980년경부터 본격적으로 고고학과 지질, 지리학 분야에 적용되기 시작한 최신 측정법이다. 우주선을 포함한 자연 방사성 원소들에서 나오는 방사선은 피격된 물질에 결함을 만드는데, 이 결함은 방사선 양에 비례하여 많아지며 색을 띠게 된다.

여기서 종유석이나 석영, 뼈가 우주선을 포함한 토양 속의 자연 방사성 원소로부터 나오는 방사선에 의해 손상이 생긴다는 것이 이 측정법의 핵심이다. 이 결함의 양, 즉 홀전자의 수는 피격된 방사선의 양에 비례하는데 이 결함을 전자 스핀으로 검출한다는 것이다. 전자 스핀이란 전자의 회전에 의해 원전류를 발생시키면서 자기장을 구성하는데 이를 마이크로파가 존재하는 전자기장 안에 두면 손상된 부분이 마이크로파를 흡수하여 그 방향이 반대가 되는 것을 뜻한다.

전자상자성공명법은 다른 연대 측정법으로는 측정할 수 없는 퇴적암의 연대를 측정할 수 있는 장점을 갖고 있어 지질학과 고고학계에서 많이 이용된다. 더구나 이 측정법의 측정 상한은 1억 년이나 되는데다가 측정 시료의 제한을 받지 않고 조개, 뼈, 질그릇 등 고고학적 유물들 거의 모두 측정이 가능하다. 북한의 구석기시대 유물인 검은모루 유적도 이 방법을 사용하여 측정한 것이며 특히 청동기·신석기시대의 유물 측정에 두각을 보인다.

몇십억 년 전이나 되는 것을 어떻게 측정할 수 있는가도 관심거리이다. 지구의 연대가 46억 년이나 되었고 화성에서 날아온 운석의 연대가 36억 년이나 된다고 발표하고 있는데 어떻게 알아낸 것일까?

여기에도 C_{14}와 같은 방사성동위원소로 절대 연령을 측정하는데 단지 C_{14}의 반감기가 단기임에 반하여 반감기가 훨씬 장기간인 것을 사용하는 것이 다르다.

분열비적법도 있다. 지르콘과 같은 광물 속에 들어 있는 우라늄이 붕괴하면 '알파' 입자를 방출한다. 방출된 알파 입자는 광물 속을 지나면서 통과한 자리에 비적(飛跡)을 남기는데 이 비적을 세면 수백 년에서 수십억 년까지의 연대를 측정할 수 있다. 이 분열비적법은 화산재가 굳어진 응회암의 연령 측정이 가능하므로 고고학에서 주목하고 있다. 최근 아프리카에서 발견된 응회암층에 남겨진 인류의 발자국 화석도 이 방법을 사용하여 연대를 측정한 결과 3백만 년 전의 것임이 밝혀졌다.

그러므로 어떤 암석이나 광물에 대한 생성 연대를 측정하기 위해서는 측정 시료와 동위원소의 비를 측정할 수 있는 질량분석기만 있으면 된다. 아폴로 우주선의 우주인들이 갖고 온 달 암석의 시료도 이와 같은 방법에 의해 연대 측정되었고 지질학자들이 지구의 연령을 약 46억 년으로 확정지을 수 있는 요인이 되었다. 고대에 살았던 동물이나 식물도 그들이 살았던 시대의 암석과 함께 화석으로 채취되므로 이를 근거로 그들이 살았던 시대를 측정할 수 있는 것이다.

아직도 가짜 유물 사건은 횡행

제2의 필트다운 사건이 오늘날에도 일어날 수가 있을까? 지금은 유기물질이 함유된 모든 표본의 연대를 비교적 정확하게 밝혀낼 수 있기 때문에 그런 일은 거의 불가능하다. 그러나 무기물질인 경우에는 아직도 신뢰할 만한 방법이 전혀 존재하지 않는다는 것이 전문가들의 지적이다. 이 경우에는 지층 검사를 해야만 연대를 확정지을 수가 있으므로 위조자는 언제라도 조작된 재료를 슬그머니 끼워넣던지 아니면 완전히 새로 만들어낼 수가 있다.

사실상 첨단 측정 방법이 개발되자 고대 생물학의 속임수는 두드러지게 줄었지만 그렇다고 해서 완전히 사라진 것은 아니다. 1989년에 인도 출신의 비슈와 굽타는 인도령 히말라야 지방에서 발견된 화석에 대해 계속해서 독보적인 논문을 발표했다. 그런데 문제는 그 장소가 다른 학자들에게는 접근이 금지되어 있는 장소라는 것이었다.

일반적으로 아무리 국방상 중요한 곳이라도 특별한 경우가 아니면 고고학자들에게만은 발굴지를 공개하는 것이 원칙인데도 그러한 기초 사항도 지켜지지 않는 것에 의심을 품은 한 학자가 이를 집요하게 추적하기 시작했다. 그가 발견한 것은 세계 학계를 놀라게 하기에 충분했다. 굽타가 화석들을 발굴했다는 발굴 장소 자체가 상상의 산물이었던 것이다. 화석들도 아프리카와 미국, 영국, 그리고 체코에서 가져온 것이었다.

최근 중국의 요동성에서 발견된 한 화석도 세상을 떠들썩하게 만들었는데 그 내용과 관련해 〈과학동아〉 2001년 7월호에 게재한 이융남의 글을 정리하면 다음과 같다.

이 화석은 1997년 중국 북동부 요동성의 전기백악기 지층에서 한 농부에 의해 발견됐는데 주둥이와 위 몸통은 원시 새의 골격이며 꼬리는 전형적인 소형 육식공룡인 드로마에오사우루스류의 것이었다. 이 화석은 공룡으로부터 새가 진화되었다는 가설에 결정적인 증거가 될 수 있기 때문에 많은 사람들의 관심을 모았고 아르키오랩터 랴오닝엔시스라 명명되었다.

그러나 이것은 교묘하게 조작된 것이었다. 발견되자마자 정교하게 조

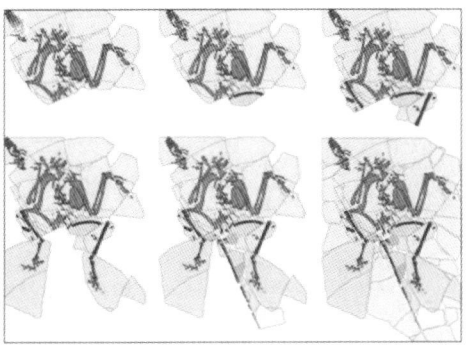

조작된 아르키오렙터 공룡 화석
좌측 : 아르키오랩터는 공룡에서 새가 진화했다는 결정적 증거가 되었다.
우측 : 아르키오랩터 화석은 여섯 단계에 걸쳐 조작됐다. 각 단계를 보여주는 그림
— 〈과학동아〉 2001년 7월호에서 인용

작된 후 미국으로 밀반출돼 보석광물전시회에서 8만 달러에 팔려나갔으나 X-Ray 촬영에 의해 최소한 두 개의 다른 화석을 합성했다는 것이 드러났다.

일본에 70만여 년 전의 구석기 문화가 존재했음을 증명한 미야기(宮城) 현 가미타카모리(上高森) 유적의 출토 석기도 조작임이 밝혀졌다. 약 60만 년 전 원인(原人)의 건물터로 보이는 주거의 흔적과 70만 년 전의 석기 등을 발견했다고 하여 일본의 고등학교 교과서에도 게재되었던 가미타카모리 유적이 사실은 한 발굴단장의 조작에 의한 것이었다.

고등학교를 졸업한 후 독학으로 고고학을 공부하다가 발굴에 뛰어든 후지무라는 발굴단원들이 모두 피곤해서 잠들어 있을 때 석기를 슬며시 묻고 곧바로 다른 발굴팀이 발견하게 했다.

일본의 구석기시대 연구에 한 획을 긋게 했던 후지무라의 발굴이 조작이었음이 밝혀진 것은 그의 발견이 너무나 기적과 같은 결실을 맺었기 때문이다. 1990년대 초반까지 일본에는 전기구석기 문화가 없었는데 후

지무라가 연이어 발굴에 성공하면서 불과 몇 년 사이에 일본의 역사시대가 13만여 년(중기구석기시대)에서 70만 년 전으로 올라간 것이다.

그는 발굴 초기에 4만여 년 전의 석기를 발견하여 일본의 고대사를 바꾸어 놓은 것은 물론, 발굴할 때마다 일본의 모든 기록을 갈아치워 '신의 손'이라는 별명을 얻었다. 발굴품이 예상대로 나오지 않으면 개인적으로 수집한 석기들을 몰래 땅에 묻었는데 본의 아니게 서로 30킬로미터 떨어진 곳에서 발견된 2개의 석기의 단면이 딱 맞아떨어지는 '기적'을 연출하기도 했다.

그의 발굴 실적이 너무나 좋자 이상하게 여긴 마이니치 신문사에서 발굴 현장에 자동카메라를 설치했다. 신문사측의 예상은 보기 좋게 맞아떨어졌다. 후지모리가 새벽에 가미다카모리 유적 발굴 현장에서 땅을 판 뒤 석기를 묻는 장면이 카메라에 잡힌 것이다.

우선 흙손으로 구멍을 판 후 주머니에 들어 있던 유물들을 꺼내 쏟아 붓고는 그 위에 흙을 덮고 흔적을 지우기 위해 땅을 발로 밟았다. 후지무라는 1981년부터 무려 20년 동안 전기구석기 유물을 출토한 10여 곳의 유적에 예외 없이 같은 조작을 자행했다. 그의 조작이 탄로남으로써 개인적으로 고고학협회에서 제명된 것은 물론, 일본에 전기구석기시대가 존재한다고 게재한 역사교과서들이 관련 유물에 관한 내용을 전면 삭제하였고 '구석기 고고학 사전'을 비롯한 각종 연감·사전들도 해당 기술을 삭제하여 개정본으로 발간되고 있다.

후지모리가 이런 조작을 자행한 이유는 간단하다. 자신의 명예를 높이기 위한 목적도 있었지만 본질은 일본에 매우 오래 전부터 인간이 살았으므로 일본은 뼈대 있는 나라라는 사실을 증명하여 일본인들의 자부심을 높여 주려고 했던 것이다.

   과학이 궁극적으로 인간의 머리를 이길 수 있는 것인지는 아직도 의심스럽다는 것이 필트다운 사건의 결론이다. 인간은 언제든지 다른 인간을 속일 수 있는 자세가 되어 있기 때문에 보다 고도의 거짓말, 즉 사기는 항상 일어나기 마련이다.

7. 갈릴레이의 이단 심판

갈릴레이의 전기 중에서 가장 잘 알려진 것은 그가 이단 심판에 회부되어 심한 박해를 받았다는 것이다. 물론 갈릴레이가 자신의 발견을 누설하지 않는다는 조건으로 서약서에 서명했기 때문에 비록 화형을 당하진 않았으나 죽을 때까지 근신하며 지냈다고 적고 있다. 갈릴레이에 대한 이단 심판은 시대를 앞서가는 과학적 발견에 대해 입을 다물어야 하는 선각자들의 고뇌를 부각시킴으로써 어려운 환경에서 연구에 몰두하는 과학자들을 격려한다. 그러나 이 이야기는 모두 조작되거나 거짓말로 점철된 것이다.

근대 과학의 아버지로 불리는 이탈리아의 물리학자 갈릴레이가 1564년 이탈리아의 항구도시 피사에서 태어나지 않았다면 현대와 같은 과학 시대가 열리진 못했을 것이라고 사람들은 말한다.

그러나 갈릴레이가 원래부터 과학자가 되겠다고 마음먹은 것은 아니었다. 음악가였던 아버지는 갈릴레이가 의사가 되기를 바랐다. 당시에도 의사는 많은 사람들에게 존경과 부러움을 받고 있었고 또 돈도 많이 벌 수 있는 직업이었기 때문이다. 갈릴레이는 아버지의 뜻에 따라 17세에 피사 대학에 들어가 의학 공부를 하게 된다. 그러나 갈릴레이는 곧 이 대학의 교육 방법에 실망을 한다.

"이 학교의 교육 방법이 마음에 들지 않는다. 모두가 옛날의 훌륭한 선생이나 학자들의 주장을 그대로 가르칠 뿐 새로운 것을 받아들이려고 하지 않는다. 이래서 어떻게 진전이 있을 수 있겠는가?"

사물을 차분히 관찰하고 근본 이치를 깨닫게 되는 학업방식이 자신에

좌측 : 갈릴레오 갈릴레이
우측 : 코페르니쿠스

게 맞는다고 생각한 갈릴레이는 불붙듯이 타오르고 있던 새로운 학문에 대한 갈망으로 의학보다는 천문학이나 물리학에 관심을 보이다가 결국 아버지를 설득하여 과학과 수학 공부를 시작한다.

갈릴레이가 인류사에 남긴 크나큰 업적으로 인해 그와 얽힌 많은 이야기들이 전해져 온다. 그가 중세시대 사람들 앞에서 선보인 실험 모두가 전설이 되었으며 교황청과의 다툼은 현대과학으로 들어서는 길목에서 가장 중요한 사건으로 부각되었다. 그러나 갈릴레이를 따라다니는 수많은 전설은 그의 명성에 걸맞게 과장되거나 포장되었다고 해도 과언이 아니다. 구설수가 따르지 않는 유명인사는 진정한 유명한 인사가 아닐지도 모르는 것이다.

천재의 반열에 선 18세의 갈릴레이

갈릴레이는 매우 머리가 좋은 학생으로 새로운 학문에 입문하자마자 천재성을 발휘한다. 겨우 18세에 유명한 '진자의 등시성'을 발견한 것이다. 갈릴레이는 피사의 대사원 중앙에서 흔들리고 있는 샹들리에를 보고 어떤 정해진 법칙에 의해 움직이고 있다고 생각했다. 흔들림의 진폭이

작아져도 주기는 변하지 않는다는 것을 발견하자 그 원리를 이용하여 맥박계(脈博計)를 만들 수 있겠다고 생각한다.

1589년 갈릴레이는 피사 대학의 수학 교수로 임명되었다. 그의 나이 25살이었다. 그가 어린 나이임에도 교수로 임명되는 파격적인 대우를 받은 것은 '등시성의 원리' 외에도 '비중계' 라는, 물건의 무게나 밀도를 재는 장치를 발명하여 제1급 과학자로서 두각을 나타내었기 때문이다.

1592년에 갈릴레이는 유럽에서도 가장 오랜 역사를 가진 파도바 대학으로 옮긴다. 그곳은 진보적인 생각을 표방하는 사람들을 많이 배출했기 때문에 갈릴레이와 같은 사람에게는 매우 적합한 곳이었다. 갈릴레이는 파도바에서 자신의 주장을 마음껏 펼치며 천재성을 유감없이 발휘한다.

이곳에서 그의 생애를 획기적으로 바꾸어놓는 전기가 생긴다. 1608년 네덜란드에서 망원경이 발명되었는데 샘플 하나가 1609년 7월에 파도바에 도착한 것이다. 갈릴레이가 입수한 망원경은 배율이 3~4배밖에 되지 않고 물체의 윤곽도 흐릿했다. 갈릴레이의 천재성은 곧바로 발휘되어 이 망원경을 바탕으로 눈으로 볼 때와 비교해서 약 1천 배로 확대되고 30배 이상 가깝게 보이는 개량된 망원경을 만드는 데 성공한다.

망원경으로 본 세상은 너무나 달랐다. 자신이 발명한 망원경으로 달을 관찰하던 콜럼버스는 달은 미끈하지도 않고 완전한 구형도 아니며 바다와 깊은 산이 있다는 것을 알아냈다. 그뿐이 아니다. 하늘에 있는 은하수가 사실은 무수히 많은 별들로 되어 있다는 것을 발견했고 목성을 관측하여 목성의 달, 즉 4개의 위성들이 그 둘레를 돌고 있음을 알아냈다. 갈릴레이는 자신이 발견한 위성들을 당대의 실력자이자 후원자인 메디치가를 위해서 '메디치가의 위성들' 이라고 명명했다. 이 일을 빗대어 갈릴레이가 원래부터 정치적인 성향을 갖고 있었다고 말하는 사람들도 있다.

여하튼 갈릴레이는 망원경으로 발견한 천체의 현상을 연구하면서 코페르니쿠스가 주장한 이론이 정당하다는 확신을 얻었다. 이때부터 갈릴레이의 수난이 시작된다. 그 빌미를 제공한 사람은 다름 아닌 바로 갈릴레이 자신이었다.

갈릴레이는 목성의 위성들이 목성의 둘레를 돌고 있는 것과 같이 달도 지구의 둘레를 돌고 있고 지구도 태양의 둘레를 돌고 있다는 코페르니쿠스의 이론이 옳다고 생각한다. 갈릴레이는 코페르니쿠스의 학설이 자신의 관찰로 과학적으로 확고하게 증명되었다고 주장했다. 그러나 코페르니쿠스는 철학적인 사고를 통해 지동설을 주장했던 것이다.

여기에서 갈릴레이는 또다시 과학적인 실수를 저지른다. 이미 케플러가 행성은 원이 아니라 타원형 궤도로 움직인다고 발표했고 갈릴레이도 이 사실을 알고 있었음에도 이를 무시한 것이다. 이는 추후에 갈릴레이를 평가할 때 치명적으로 작용한다. 후대의 학자들은 갈릴레이가 코페르니쿠스를 전폭적으로 지지하기 위해서 타원형의 운동이 분명함에도 불구하고 원운동이라고 고의적으로 고집했다고 그의 개인적인 모남을 비판한다.

망원경으로 발견한 현상들을 과감히 발표한 갈릴레이의 주장은 즉각적인 반박을 받는다. 그의 주장이 옳다고 한다면 우주의 중심이 지구라고 하는 전통적인 생각이 뒤집히게 되기 때문이다.

갈릴레이와 코페르니쿠스와는 결정적으로 다른 점이 있었다. 코페르니쿠스는 신이 의도한 지동설을 주장했지만 갈릴레이는 자연적 현상에 의한 지동설을 주장했다는 것이다. 부르노가 화형 당한 바로 그 죄를 갈릴레이가 답습하고 있었던 것이다.

갈릴레이는 자신의 주장을 반대하는 사람들을 바보 또는 멍청이라고 매도했다. 그에게는 망원경으로 천체를 관측한 자료가 있었으므로 모든 반박에 답변할 자신이 있었기 때문이다.

물론 교회에서도 그의 실험 결과를 토대로 한 지동설에 대해 무턱대고 반대만 한 것은 아니었다. 그들도 갈릴레이의 주장에 과학적인 반론으로 맞섰다. 갈릴레이가 망원경으로 목성 주위에서 발견했다는 4개의 위성은 실제로 시각적인 환상이던가 태양이나 달에 나타나는 '무리'와 같은 것이라고 하였다. 단순한 반사나 혹은 구름의 광채라는 설명도 있었다. 중세시대에 그런 과학적 주장이 나왔다는 것도 놀랍지만 그들의 반론에 반박해야 할 갈릴레이의 처지가 간단하지 않았으리란 걸 독자들도 이해할 수 있을 것이다.

기독교 사상에 의거하여 모

갈릴레이의 망원경
갈릴레이는 이 망원경을 사용하여 지동설의 근거가 되는 자료를 수집했다(피렌체 과학사 박물관 소장).

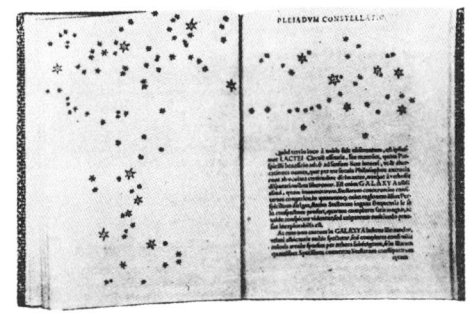

갈릴레이의 성좌도
좌측은 그 당시까지 9개의 별만 있다고 알려진 오리온성좌를 나타내며 우측은 36개의 별이 있는 플레이아데스 성좌를 가리킨다.

든 우주가 성경에 적힌 대로 일주일에 창조되었다는 부정할 수 없는 기록을 진실로 믿고 있는 그들에게 목성에 위성이 있다는 것을 인정한다는 것은 성경 자체를 부정하는 것이나 다름없었다.

갈릴레이는 금성의 모양도 달처럼 변하는 것을 증거로 제시했다. 금성은 햇빛에 반사하여 빛을 내므로 만약에 태양과 금성이 모두 지구 주위를 돈다는 천동설이 맞는다면 금성은 언제나 초승달 모양으로 보여야 한다. 그러나 금성은 초승달, 반달, 보름달, 다시 반달, 그믐달의 모양으로 변했다. 모든 별들이 우주의 중심인 지구를 돈다는 프톨레마이오스의 천동설로는 이 같은 현상을 도무지 설명할 수 없다고 반박했다.

갈릴레이에게 호의적인 교황청

갈릴레이가 자신의 발견 사실을 고집하면서 성경의 말씀을 부정하는 언사를 자행하자 1605년에 피렌체의 성 도미니크회 수도사들은 갈릴레이에 대한 고발장을 두 번에 걸쳐 교황청에 보낸다. 물론 교황청은 공소기각 결정을 내린다. 이런 사실을 모르고 갈릴레이는 자신이 고발되었다는 사실에 동요하여 예수회파 장군이며 성청(이단을 결정하는 교황청의

국(局))의 심판위원장인 벨라르민 추기경에게 편지를 보낸다. 벨라르민은 한때 천문학을 강의한 적도 있었으므로 갈릴레이에게 호의적인 편지를 쓴다.

'갈릴레이 씨는 제가 항상 이해하고 있던 것에 대해서 코페르니쿠스처럼 단정적으로 말하지 않고 가정적으로 말하는 것으로 만족하면서 신중하게 행동하는 것 같군요. 그러나 내가 그 같은 증거가 있다고 생각하지 않는 것은 그 누구도 나에게 그것을 보여 주지 않았기 때문입니다.'

벨라르민이 갈릴레이에게 쓴 편지에서 보듯 교황청에서도 지동설을 원천적으로 부정하진 않은 것을 알 수 있다. 교황청에서도 명확한 증거를 보여 준다면 지동설에 대해서 신축성 있는 견해를 보이겠다고 적은 것이다.

여기에서 갈릴레이는 딜레마에 빠지고 만다. 갈릴레이는 자신이 측정한 것을 토대로 반대파들의 주장을 반박할 수 있는 엄청난 증거와 그 원리를 제시할 수 있다고 호언했는데 막상 기회가 돌아오자 그 증거를 곧바로 댈 수 없었기 때문이다. 갈릴레이도 행성이 타원형으로 돌고 있다고 생각했으므로 정확한 답변을 제시하는 것은 불가능한 일이었다.

갈릴레이가 지동설에 대한 완벽한 자료를 제출하지 못하자 교황청은 1616년에 판결을 내린다. 코페르니쿠스의 이론은 '전혀 근거가 없으며 철학적으로나 형식적으로나 이단'이라는 것이다. 1543년, 코페르니쿠스가 사망한 지 무려 70년이 지나서였다. 물론 최종적으로 자유주의적 성향을 가진 추기경들에 의해 이단이라는 판결은 면했으나 코페르니쿠스의 책은 개정이 될 때까지 배포가 금지되었다. 한 마디로 갈릴레이는 혹을 떼려다 오히려 큰 혹을 붙인 셈이 된 것이다.

1618년에는 갈릴레이가 또다시 큰 실수를 저지른다. 이 당시는 토스카나 대공의 철학자 및 수석 수학자로서 피렌체 대학으로 자리를 옮긴지 8년이나 되었을 때였다.

1613년 예수회 수사인 그라시 신부가 세 개의 혜성을 발견했는데 갈릴레이는 자신의 망원경으로 그것을 발견하지 못하자 그 혜성이 착시현상에서 비롯되었고 사실은 땅에서 나오는 증기가 반사되어 생긴 것이라고 주장했다. 그라시가 발끈한 것은 당연한 일이다. 이 두 사람간의 논쟁은 그후 여러 해 동안 계속되었으며 예수회 사람들은 갈릴레이의 적이 되어 갔다.

이때 갈릴레이에게 절호의 기회가 갑자기 찾아왔다. 바울 5세가 1623년에 사망하자 갈릴레이에게 호의적이었던 우르바누스 8세가 새 교황으로 임

벨라르민 추기경
갈릴레이의 이론에 호의적이었던 벨라르민 추기경은 지동설을 부정하지 않는 대신 갈릴레이에게 명확한 증거를 요구했다.

명된 것이다. 우르바누스 8세가 교황이 되기 전 바르베리니 추기경으로 있었을 때인 1620년에 갈릴레이의 천체학적 발견을 찬양하는 단시(短時)를 쓰기도 했으므로 갈릴레이와 교황은 여섯 차례나 면담을 할 수 있는 기회를 가졌다. 갈릴레이가 태양계에 대한 정확한 책을 쓰겠다고 밝히자 교황은 잘 해보라고 격려까지 했다.

갈릴레이가 교황과의 약속으로 저술한 책이 1632년 2월에 발간된《우주의 커다란 두 가지 체계에 관한 대화》이다. 이 책을 찍은 것이 갈릴레이로서는 결정적인 실수였다. 당시로선 엄청난 부수인 1천 부나 찍었으며 교황으로부터 칭찬을 받을 줄 알았다. 그러나 교황청에서는 그의 책에 대해 판매 금지를 시키고 책을 압수하더니 갈릴레이를 로마로 소환하라고 명령한 것이다.

우군을 적군으로 묘사한 실수

갈릴레이는《우주의 커다란 두 가지 체계에 관한 대화》에서 세 인물을 등장시키고 있다. 그 자신을 대변하는 사루비아치(지동설), 중용을 지키는 사그레도, 아리스토텔레스류의 낡은 생각(천동설)을 고집하는 신프리치오. 천문 대화는 이들이 4일간에 걸쳐 토론하는 형태로 전개되었다. 그는 우회적으로 지동설을 주장하면서, 새로운 가설들이 옛 가설들보다 현실을 더 잘 설명해 준다는 점은 인정하지만 성스러운 사람들이 새 가설들을 확실한 것으로 간주하지 않도록 유의해야 한다고 조심스럽게 적었다. 그것은 교황에게 호감을 사기 위한 갈릴레이의 선의의 표현이었으나 문제는 교황 우르바누스 8세가 그 대목을 갈릴레이가 생각하는 것과는 정반대로 해석했다는 것이었다. 갈릴레이는 신성한 사람이 갖고 있는 이성의 무능함을 꼬집었는데 바로 그 무능한 자가 교황 자신을 빗댄 것이라고 판단했기 때문이다. 즉 우르바누스 8세는 자신이 호의를 보였는데도 불구하고 갈릴레이가 교황을 모욕했다고 믿은 것이다. 우르바누스 8세는 굉장히 진노했고 갈릴레이가 죽은 후에도 그를 용서하지 않았다. 갈릴레이의 후원자인 토스카나 대공이 갈릴레이가 죽자 그를 위해 공식적인 장례식을 치르고, 피렌체의 산타크로체 교회 무덤에 기념비를 세우려고 하자 교황은 대공에게 그런 일은 자신에 대한 직접적인 모독으로 간주하겠다고 경고했다. 교황의 위협에 굴복하여 갈릴레이의 유해는 교회 종탑 지하실에 매장될 수밖에 없었으며 거의 1세기가 지난 후에 비로소 미켈란젤로와 마키아벨리의 무덤 근처에 매장되었다.

전설의 창고 갈릴레이

갈릴레이를 따라다니는 또 하나의 유명한 전설, 피사의 사탑에서의 물체 낙하 실험은 완전히 꾸며진 거짓말이다. 그의 나이 25세 때 피사 대학에서 수학을 강의하던 무렵이었다.

아리스토텔레스는 자유 낙하에 대해 무거운 것은 빠르게, 가벼운 것은 느리게 낙하한다고 생각하였다. 쇠공이 솜덩이보다 빨리 떨어진다는 것을 생각하면 그렇게 생각할 만도 하다. 그러나 갈릴레이는 지구의 인력과 공기의 저항 때문에 그런 차이가 생긴다고 생각했다.

'만약 공기의 저항력이 없다면 무거운 것도 가벼운 것도 동시에 떨어질 것이다.'

공기가 없는 진공 중에서의 낙하에 대해서는 그의 생각이 옳았다. 그러나 당시에는 진공을 만든다는 것이 간단한 일이 아니었다. 갈릴레이의 제자 토리첼리가 '토리첼리의 진공'을 만들었는데 그것은 그가 사망한 다음 해인 1643년의 일이다.

진공을 만들 수 없다고 생각한 그는 공기 저항의 영향은 가벼운 물체에서 더욱 크게 나타나므로 무거운 물체끼리를 비교하면 그들은 거의 동시에 낙하할 거라고 생각했다. 그렇게 생각한 갈릴레이는

피사 사탑
피사 사원은 색깔, 조화, 균형 면에서 다른 건물들을 압도하며 '기적의 궁전'으로 불린다. 갈릴레이는 경사진 피사 사탑에서 진공 실험을 하지 않았다.

1590년 어느 날 피사 사탑의 7층 회랑에서 직경 10센티미터의 납으로 만든 공과 떡갈나무로 만든 공을 동시에 가만히 놓았다. 납으로 만든 공의 무게가 떡갈나무 공의 2배이므로 과거의 이론에 의하면 납으로 만든 공이 2배나 빨리 떨어져야 했지만 실제는 그렇지 않았다. 군중들은 두 공이 함께 나란히 떨어지는 것을 보았고 똑같은 시각에 지면에 떨어지는 단 한 번의 소리를 들은 것이다. 그 순간 당시까지의 이론이 틀렸고 갈릴레이의 주장이 옳았다는 것이 증명되었다는 것이 전설의 내용이다.

갈릴레이의 이 유명한 실험의 진위를 판별하기 위해서는 우선 이 실험이 왜 일어나야 했는가를 이해할 필요가 있다. 그것은 중력이 무엇인가를 알아야 했기 때문이다.

어떤 물건이든 힘이 없으면, 즉 끌든가 밀든가 하지 않으면 움직이지 않는다. 그러나 자석의 경우 쇠를 끌어들이지만 이 둘 사이를 직접 연결하는 것은 아무것도 없는 것처럼 보인다. 자력은 눈에 보이지 않기 때문이다.

두 물체 사이를 연결하지 않고도 영향을 미치는 또 다른 힘, 즉 중력에 대해 당시의 학자들은 알고 있었다. 이런 중력에 관한 지식은 전쟁에서 대포가 쓰이게 되면서부터 대단히 중요하게 되었다. 포탄이 공중을 어떻게 날아가는가를 자세히 연구하던 학자들은 포탄에 작용하는 힘에는 두 가지가 있다는 것을 발견했다.

하나는 화약의 폭발로 생기는 힘으로 이 힘이 포탄을 공중 높이 쏘아 올린다. 다른 또 하나의 힘은 포탄을 지표면 쪽으로 당기는 것으로 이 힘 때문에 포탄이 계속 날아가지 않고 지면에 떨어진다는 것이다. 이 힘을 중력이라고 불렀다.

그러므로 당시의 유명한 학자인 갈릴레이가 중력을 이해하기 위해 피사의 사탑에서 공개적으로 실험했다는 것 자체가 이상한 일은 아니다. 더구나 피사의 사탑은 그가 말한 낙하 실험을 하는 데 가장 적합한 곳이었다. 피사의 사탑은 약 55.8미터나 되며 그 당시에도 연직선으로부터 4미터 정도나 기울어져 있었기 때문이다.

그럼에도 불구하고 유명한 갈릴레이의 낙하 실험이 거짓말이라는 것은 갈릴레이가 피사의 사탑에서 물체의 낙하 실험을 했다는 증거가 전혀 없기 때문이다. 갈릴레이 자신도 자신의 저서에서 그런 실험에 대해 한 번도 언급한 적이 없다. 더구나 그 당시의 실험 장면을 목격한 사람들의 기록도 전혀 없다. 사실 이탈리아의 유명한 학자인 갈릴레이가 공개적으로 실험을 했다면 그것은 당시에 매우 주목을 끄는 실험이 되었음이 틀림없고 누군가가 자신의 목격담을 적었을 것이라는 것이 갈릴레이 실험을 부정하는 이유이다. 결론은 피사의 사탑 실험은 실제의 사건이 아니라 꾸며낸 이야기라는 것이다.

실제로 두 개의 납공을 떨어뜨려서 실험한 인물은 갈릴레이가 아니라 네덜란드인인 사이먼 스테빈이다. 그는 1587년 부루헤스에 있는 자기 집 2층 창문에서 무게가 다른 두 개의 납공을 떨어뜨리는 실험을 했다. 스테빈은 뛰어난 군사기술자로서 네덜란드의 육군 경리감이므로 포탄의 낙하 문제에 관심이 많은 것은 당연한 일이었다. 그는 수학적 재능이 뛰어났으며 유럽 수학계에 10진법을 도입하는 데 공적이 컸다.

갈릴레이가 낙하 실험을 했다는 이야기가 처음 나오는 것은 갈릴레이의 제자인 비비아니가 쓴 갈릴레이 전기에서이다. 비비아니는 갈릴레이가 1590년 피사의 사탑에서 낙하 실험을 했다고 적었다. 그러나 학자들은 비비아니가 스테빈의 실험 사실을 알고 있었으므로 갈릴레이의 전기를 집필하면서 갈릴레이가 피사의 사탑에서 낙하 실험을 했다고 고의적으로 가필했다고 믿는다. 존경하는 갈릴레이를 위해서 스테빈의 업적을 도용했다는 뜻이다.

물론 갈릴레이는 낙하 실험의 결과를 예견하는 내용을 다음과 같이 적었다.

> '나는 무게 1백 파운드나 2백 파운드의 대포 탄환과 소총 탄환을 2백 큐빗(1큐빗은 영국 단위로 사용할 경우 대체로 18인치)의 높이에서 동시에 떨어뜨리면 포탄이 총탄보다 한 뼘도 먼저 지면에 닿지 않을 것이라고 장담한다.'

실제로 갈릴레이도 낙하 실험을 했다. 그러나 갈릴레이가 나중에 실험한 방식은 물체를 수직으로 낙하시키는 방식이 아니라 미끄럼틀과 같이 기울어진 통로에 공 모양의 물체를 굴려서 아래까지 도달하는 시간을 측정하는 방식이었다. 그는 구슬을 밑으로 떨어뜨리는 것이나 빗면에 굴리는 것이나 같은 것이라고 생각하여 사람의 눈으로 분명히 확인할 수 있게 만들고 1백 회 정도 되풀이하였다고 전해진다. 이때의 실험도 갈릴레이가 실험을 중요시한 경험주의자라는 것을 강조하기 위해 갈릴레이에 관한 책에는 빠지지 않고 실려 있다.

그러나 과학사가인 아이 B. 코헨은 '갈릴레이가 행한 실험은 사전에 내린 결론을 확인하는 형식적인 것에 불과했다. 왜냐하면 개략적인 실험 조건에서는 정확한 결과를 얻기가 어려웠을 것이기 때문이다'라고 평했다. 실제로 실험과의 오차는 매우 커서 당시의 세공사인 페레 메르센느는 갈릴레이의 실험을 재현할 수 없었다. 갈릴레이의 실험은 자신의 실험 결과를 도출하기 위한 것이 아니라 십중팔구 자기의 이론이 맞다는 것을 일반인들에게 보여 주기 위한 전시효과에 지나지 않았다는 것이다.

갈릴레이의 이단 심판

갈릴레이의 이단 심판으로 돌아가자. 목성과 금성, 수성이 태양 주위를 돌고 있는 것을 발견한 갈릴레이가 모든 행성들이 지구를 중심으로 돌고 있다는 프톨레마이오스의 주장이 틀렸다는 것을 확인한 건 사실이다. 그러나 갈릴레이는 이 발견으로 박해를 받기는커녕, 1611년에 교황 바울 5세를 알현하고 예수회 회의에서 표창까지 받는다. 이때 이미 교황청에서 프톨레마이오스의 천체론은 더 이상 지지할 수 없다는 결론에 도달했기 때문이다.

그런데도 갈릴레이가 교황청에서 이단 심문을 받은 이유는 이미 설명한 바와 같이 전적으로 갈릴레이에게 책임이 있다고 생각해도 과언이 아니다. 교황청에서조차 프톨레마이오스의 천체론을 지지하지 않는다고 했지만 그렇다고 해서 코페르니쿠스에 의해 다소 변질된 지동설이 옳다고 인정한 것은 아니었기 때문이다.

갈릴레이가 교회로부터 비난을 받게 된 근본 요인은 대학교수들과 대결했기 때문이다. 대학교수들은 목성의 위성이나 수성의 위상 변위를 인정하는 것조차 거부했다. 더구나 당시에 새로 나온 과학적 발명품인 망원경으로 하늘을 보는 것도 거부했다. 신의 영역인 하늘을 조잡한 물건으로 쳐다보는 것 자체가 불경하다는 것이었다.

그러자 갈릴레이는 이들을 '인간 존재라고 부를 값어치조차 없는 정신적 피그미'라고 신랄하게 비난했다. 바로 이 모욕적인 발언 때문에 교회의 온건론자들도 갈릴레이에게 등을 돌리게 되고 그의 약점을 물고 늘어지게 된 것이다. 즉 갈릴레이더러 자신의 주장을 엄밀하게 증명하라고 요구한 것이다.

사실 교회는 이미 코페르니쿠스가 주장하는 지동설이 잘못되지 않았다는 것을 알고 있었으므로 두세 군데를 바꾸면 금서 목록에서 제외할 수 있다는 단서 조항을 첨부했고 1620년에 이렇게 정정된 이론으로 코페르니쿠스의 책은 금서 목록에서 제외되었다.

당시 유럽 최고의 학자인 갈릴레이는 1616년에도 교황을 접견했다. 교황은 갈릴레이가 주장하는 코페르니쿠스의 우주론에 대해 반대하지 않고 있었기 때문에 갈릴레이더러 자연 현상을 엄밀하게 증명하는 이론을 제시하지 못하는 한 절대의 진리라고 주장하는 것은 바람직하지 않다는 견해를 유지했다. 그러나 갈릴레이가 여러 해를 거쳐 증명도 하지 않고 계속 자신의 주장을 견지하자 학자들이 그에게 증거를 대라고 다그쳤다. 결국 갈릴레이는 그 증거를 제시하지 못했다.

1633년의 재판은 바로 그런 연유에서 열린 것이다. 그때의 재판 기록은 지금도 남아 있다. 갈릴레이가 유죄가 된 것은 불복종이라는 죄목에 따른 것이지, 이단이라는 죄목 때문은 아니었다. 갈릴레이는 추후 태양 중심의 우주론을 진실이라고 가르치지 못하게 되었으나 천문학적, 수학적 연구로서의 가정을 논의하고 부연하는 것까지 금지 당한 것은 아니었다. 오히려 갈릴레이가 자신의 주장을 증명할 수 있도록 기회를 주기까지 했다.

그러므로 갈릴레이가 재판 기간 중에 감옥에 있었고 고문을 받았다는 말은 다 후세 사람들이 만들어낸 이야기에 불과하다. 갈릴레이는 교황청에 의해 소환되자 처음에는 생탱쥐 성에 있는 종교재판소 감옥 대신 토스카나 대사관이 자리잡은 메디치 관에서 묵었다.

물론 첫번째 심문을 받은 뒤에 수감되었지만 그는 독방에 들어간 것도 아니었다. 바티칸 궁전 안에 주거를 할당받은데다가 집사와 하인이 각각 한 명씩 딸려 있었다. 갈릴레이는 재판이 끝나기도 전에 피렌체 대사관으로 돌아가도록 허락 받았다. 죄수 신분인데도 그와 같이 파격적인 혜택을 입을 수 있었던 것은 갈릴레이가 피렌체 아카데미의 수학자인데다가 영사

갈릴레이의 이단 심판
동시대 최고의 석학인 갈릴레이가 추기경으로 구성된 재판관들 앞에 피로한 모습을 보이며 서 있지만 재판은 갈릴레이의 실수 때문에 열렸다는 것이 정설이다(로버트 프리 그림, 루브르 박물관 소장).

(領事)이자, 피렌체 2백인참사회의 멤버였고, 로마에서도 토스카나 공작의 비호를 받는 거물 인사였기 때문이다.

법정은 갈릴레이에게 형식적인 금고형을 선고했으며 놀라운 것은 감옥에 들어가지도 않고 재판이 끝나자마자 로마를 떠났다. 그 당시의 판결문은 이렇다.

"그대 갈릴레이는 많은 사람들에게 가르쳐진 그릇된 교의(敎義)를 정당하다고 한 죄로, 또 성서에서 나온 반대설에 대해서 성서를 자기 자신의 생각에 따라 해석한 죄로 1615년 종교재판소에 고발됐다. 이에 종교재판소는 다음과 같이 포고한다.

첫째, 태양이 세계의 중심에 있어 움직이지 않는다는 명제는 불합리하며 철학적으로 틀렸고 성서에 명백히 위배되므로 형식상으로 이단이다.

둘째, 지구가 우주의 중심이 아니고 부동이 아니며 운동한다고 한 명제도 불합리하고 철학적으로 잘못된 것이며 신학적으로는, 적어도 신앙으로서 틀렸다고 간주된다.

그러나 당시 그대를 관대하게 대하려고 추기경회는 벨라르민 추기경으로 하여금 그대에게 앞의 그릇된 교의를 완전히 버리도록 종용하라고 포고하였다. 그러므로 그대는 장차 그것을 말로든 문서로든 어떤 방법으로도 변호하거나 가르치지 않을 것을 명령받았고 그대가 복종을 약속하였으므로 방면되었다."

판결문은 계속되며 다음과 같은 선고로 끝맺는다.

"더욱 우리는 갈릴레오 갈릴레이의 저서가 공동의 포고에 의하여 금지될 것을 선고한다. 그리고 우리는 그대를 임의로 정할 수 있는 기간 동안 이 종교재판소에 정식으로 감금할 것을 통고한다. 또 참된 회개의 방법으로 우리는 그대에게 앞으로 3년간 매주 1회, 7편의 회죄(悔罪) 시편을 외울 것을 명하며 위의 형벌과 참회를 늦추거나 변경시키고 또 전부 또는 일부를 취소하는 권한을 우리들은 유보한다."

갈릴레이의 재판 결과가 사실과는 전혀 다르게 변질된 것은 갈릴레이와 같은 대학자가 이단 심문 재판에 회부되었다는 것 자체가 당시로선 대 사건이었기 때문이다. 갈릴레이가 진정으로 사면된 것은 그가 교황과 잘 알고 있으며 힘이 있는 추기경과 친분이 있어서가 아니다. 진실로 이단 심문에 걸리면 그 어떤 고귀한 신분의 사람이나 대학자들도 빠져 나오지 못했다. 그러므로 그가 근신이라는 처분을 받은 것은 교황청에서조차 이미 천동설은 폐기되어야 할 학문이라는 것을 알았기 때문이다.

갈릴레이의 진가는 그후에 나타난다. 갈릴레이는 교황청의 판결 후에도 자신의 시간을 마냥 허비하지는 않았다. 그는 교황청의 근신 처분 명령에 의해 비록 타인에게 더 이상 자신의 주장을 피력하지는 못했지만 자신의 말년을 최후의 대저작을 집필하는 데 할애했다.

갈릴레이는 천문학에 대해 더 이상 집착하지 않고 역학에 관한 기초 이론에 몰두했다. 《두 개의 신과학(新科學)에 관한 수학적 논증과 증명》 라는 이름의 이 책은 역학에 관한 그의 초기 연구를 총정리한 것으로 사실상 그로부터 현대 물리학의 토대가 세워졌다고 해도 과언이 아니다. 힘과 '장소적 이동(local motion)'이라 부르는 운동을 중점으로 다루었는데 결국 이 책이 뉴턴의 만유인력을 유도하는 데 큰 역할을 했다.

그의 저서는 내용이 어떠하든 이탈리아에서는 금지되어 있었으므로 비밀리에 국외로 반출되어 1638년 암스테르담에서 발간되었다. 갈릴레이의 저서는 1616년에 금서 목록에 올랐는데 놀랍게도 그의 책이 해금된 것은 1835년이다.

갈릴레이에 대한 재판이 불공정했고 그가 비록 교황청의 이단 심문 재판에 순종하는 서약을 했지만 재판이 끝난 후 과학자적 양심을 철회한 것에 대한 가책을 받고 '그래도 역시 그것은 움직인다'라고 말했다는 것도 잘 알려져 있는 전설 중의 하나이다. 이 구절은 과학사에서 가장 많이 인용되고 있으며 위인전에서 빠지지 않는 단골 에피소드이지만 이 내

갈릴레이의 무덤
갈릴레이의 유해는 1737년에 이탈리아 피렌체의 산타크로체 교회로 이장되었다.

용 역시 조작된 이야기에 지나지 않는다.

　자신의 주장이 전적으로 옳지 않다고 철회한 상태에서 갈릴레이가 재판관들 앞에서 그런 말을 했다는 것은 상상할 수 없는 일이다. 만약에 법정 모독죄에 해당하는 그런 발언을 들었다면 유머감각이라곤 눈곱만큼도 없는 재판관들이 곧바로 가혹한 형벌을 내렸을 것이 틀림없기 때문이다. 이런 말이 나온 것은 1757년에 인쇄된 그의 초상화에 적혀 있었던 것이 최초인데 그때는 그가 사망한 지 1백 년도 넘은 후이다. 갈릴레이가 과학사에 미친 영향을 생각할 때 후대에서 충분히 만들어낼 수 있는 이야기라는 뜻이다.

8. 전율의 아우슈비츠 수용소 | 수

백만의 유태인이 나치에 의해 학살되었는데도 그런 사실을 전 세계의 어느 누구도 알아채지 못했다. 나치에서 얼마나 철저하게 정보 유출을 통제했는지 전쟁이 끝날 때까지 독일인조차 그런 학살이 존재했다는 것을 믿지 않았다. 심지어는 학살의 대상자인 유태인조차 학살당하기 위해 수용소에 도착하기 직전까지 자신들이 학살된다는 것을 알지 못했다.

1949년에 영국에서 발간되어 전 세계적으로 무려 1천만 부 이상이나 팔린 조지 오웰의 작품 《1984》의 줄거리는 다음과 같다.

소설의 무대인 오세아니아는 4개의 통치기구를 갖고 있으나 그 위에는 당(黨)이라는 기구가 군림하고 있다. 당은 절대 권력으로 당이 말하고 생각하는 모든 것은 무조건 진실이다. 당이 인간의 마음을 지배하고 당의 의지에 의해서만 모든 것이 움직이는 것이다.

당에서는 텔레비전식 송수신 장치인 텔레스크린과 마이크로폰으로 사람들의 모든 말과 행동을 철저히 감시하고, 사상적으로 무장한 경찰과 어린이들을 동원하여 당의 이념과 다른 사고와 행위를 말살시킨다. 빅브라더로 표현되는 독재자는 독재권력을 절대화하고 유지시키기 위해 과거를 날조하거나 조작하는 것을 일삼는다.

이러한 모순과 인간성의 부재 속에서 주인공 윈스턴은 인간성을 갖고 있는 마지막 인간으로서 항거하다가 고문과 설득 등 갖가지 수법에 의해 변질되어 제 정신을 상실한 채 결국 사망한다.

조지 오웰이 이 소설을 쓴 동기는 소비에트 권력의 팽창, 원자무기의 위협, 영어의 타락, 유럽과 그밖의 지역에서 일어난 교활한 전체주의 사상에서 생긴 문화의 획일화 등이 그를 놀라게 하고 절망시켰기 때문이다. 이것은 제2차세계대전이 끝난 후 세계가 공산주의와 민주주의로 양분될 때 공산주의의 미래를 지적한 것이라 하여 서방국가로부터 대단한 인기를 끌었다. 곧바로 《1984》는 영화로 만들어졌고 TV 극으로도 상영되었다. 제목 자체만으로도 많은 사람들에게 억압과 전제 군주 국가의 상징으로 알려졌다.

《1984》에서 지적한 것과 유사한 상황이 실제로 지구상에 존재했다는 것을 알면 모두들 놀랄 것이다. 그것은 역사상 가장 믿을 수 없는 체제를 유지하였던 히틀러의 나치이다. 그들은 조지 오웰이 《1984》에서 지적했던 바로 그런 체제를 실제로 운영하면서 전 세계를 속였다.

실존한 빅브라더

현재는 영화나 책 등을 통해 나치의 유태인 학살에 대한 내용을 많이 알고 있지만 전 세계인들에게 그런 사실이 알려진 것은 얼마 되지 않는다. 나치가 유태인 학살 사실을 철저히 은폐했기 때문이다.

인종 학살이라는 말은 늘 인간의 역사와 함께 따라 다녔다. 역사 이래 의도적인 대량 학살이나 전쟁을 통한 학살 행위는 끊이지 않고 존재해 왔다. 아시리아인들이나 훈족의 학살, 남미 지역 스페인 정복자들의 인디언 학살, 보스니아인들에 대한 학살이 그 예이다.

그러나 이들도 나치가 제2차세계대전 때 유태인들에 행한 무자비한 학살에 비할 수는 없다는 데 거의 모두 동의한다. 더욱 충격적인 것은 독일이라는 나라는 베토벤, 바하, 바그너, 헨델, 괴테, 니체 등과 같은 걸출한 위인들을 배출한 세계 최고 문명국 중 하나라는 사실이다.

아우슈비츠 수용소의 입구 간판엔 이런 문구가 적혀 있다.

아우슈비츠 수용소 정문
입구 간판에는 '일하는 자만이 자유롭다'라는 간판이 설치되어 있다. 이 간판 아래로 약 3백만 명의 유대인들이 학살되었다.

'일하는 자만이 자유롭다'

그러나 이 간판이야말로 유태인을 속이기 위해 나치가 사용했던 거짓말을 극명하게 보여 주고 있다. 이 간판 아래로 약 3백만 명의 유태인, 즉 나치의 대학살에 희생된 총 유태인 수의 3분의 1이 자진하여 걸어 들어가 학살을 당했다(일부 자료는 1백10만~1백50만 명으로 추정).

대다수 유태인들은 자신들이 학살되리라고는 생각지 못했다. 수용소가 자신들의 새로운 거주지요, 노동 장소가 될 거라고 생각했던 것이다. 나치의 유태인 대학살은 처음부터 끝까지 매우 잘 짜여진 극본에 의해 철저히 은폐되었다는 뜻이다.

대학살의 진행 과정을 보자. 이 글에서 설명된 많은 부분은 골드버그의 《거짓말에 관한 진실》을 참조한 것이다.

유태인은 대체로 기차에 실려 죽음의 수용소로 가기까지 '게토'라는 유태인 거주 지역에서 살았다. 독일군은 자신들의 편의에 따라 게토의 주민들인 유태인들의 거주지를 옮기곤 했다. 그러므로 독일군이 게토의 유태인들을 죽음의 수용소로 이송시킬 때에도 평소와 같은 거주지 이주라고 말하였고 대부분의 유태인들이 그들의 말을 순수하게 믿었다.

일반적으로 사람들은 자신을 죽음으로 몰아간다는 것을 알게 되면 어떠한 방법으로든 저항하게 마련이다. 이왕 죽을 바에는 마지막까지라도 생존을 위해 항거하는 것이 자신을 위해서뿐만 아니라 살아 있는 다른 사람들을 위해서도 최선의 방법이기 때문이다.

그러나 독일군은 학살 자체를 철저히 숨긴 채, '유태인들은 현재 특수한 노동을 위해 차출되었고 그 임무를 위해 유럽 각지로 이송되고 있다'고 선전했다. 이것이 제2차세계대전 당시 유태인들이 믿을 수 없는 행동을 하게 만든 요인이다. 그 많은 유태인들이 죽음에서 탈피하려는 시도도 하지 않고 순순히 짐을 꾸려서 기차역으로 나선 것은 대부분의 유태인들이 독일측의 선전을 그대로 믿었다는 뜻이다.

죽음의 수용소로 이송되는 과정도 철저한 사기극이었다. 나치는 유태인들이 노역 봉사나 새로운 곳으로의 이주를 위해서 이송되고 있음을 믿게 하려고 그들에게 귀중품뿐만 아니라 노동 수단이 될 만한 것을 함께 갖고 오라고 했다. 그래서 기차에 오른 유태인들 중에는 의료 용구가 담긴 가방을 가져온 의사나 바이올린을 든 음악가, 심지어는 치과용 의자를 갖고 온 치과의사도 있었다. 그리스의 유태인들은 우크라이나에 상점을 내주겠다는 독일 정부의 계약서를 갖고 나오기도 했다.

유태인들의 짐 꾸러미 숫자를 하나나 둘로 제한한 것도 독일군의 기만적인 수법이다. 유태인은 혹시라도 생길지 모르는 빵과 자유를 얻기 위한 거래에 대비하여 자신들이 가장 중요하게 생각하는 돈과 귀중품을 우선적으로 챙길 것이라 나치는 예상했다. 그들의 예상은 적중하여 유태인들은 가방 속에 자신들의 전 재산을 갖고 나왔다. 그 가방만 챙기면 손쉽게 유태인의 재산을 강탈할 수 있었다.

종착역에 도착하고 나면 나치는 유태인들을 보다 편리하게 수용소로 몰아넣기 위해 여러 가지 기만술을 구사했다. 수용소 주변엔 꽃을 심어 놓고 유태인 음악가로 하여금 막 도착한 기차역에서 음악을 연주하도록 했다. 가스실로 몰아넣기 위해서는 누구나 수긍할 수 있는 말을 했다.

'살균과 소독을 위해 목욕을 해야 한다.'

몸을 씻을 비누까지 지급하는데 누구라도 속지 않을 수 없었다. 목욕을 하기 전에 벗어 놓은 옷을 반드시 단정하게 갤 것과 다시 입을 때를 위해 신분증을 옷 위에 남기라는 말도 덧붙였다. 가스실은 극악무도한 모습이 나타나지 않도록 진짜 목욕실처럼 가짜 샤워기와 가짜 하수구를 설치했다.

트레블린카 수용소는 도착한 사람들을 당일에 가스실로 보냈다. 그러나 나치는 이 수용소를 임시 수용소라고 설명했다. 골드버그는 폴란드와 독일어로 쓰인 다음과 같은 표지판을 유태인들이 읽도록 했다고 적었다.

'바르샤바에 온 유태인 여러분,
이곳은 이동용 임시 수용소이므로 여러분은 곧 다른 노동 수용소로 이송될 겁니다. 이곳에 온 모든 이들의 옷과 소지품은 전염병 예방 차원에서 소독됩니다. 귀금속이나 돈, 외환 등은 반드시 창구에 따로 맡기고 접수증을 받아야 합니다. 나중에 되돌려 받으려면 접수증이 꼭 있어야 합니다. 그리고 모든 유태인들은 여행을 계속하기 전에 청결과 위생을 위해서 목욕을 해야 합니다.'

트레블린카 수용소 책임자는 수용소가 임시 수용소처럼 보이도록 가짜 기차역 및 플랫폼을 건설했다. 또 플랫폼 건물엔 가짜 창문과 출입구가 설치되어 있었고 '표 파는 곳', '대기실', '안내', '휴게실', '열차 시간표' 등 기차역에 있는 모든 시설의 간판이 붙어 있었다.

이 사기극을 더욱 극적으로 만들기 위해서 나치는 한 번에 2백50명의 유태인이 16평방미터의 가스실로 들어갈 때조차 음악을 연주하도록 했다. 이 수용소에는 30개의 가스실이 있었는데 하루에 2만 5천 명까지 죽일 수 있었다. 그리고 유태인들이 가스실로 가고 있는 동안 이들을 감시하는 독일군들은 이렇게 말했다.

"빨리 빨리. 물이 식는다. 다른 사람들도 더운물을 써야 할 것 아닌가?"

이와 같이 교묘하게 계획된 절차에 의해 시행되었기 때문에 유태인들이 제대로 저항도 못 하고 양처럼 순하게 나치 학살자들의 명령에 복종한 것이다. 또한 그렇게 많은 유태인들의 저항이나 반란으로 골머리를 썩지 않으면서도 살육할 수 있었다.

전율의 아우슈비츠

나치가 유태인들에게 사용한 무기는 철저하게 계획된 언론 통제였다. 나치는 그들이 자행하고 있는 살인 만행에 대한 정보가 외부로 빠져나가지 않게 통제하기만 하면 전 세계인들이 그들의 만행을 알 수 없을 것이라고 생각했다. 그리고 사실이 그러했다.

가장 악명 높은 아우슈비츠는 폴란드 안에 만들어진 최초의 강제수용소로 1939년 독일이 폴란드를 점령한 지 얼마 안 되는 1940년 6월에 문을 열었다. www.dcafe.org에서 주요 내용을 인용한다.

아우슈비츠 수용소에 맨 처음 수용된 사람들은 대개 레지스탕스 운동에 가담했던 폴란드인들이었다. 이 당시는 유태인 추방이 시작되지 않았으므로 대부분 카톨릭 신자였지만 수용소측은 아우슈비츠가 어떻게 변할지 알고 있었다. 나치 친위대(SS) 대장이자 수용소를 책임지고 있던 카알 프리츠는 다음과 같이 말했다.

"너희들은 요양소에 들어온 것이 아니라 독일 집단 수용소에 들어왔다. 여기서 빠져나갈 수 있는 길은 굴뚝밖에 없다. 그것을 원하지 않는 사람은 철조망에 몸을 내던질 수도 있다. 수송돼 온 사람 가운데 유태인이 있으면 그들은 2주일 이상 살 권리가 없다."

초기에 일부 죄수들은 수시로 총살당했지만 죄수들에게 일자리가 분배되고 나서 생산성이 높아지자 상황은 변모되어 죄수들의 생존율이 늘기 시작했다. 그리고 1941년 6월, 독일이 소련을 침공한 후 소련군 포로들이 아우슈비츠로 보내지자 하인리히 히틀러는 그들로 하여금 이곳에서 3킬로미터쯤 떨어진 비르케나우(실제로 가스실이 있었던 장소)에 거대한 제2단지 수용소를 세우게 하였다.

대다수 소련군 포로들이 사망하자 악명 높은 수용소 소장 루돌프 헤스는 아우슈비츠 수용소를 유럽 유태인 문제를 최종적으로 해결하는 장소로 결정했다. 아우슈비츠에 독일이 점령한 각지로부터 유태인이 실려오자 비르케나우의 가스실이 본격적으로 가동되기 시작했다. 특히 게쉬타포에게 붙잡힌 유태인들은 곧바로 아우슈비츠로 향했으며 대부분이 도착하자마자 가스실로 향했다. 가스실로 직행하지 않은 사람들도 강제노동, 구타, 질병, 기아 등으로 6개월을 넘기지 못했으며 하루에 9천 명이 살해된 적도 있었다.

독일군 전차
폴란드 전선에서의 전격적인 승리는 위력적인 독일군 전차의 힘이 컸다. 나치는 폴란드를 점령한 직후부터 포로수용소를 건설했다.

열차에서 내리는 유태인들을 가스실로 데려가고 그들 시신을 시체 소각로로 끌고 가는 일을 한 만델바움은 당시의 정황을 자세히 전했다.

"사람들이 기차에서 내리면 탈의실에서 옷을 벗게 했는데 그들은 샤워하는 줄 알고 온 가족이 함께 들어가곤 했다. 가스실이 절반 이상 찰 때

쯤엔 뭔가 이상한 낌새를 채고 동요가 일 때면 경비원들이 몽둥이로 마구 갈겨댔다. 가스실에서 비명을 지르는 사람도 있고 체코 국가를 부른 집단도 있었으며 기도를 올리는 사람도 있었다."

이들이 사용하던 독가스는 지클론 B라고 부르는 결정성 분말 형태의 청산가스였다. 이 가스는 희생자의 폐를 마비시켜 질식사시키는데 지클론 B를 마신 후 죽음 직전에 이르렀다가 살아남은 사람이 단 한 명 있어 그 상황을 생생하게 증언했다. 소피아 리트빈스카라는 여자였는데 그녀는 가스실에 투입되어 가스 처형을 받던 도중에 불려나와 목숨을 구했다. 그녀의 증언은 다음과 같다.

"병원 블록이었던 제4블록에서 희생자 선별 작업이 있었습니다. 이 선별 작업을 위해 3천 명 이상의 유태인 여자들이 정렬했는데 침대를 나올 수 없는 사람들은 모두 번호를 적어 갔습니다. 이들은 당연히 죽음을 당했겠지요.

몸매가 예쁘지 않거나 너무 마른 여자들을 포함해서 선별자들의 마음에 들지 않는 여자들은 모두 번호가 적혔습니다. 내 번호도 적어 갔습니다. 다음날 다른 블록으로 이동했고 오후 5시 반경에 트럭이 도착하자 우리는 마치 동물처럼 발가벗겨진 채 트럭

아우슈비츠의 사체 소각로
하루 2천 구의 사체를 소각할 수 있었다.

에 태워져 어떤 건물 앞으로 옮겨졌습니다.

우리를 싣고 간 트럭들은 모래나 석탄 같은 짐을 부리듯 우리를 엎어 놓았고 우리는 즉시 어떤 방으로 들어갔는데 꼭 샤워장 같았습니다. 여기저기 수건과 스프레이가 걸려 있었고 거울까지 보였습니다. 사람들은 눈물을 흘리며 울기도 하고 서로에게 소리를 지르기도 했는데 갑자기 천장에 난 아주 작은 공기구멍을 통해서 연기가 스며들었습니다. 기침이 심하게 나오기 시작했고 눈에서는 눈물이 줄줄 흐르기 시작했으며 목이 막혀 질식사할 것 같은 공포감이 엄습해 왔습니다.

그 순간 내 이름이 호명되는 소리를 들었지만 대답할 힘조차 남아 있지 않아서 나는 그저 손만 들었지요. 그러자 누군가 와서 나를 그곳에서 끌어냈고 병원으로 데리고 갔습니다. 그때 마신 가스의 영향으로 나는 지금도 자주 두통이 있고 심장에 이상이 생깁니다."

공식적인 자료에 의하면 유태인은 최소 약 4백20만 명에서 5백70만 명이 대학살로 살해되었다고 발표되었다.

유태인들의 피해

나치는 유태인과 관련된 것이라면 어떤 것도 손을 대지 않겠다고 천명했지만 유태인들의 재산을 빼앗는 데 주저하지 않았다. 죽음의 수용소는 유태인 학살을 용이하게 만든 방법인 동시에 그들의 돈과 귀중품을 모두 빼앗을 수 있는 효과적인 수단이었다.

유태인들은 가스실로 들어가기 전에 자신들이 갖고 있는 모든 것을 체계적으로 빼앗겼다. 우선 강제 수용소의 하급 경비원과 카포라는 '모범수'로 구성된 사람들이 유태인들의 소지품을 조사한다. 유태인 가운데는 토지와 가옥의 몰수를 예상하고 재산 모두를 보석으로 바꾸어 갖고 있는 경우가 많았다.

몰수된 귀중품은 수용소 본부의 특별위원에게 넘겨지고 전문가에 의해 선별된다. 유태인이 좋아하는 금시계나 백금시계, 다이아몬드나 루비와 같은 보석은 물론 현찰도 적지 않았다. 한 사람의 몸에서 수만 파운드의 돈이 나온 경우도 있었다.

그뿐이 아니었다. 가스실에서 참혹한 죽음을 맞

전율의 부헨발트 수용소
수용소를 점령한 미군은 유대인의 사체더미를 발견하고 나치의 학살이 사실임을 증명했다.

고 체온이 채 가시지 않은 시체에서 금니와 백금을 뽑았다. 금니까지 뽑는다는 것이 이해가 되지 않는다는 사람도 있겠지만 수백만 명의 유태인을 계산해 보면 이야기가 달라진다. 티끌 모아 태산이 된다는 말같이 작은 금니가 금 막대기로 둔갑해서 매월 친위대 위생국으로 보내졌다.

금니를 시체에서 뽑는 것은 1925년 독일의 한 의사가 〈시체가 지닌 금〉이라는 논문에서 금니를 시체와 함께 매장하는 것은 낭비라며 시체로부터 금니를 뽑아야 한다고 주장하면서부터 시작되었다. 그는 시체에서 금을 빼는 것에 대해 사람들이 혐오스럽게 여길지도 모른다는 생각에 시체 해부가 당연시되고 있는 점을 상기시켰다. 게다가 금을 재생할 수 있는 가장 손쉬운 방법은 모든 시체를 소각하는 것이라고 제안했다. 그의 논문은 발표와 동시에 독일에서 대단한 관심을 끌었고 유태인이 죽어서 금을 갖고 간다는 것은 죄악이라는 생각까지 퍼졌다.

나치가 유태인들에게 빼앗은 재산은 이것뿐만이 아니다. 히틀러는 1933년에 정권을 잡자마자 유태인들의 재산을 계획적으로 약탈하려는 작업에 착수했다. 1933년 4월 독일인들은 유태인 상인으로부터 물건을 살 수 없도록 하는 등 유태인 배척 운동을 제도화했다. 1938년 11월에는 독일계 유태인을 재계에서 몰아내고 유태인 사회에 집단 벌금 10억 마르크를 부과한 법령이 공표됐다. 이어 유태인 소유의 상점, 기업 3만 9천개 가운데 80%가 독일인에 의해 접수되었다.

일부 유태인들은 자신들에게 닥칠 박해를 예상하고 해외로 탈출하려고 했지만 나치는 독일을 빠져나가려는 유태인에게 현금을 지닐 수 없도록 조치했다. 독일을 떠나는 유태인은 10마르크 이상 들고 나갈 수 없었는데 이것을 달러로 환산하면 2.5달러에 불과했다.

전쟁이 시작되자 나치는 독일뿐만 아니라 유럽 전역의 유태인들을 경제적으로나 육체적으로 파괴하는 데 전력을 다했다.

독일 은행은 유태인으로부터 빼앗은 금시계, 금귀고리 등의 재화로 익사할 정도였다. 은행측은 1942년 전리품을 현금화하기로 결정하고 베를린의 전당포에 그것들을 저당 잡혔다. 그러나 1944년 전당포란 전당포는 모두 유태인들로부터 약탈한 물건으로 흘러넘치자 더 이상 물건을 받을 수 없다고 말할 정도였다.

나치가 유태인으로부터 빼앗은 재화가 얼마나 되는가 하는 질문은 종전 뒤 나치의 전쟁 배상금을 산정한 기준으로도 알 수 있다. 유태인의 경제적인 손실은 당시 기준으로 1백20억 달러에 달했다.

1950년대에 구 서독은 나치 독일에 의해 희생된 50만 명의 유태인의 명예 회복과 약탈에 대한 배상금으로 1인당 평균 3천 달러, 총 150억 달러를 신생 이스라엘에 지급한다는 데 동의했다. 독일이 통합되기 전의 구 동독도 구 소련이 붕괴하자 비로소 자국 내에서 자행된 물리적 파괴 행위에 대해 일부 배상한다는 데 합의했다. 유럽의 유태인들이 입은 손실에는 수백만 명의 인명 손실뿐만 아니라 수천 개의 유태인 공동사회가 입은 손실도 포함되었다.

유태인 박해의 역사

전 세계에 있는 수많은 민족 중에서 유독 유태인에 대해 왜 이러한 박해가 공공연하게 자행되었는지 의아하게 생각하는 사람들이 많을 것이다. 유태인 박해를 당연시하던 인종주의는 나치 독일이 만들어낸 것이라고 생각하기 쉽지만 유태인 박해에 대한 기원은 무려 3세기까지 거슬러 올라간다. 유태인에 대한 공식적 박해는 그 당시 이집트의 알렉산드리아에서 신학과 철학을 가르쳤던 오리겐으로부터 유래한다는 것이 정설이다.

오리겐은 예수가 동정녀로부터 출생했다는 것을 믿지 않았으며 성경의 변개를 주도했다. 그의 주장 중에서 가장 중요한 것은 유태인들은 메시아를 거부했기 때문에 그로 인해 유태인들에게 주어진 모든 약속들은 더 이상 그들에게 해당되지 않는다는 것이었다. 말하자면 유태인들은 선민이 될 수 없다는 뜻이다. 그러므로 유태인들은 하나님의 저주를 받은 사악한 민족이며 그들이 부여받았다는 모든 약속은 교회가 물려받았다고 주장했다. 결론은 기독교인들은 유태인들이 하나님의 선민인 체하는 것을 용납해서는 안 된다고 했다.

유태인들에 대한 박해는 십자군 원정 때 절정에 이른다. 이슬람교도들이 점령한 이스라엘 땅을 탈환하겠다는 목적을 갖고 있는 이 성전은 회교도뿐만 아니라 예수를 죽인 민족인 유태인들에 대한 미움으로 바뀌어 유태인들에 대한 대학살이 자행되었다. 심지어는 제1차 십자군 원정 때 예루살렘에 거주했던 유태인들을 모두 살해했다.

이후에도 유태인에 대한 박해는 계속되었다. 유럽에서 유태인들은 건물이나 토지 등 부동산을 소유하지 못하게 막았으므로 대부분 현찰 거래, 즉 고리대금 등 금융 거래에 손을 대었다. 이것이 유태인들은 일을 하지 않고 약자들의 피를 빨아먹는 악한 민족이라는 인상을 유럽인들에게 깊이 심어 주게 된 요인이다.

유태인을 말살해야 한다는 근거인 인종주의의 근원도 역사를 따져 보면 독일이 아니라 프랑스이다. 고비노의 《인종 불평등론》(1853)에 따르면 오직 '아리안 인종'만이 문화를 발전시킬 수 있다. 이 순수 인종이 그 후 저질 인종들과 교잡을 통해 그 순수성을 잃었으므로 혈통을 정화하지 않는 한 인류는 영영 타락에서 벗어날 수 없다고 단언했다.

교잡을 통해 순수 인종이 타락하고 문명이 몰락한다는 고비노의 이론은 비관주의적 성격을 띤 것인데 그의 뒤를 이어 독일의 〈드 라프〉지가 과학기술을 이용해 고급 인종의 혈통을 보존할 수 있다고 주장했다. 선택교배와 단종수술이라는 인공도태법을 사용하면 아리아족의 인종적 순도를 높일 수 있다는 것이다. 이런 비관적인 인종이론이 낙관주의적 이론으로 변모하면 나치의 인종론으로 귀결된다.

히틀러가 반유대주의를 맹신하게 된 데는 《시온장로의정서(Protocols of the Learned Elders of Zion)》라는 책이 결정적인 역할을 한다. 이 책은 유태인 원로들의 24번에 걸친 비밀 회합 내용을 기록한 것으로 타민족들을 유태인 제국으로 흡수하기 위한 전략을 민주주의·사회주의·언론·예술 등의 각론으로 나누어 설명해 놓은 것이다.

이 책은 금세기초에 성경 다음으로 가장 많이 팔린 베스트셀러이다. 이 책의 저자는 아직까지 정확하게 알려지진 않았으나 프랑스어로 나왔던 첫 판이 쓰인 시기는 1894년이나 1897년으로 추정하고 있다. 이 당시는 프랑스에서 드레퓌스 사건(1894년 유태교의 프랑스 육군장군이 군사정보를 독일측에 통보한 편지의 범인으로 인정되어 군적과 계급이 박탈되고, 무기유형에 처해졌다. 그러나 그 뒤, 그의 무죄를 증명하는 유리한 증거가 발견되어 재심요구 운동이 활발해지고, 반(反)유대주의의 국가주의자들도 반격의 논설을 펴서, 사건은 정치투쟁으로 전환되었다. 이 사건은 반유대주의 · 반독일의 우익진영과 반군국주의 · 공화제 · 인권옹호의 좌익진영과의 사이에 뿌리 깊은 대립을 나타내고, 두 진영의 유명한 문학자도 모두 말려들어 제3공화제와 프랑스 근대사에 영향을 끼쳤다. 1906년 드레퓌스의 무죄가 최고재판소에 의하여 확정되어 사건은 종결되었으나 프랑스군은 1995년, 1백 년 만에 그의 무죄를 공식적으로 인정한다)으로 반유대주의가 활발했던 시기로서 책은 1903년에 러시아의 비밀경찰 후원하에 발간되었다. 그들이 이 책을 발간한 목적은 책의 내용에 분개한 많은 사람들이 반유대주의에 동참하도록 조장하기 위해서였다.

이 책은 여러 가지 내용을 짜깁기한 것이다. 1864년의 프랑스 나폴레옹 3세를 비난하는 내용의 허구적인 대화 문장이 거의 수정 없이 표절된 것은 물론, 헤르만이 발간한 《비아리츠》라는 소설의 일부도 도용했다. 역사학자 살로 배런은 《시온장로의정서》가 '20세기에 가장 위세를 떨친 최대의 사기'라고 말할 정도로 완전히 조작된 내용이라고 잘라 말했다.

《시온장로의정서》가 허위라는 사실이 드러났지만 이 책의 판매는 줄어들지 않고 더 많이 팔렸다. 번역본은 유럽의 거의 모든 나라에서 발간되었는데 특히 독일의 나치 정권에 의해 적극적으로 보급되었다.

《시온장로의정서》에 나와 있는 유태인의 음모를 가장 확고하게 믿었던 사람 중에 한 명이 바로 히틀러였다는 점이 유태인들에게는 불행이었다. 히틀러는 '나는 《시온장로의정서》가 아주 유익한 책이라는 사실을 깨달았다'고 말했고 '나는 단번에 그것을 우리 식대로 변형시켜야 한다는 느낌을 받았다. 우리는 유태인의 머리로 유태인을 이겨야 한다'고 주장했다.

히틀러는 1923년의 한 연설에서 독일의 인플레가 자꾸 격심해지는 것은 유태인의 음모 때문이라고 《시온장로의정서》의 한 구절을 인용했다.

《시온장로의정서》가 허구라고 밝혀졌음에도 히틀러는 오히려 더욱 더 깊은 믿음을 가졌다. 유태인들이 이 책을 '허구에 바탕을 둔' 것이라고 주장하는 자체가 '진짜임을 보여 주는 최고의 증거'라고 말했다. 특히 정치적 음모나 음모 방법, 혁명을 통한 전복이나 유언비어의 날조, 속임수, 조직화 방법 등을 《시온장로의정서》에서 도움 받았다고 인정했다. 히틀러의 유태인에 대한 증오는 다음과 같은 그의 유언장에도 나타난다.

'무엇보다도 나는 국가와 민족의 정부에게 모든 국가에 해독을 끼치는 국제주의 유태인들을 무자비하게 제한하고 저지하는 인종 차별 법규를 지지하라고 명령한다.'

《시온장로의정서》는 제2차세계대전 이후에도 계속 출판되고 있는데 특히 아랍권에서는 이 책을 적극적으로 홍보하고 있다. 나세르 이집트 대통령은 이 책의 진실성을 의심하지 않았고 사우디아라비아의 파이잘 국왕은 이 책을 자신의 애독서라면서 방문 기자들에게 증정까지 했다.

1988년 9월 이슬람 근본주의 테러단체인 하마스(HAMAS)는 이스라엘에 대한 성전을 촉구했는데 그들이 전쟁을 벌이는 가장 큰 이유는 《시온장로의정서》 때문이라고 발표했다. 그들이 발표한 근거는 다음과 같다.

"시온주의자들의 야욕은 그칠 줄 모른다. 저들은 팔레스타인에 이어 나일 강에서 유프라테스 강까지 팽창할 기회만을 노리고 있다. 《시온장로의정서》가 바로 그 증거이다."

유태인들이 항의하고 반박할수록 아이러니하게도 《시온장로의정서》는 더욱 더 잘 팔리고 있다. 거짓말이 거짓말을 생산한다는 것은 잘 알려져 있는 이야기이다. 특히 어떤 거짓말은 영원히 사라지지 않는다는 것을 생각하면 인간의 영악함은 존경스럽기까지 하다.

언론에서조차 가스실의 존재를 믿지 않아

놀라운 것은 제2차세계대전 중에 독일군이 설립한 각종 수용소에서의 유태인에 대한 학살이 일반인들에게는 전쟁 중에 전혀 알려지지 않았고 전쟁이 끝난 후 전범 재판을 할 때 나치의 간부들조차 전혀 모르고 있었다는 것이 확인되었다는 점이다.

사실 히틀러의 유태인 탄압에 대해서 일부 레지스탕스들은 비밀리에 첩자들을 잠입시켜 진상을 폭로하려고 했지만 독일측은 물론 서방측에서조차 이를 진실로 인정하지 않았다. 그런 보고를 받은 사람들의 대부분은 유태인들의 모함이라고 반응했다.

일반적으로 독일 국민들은 유태인들에 대한 이런 참상을 정확히 알지 못했기 때문에 이에 찬성한 적도 반대한 적도 없었다는 것이 옳은 이야기이다. 승전한 연합국조차 실제로 수용소를 눈으로 확인하기 전까지는 가스실의 존재에 대해 믿지 않으려 했다.

　1942년 레지스탕스 밀사이자 유태인 대학살을 서방측에 처음으로 알린 얀 카르스키가 레지스탕스 운동을 지원하는 공작 책임자를 맡고 있던 영국의 셀본 경과 나눈 이야기는 일련의 일들을 함축적으로 보여 준다. 카르스키는 1942년 독일군으로 위장한 채 유태인 수용소로 잠입해 나치의 유태인 학살을 목격한 후 자신이 본 참상을 설명하기 위해 셀본 경을 만났다. 그러나 카르스키가 자신이 폴란드에서 목격한 비참한 상황을 설명하자 셀본 경은 사무적으로 다음과 같이 말했다.

　"제1차세계대전 중 유럽에서는 독일군이 벨기에 아기들을 붙잡아 벽에 부딪쳐 머리를 박살낸다는 소문이 나돌았습니다. 우

| 히틀러의 마지막 모습

리는 그런 소문이 사실이 아님을 알았지만 저지하지 않았습니다. 우리 국민들의 사기 진작에 도움이 됐기 때문입니다."

악명 높은 아우슈비츠 수용소에서 탈출한 사람들의 수기도 간행되었다. 1944년 타보라는 폴란드 정치범이 다른 수감자와 함께 수용소의 전기철조망을 합선시킨 후 그것을 절단하고 수용소를 탈출하였다. 수용소의 참상을 그린 그의 수기는 런던의 폴란드 망명정부에 의해 배포되었다. 또 다른 충격적인 보고서는 두 명의 슬로바키아 유태인이 쓴 것으로 이를 통해 대량 가스 학살에 관한 상세한 이야기가 유태인 단체 및 서방 정부에 알려지기 시작했고 전쟁 기간 중에 언론매체는 정기적으로 유태인 학살에 대해 보도했다. 그러나 이 보도는 항상 뉴스의 뒷전으로 밀려났다. 1944년 〈뉴욕타임즈〉는 헝가리 유태인들이 학살당했다는 뉴스를 겨우 10센티미터짜리 기사로 취급했다. 전쟁이 끝나고 나서야 학살 뉴스가 전면기사로 게재되기 시작했다.

유태인 학살에 대한 언론사의 보도 태도가 이러했던 건 아마도 제1차 세계대전 당시 연합군측에서 독일인들의 잔혹 행위를 과장하여 선전했던 전력이 있기 때문에 서방기자들은 나치들의 잔혹한 만행을 진담으로 믿지 않았서였을 것이다.

생크먼은 히틀러가 유태인을 처음부터 의도적으로 학살하려고 했다는 주장에 대해 이의를 제기했다. 히틀러가 집권한 처음 몇 년 동안 히틀러는 유태인을 독일에서 추방시키는 것으로 만족했다는 것이다. 실제로 제2차세계대전이 발발하기 전인 1938년까지 나치는 거의 20만 명의 유태인을 독일에서 추방했다. 생크먼의 주장은 히틀러가 계속적으로 유태인을 추방하지 못한 이유는 유태인들을 받아주는 곳이 없었기 때문이라는 것이다.

사실 영국도 독일에서 유태인을 팔레스타인으로 추방하려는 계획을 모른 체했다. 1940년에 히틀러는 개인적으로 독일에 남아 있는 모든 유태인을 아프리카 해안의 프랑스령 마다가스카르 섬으로 추방하려는 제안을 승인하기도 했다. 이 계획이 불발에 그친 것은 영국이 해상로를 장악하고 있었기 때문이다. 결국 나치에 의해 수백만 명이 살해된 유태인 학살은 당시 주변국들의 이기적인 행동 때문에 일어났다는 뜻이다. 그렇다고 해도 유태인들의 학살에 대한 히틀러의 책임이 사라지는 것은 물론 아니다.

9. 비운의 아나스타샤 공주와 알렉세이 황태자

1988년 러시아 아스트라칸 주의 이크리아노이 마을에서 바실리 크세노폰토비치 필라토프라는 평범한 사람이 사망했다. 그는 고등학교에서 지리를 가르쳤는데 그가 그의 부인과 네 명의 자식(아들 한 명과 세 명의 딸)에게 마지막 남긴 유언은 세계를 깜짝 놀라게 하기에 충분했다. 그의 말에 의하면 자신은 니콜라이 2세의 아들인 알렉세이 황태자라는 것이었다.

1956년 아카데미 여우주연상은 스웨덴 출신 여배우 잉그리드 버그만에게 돌아갔다. 그녀가 출연한 영화 《아나스타샤》는 작품상을 수상하지는 못했지만 그 영화를 통해 그녀는 외국인 여배우로는 이례적으로 두 번째의 아카데미 여우주연상을 수상하여 많은 관심을 끌었다.
　영화의 줄거리는 이렇다. 몰락한 러시아 황실의 궁정장교였던 부닌(율 브린너)은 기억상실증에 걸린 여자가 러시아의 마지막 황제 니콜라이 2세의 막내딸 아나스타샤와 비슷한 것을 발견하고 그 여자를 진짜 아나스타샤로 둔갑시키려고 한다. 그녀가 아나스타샤로 인정받으면 러시아가 해외에 숨겨둔 수많은 재산을 독차지할 수 있기 때문이다. 영화는 잉그리드 버그만이 점점 기억을 찾아가면서 진짜 아나스타샤일지도 모른다는 뉘앙스를 풍긴다. 그러나 부닌과 그녀가 서로 사랑하게 되자 부닌의 흑막을 알고 있는 아나스타샤의 외할머니인 러시아 황후가 두 사람을 함께 사라지게 한다. 결국 잉그리드 버그만이 분했던 여자가 진짜 아나스타샤인지 아닌지는 의문으로 남겨진다.
　이 영화는 자신이 러시아 혁명 와중에서 살아남은 아나스타샤 공주라며 유럽의 사교계에 나타나 세계의 이목을 집중시켰던 한 여자의 이야기를 토대로 시나리오를 작성한 것이다. 그 여자는 진짜 아나스타샤와 여러 면에서 유사했으며 특히 러시아 황실의 일상생활에 대해 정통했다. 수많은 목격담과 증언을 통해 그녀의 진위에 대한 조사를 했지만 사람들의 의견은 거의 공통적이었다. 그녀가 진짜 아나스타샤일지라도 당시 유럽 사회와 복잡한 상속 문제 등을 고려할 때 아나스타샤로 인정받기 어려울 것이라는 거였다.

여하튼 영화《아나스타샤》는 당시의 화려한 궁정 의식과 의상 등을 정확하게 고증하여 호평을 받았으며 잉그리드 버그만은 유럽의 왕실 가족을 대표할 수 있는 가장 적격의 배우라고 알려지는 계기가 되었다. 잉그리드 버그만의 매력이 아나스타샤 공주의 전설이 퍼져나가는 데 지대한 공헌을 한 셈이다.

세상이 바뀌는 것을 거부한 러시아 황제

니콜라이 알렉산드로비치 로마노프(니콜라이 2세)는 알렉산더 3세와 마리 헤오도로브나 다그마르(덴마크의 공주) 사이에서 1868년 5월 6일 태어났다. 사실 알렉산더 3세는 러시아와 같은 대국을 통치할 수 있는 자질을 가진 사람이 아니었다. 그는 러시아 내부에 여러 가지 문제점이 있다는 것을 알고 있음에도 구체제를 옹호하는 데 열심이었다. 러시아를 제외한 세계 각국이 하루가 다르게 변하고 있었지만 그는 과거의 정통적인 방법, 즉 철권으로 정부를 유지하고 농부를 착취하는 데 앞장섰고 유태인을 특별히 싫어했다.

반면에 아들인 니콜라이 2세는 프랑스어, 영어, 독일어에 능통하고 뛰어난 사교술도 갖추고 있었으므로 현명한 군주가 되리란 모두의 기대 속에 1896년 5월 14일에 황제에 올랐다. 그는 아버지가 사망한 지 일주일 만에 약혼자인 헤스 다름스타트의 아릭스 공주(영국 빅토리아 여왕의 손녀딸)와 결혼했고 첫 딸인 올가는 1895년, 타티아나는 1897년, 마리는 1899년, 아나스타샤는 1901년, 그리고 황태자 알렉세이는 1904년에 낳았다.

문제는 니콜라이 2세가 황후인 아릭스와 결혼한 바로 그 사실이 러시아와 그들의 파멸을 앞당기는 계기가 되었다는 것이다. 니콜라이 2세와 결혼하여 알렉산드라 훼오

니콜라이 2세 가족
니콜라이 2세는 1남 4녀를 두었다. 우측에서 두 번째가 알렉세이 황태자, 세 번째가 아나스타샤 공주이다.

9. 비운의 아나스타샤 공주와 알렉세이 황태자 ▶ 213

도로브나로 개칭한 그녀는 니콜라이 2세보다 더 적극적으로 러시아 내정에 관여했다. 그녀의 결정적인 실책은 유명한 라스푸틴이라는 수도승에게 절대 권력을 쥐어 준 것이다. 그녀가 라스푸틴을 믿게 된 것은 그가 황태자인 알렉세이의 병을 낫게 해주었기 때문이다. 엉뚱한 마술사로 알려진 라스푸틴의 러시아 정치에 대한 개입은 꼬리에 꼬리를 물어 결국 러시아 황실의 파멸을 가지고 온다.

황제 일가 살해의 전말

1917년 3월 8일, 페트로그라드(상트페테르부르크)의 봉기를 시작으로 공산당의 러시아 혁명이 일어난다. 굶주린 민중의 분노로 폭발한 이 혁명으로 볼셰비키(러시아 사회민주주의 노동당)가 정권을 장악하게 되고, 니콜라이 2세는 폐위되며 황제 일가족은 왕궁에 포로로 갇히게 된다. 그들이 억류되어 있는 동안 러시아는 반혁명파인 백러시아군과 공산당과의 내전이 심화되고 있었다. 특히 반 볼셰비키의 깃발을 내세운 골챤크 제독은 시베리아에서 해방된 체코군 포로들로 백러시아군을 조직하여 니콜라이 2세 황제 일가를 구출하기 위해 에카테린부르크로 진격한다.

초기의 전황이 백러시아군에게 유리하게 전개되자 황제 일가가 곧바로 구출될 수 있다는 소문이 나돌았다. 전황이 급속도로 나빠지자 모스크바 중앙 정부는 황제가 구출된다면 공산주의 혁명에 중대한 타격이 될 것으로 판단하고 에카테린부르크 소비에트에 '로마노프 황제 일가를 총살하라'고 지시를 내린다.

1918년 7월 16일 저녁, 일가는 지하실로 내려가라는 명령을 받았다. 선천성 혈우병을 앓았던 13세의 왕위 계승자 알렉세이는 아버지를 의지하며 걸어 내려갔다. 잠시 뒤에 유태계의 시베리아인 유로프스키라는 이름의 간수가 외쳤다.

에카테린부르크의 이파티프 관
러시아 황제 일가족은 유폐된 이파티프 관에서 전원 사살되었다고 알려졌지만 아나스타샤 공주는 극적으로 탈출했다는 소문이 떠돌았다.

"니콜라스 알렉산드로비치, 네 부하가 너를 구출하려고 시도했으나 실패로 끝났다. 이제 너는 총살이다."

간수가 황제의 가슴을 권총으로 쏘았다. 황제는 쓰러졌고 이어서 다른 가족들이 그 자리에서 전원 사살되었다. 형의 집행 동안 총소리가 들리지 않게 건물 밖에서는 화물차가 엔진 소리를 계속 내고 있었다. 병사들은 처형된 11명의 시체를 트럭에 싣고 인근의 숲에 있는 광산으로 갔다. 그리고 시체들의 옷을 벗긴 후 황산을 붓고 석유로 시체를 불태운다.

며칠 후 에카테린부르크는 백러시아군에게 함락된다. 곧바로 황제 일가의 살해에 대한 조사가 실시되고 그 조사 결과는 니콜라이 소콜로프의 〈러시아 황제 일가 암살의 사법 조사〉라는 보고서로 발표되었다.

그러나 이 보고서는 많은 의문점을 갖고 있었다. 먼저 광산의 갱 안에 시체를 넣고 나서 왜 황산으로 처리했는가 하는 것이다. 사망했다는 사실만으로도 백러시아군의 사기를 꺾는 데 큰 도움이 될 텐데 굳이 다량의 황산까지 가져다가 죽은 사람들을 그렇게 처리해야 할 이유가 없다는 지적이다.

1970년 영국의 BBC는 이 사진에 대한 집중 조사를 기획하고 앤소니 섬머즈와 톰 맨골드를 조사위원으로 위촉한다.

여러 가지 자료를 조사하던 두 사람은 소콜로프가 사진 내용과 상관없이 임의로 사진을 조작하였다는 것을 밝혀냈다. 소콜로프는 보고서에서 '사체는 모두 황산에 담가졌다가 석유로 불태워졌다'고 했지만 병리학자들에 의하면 이와 같은 방법으로 건물 밖에서 사체를 처리할 수 없다고 한다. 그렇게 하면 뼈가 남게 된다는 것이다.

또한 공주들은 모두 머리가 어깨까지 늘어져 있었다. 그런데 살해 추정 장소인 이파티프 관에서 네 공주의 머리카락 다발이 발견되었고 황제의 수염도 발견되었다.

살해할 작정이었다면 무엇 때문에 머리나 수염을 잘랐을까? 일부 학자들은 황제의 수염은 매우 특이해서 만약 그들을 다른 장소로 이송시키기 위한 목적이라면 외모를 바꾸기 위해 충분히 가능한 일이라고 주장했다. 더구나 그들의 유체가 어디서도 발견되지 않았기 때문에 황태자와 황녀 중 한 사람은 살아 남았다는 등 이때부터 볼셰비키의 발표와는 달리 황제 일가가 살해되지 않았다는 소문이 퍼져나가기 시작했다.

아나스타샤 공주의 미스터리

17세의 아나스타샤가 죽은 지 2년 후인 1920년 2월 17일 저녁, 20세 정도의 여인이 베를린의 란드베르 운하에서 투신 자살을 하려다 구출되어 병원으로 옮겨진다. 자신의 신분을 밝히지 않고 외부인의 접촉을 꺼리던 이 여인은 2년 후 자신이 아나스타샤 공주라고 밝힌다. 그녀는 어떻게 그 총살의 현장에서 나올 수 있었는지 설명했다.

황제 일가에게 무차별 사격을 가한 후 병사들은 모두 사망했으리라 생각하고 밖으로 나갔다. 얼마 있다가 병사 중의 한 명이 학살 현장으로 들어왔다가 살아 있는 아나스타샤를 발견하곤 그녀를 데리고 루마니아로 가게 된다. 하지만 그 병사는 부카레스트의 시가전에서 목숨을 잃고 둘 사이에 태어난 아이는 고아원에 맡긴다.

"루마니아 당국에서 챠이코프스키 부인의 이름으로 여권을 발급해 주어 베를린으로 왔으나 살기가 어려워 자살을 기도했습니다."

니콜라이 2세의 4공주
좌측으로부터 아나스타샤, 올가, 타티아나, 마리

병원에 입원해 있던 챠이코프스키 부인이 아나스타샤 공주라는 것은 그녀의 손에 있는

머리를 깎은 황태자와 4공주
전염병이 돌자 모두 머리를 깎고 사진을 찍었다. 맨우측이 아나스타샤 공주.

상처를 보고 황후의 시종이었던 볼코프가 확인해 주었다.

"공주의 손에 상처가 나게 한 것은 바로 저였습니다. 제가 어느 날 공주의 손을 자동차 문에 찧게 했거든요."

러시아 황제의 딸인 아나스타샤 공주가 살아 있다는 사실은 유럽 왕가를 긴장시켰다. 그들은 아나스타샤라 자칭하는 챠이코프스키 부인의 존재를 믿으려 하지 않았고 그녀를 만나려고 하지도 않았다. 그것은 커다란 이권과 관계되는 문제였기 때문이다.

당시 니콜라이 2세가 엄청난 돈을 영국의 은행에 예치했다는 소문이 돌았다. 만약에 아나스타샤가 황제의 막내딸이라는 것이 확인되면 그 돈은 모두 그녀에게 돌아가기 때문에 러시아를 탈출한 황제의 인척들은 이 돈에 대한 어떠한 권리도 주장할 수 없게 되는 것이다.

그녀에 대한 확인 작업이 3년 동안 막후에서 이루어지다가 본격적으로 러시아 왕실 측근들에 의해 조사가 시작되었다. 알렉산드리아 황후의 여동생 올가 여대공과 러시아 황실의 가정교사를 지낸 적이 있는 피에르 질리아르 부부는 단호하게 그녀는 아나스타샤가 아니라고 발표한다.

챠이코프스키 부인이 아나스타샤 공주가 아니라는 사실을 증명하기 위해 제출된 몇 가지 증거는 다음과 같다.

우선 챠이코프스키 부인이 아나스타샤 공주의 서명을 연습한 신문지가 발견되었다. 1925년 네 명의 공주가 찍은 사진 위에 아나스타샤 공주가 서명을 한 적이 있었는데 이 사진이 실린 신문지였다.

신체적으로도 차이가 났다. 귀가 서로 달랐던 것이다. 아나스타샤 공주의 귀는 안으로 말린 모양으로 위쪽이 길쭉한데 반해 챠이코프스키 부인은 둥그렇게 평범한 모양이었다. 또한 그녀가 러시아말을 전혀 못한다는 것을 지적했다. 그러나 그녀는 러시아에서 연설했을 때 러시아 말을 이해했고 다른 나라 말로 답변했다. 그것은 그녀가 자기 가족을 죽인 사람들의 언어를 사용하지 않으려 했기 때문이라고 생각되었다.

챠이코프스키 부인이 아나스타샤 공주라는 주장도 끊이질 않았다. 아나스타샤의 숙부인 안드레이 대공은 챠이코프스키 부인이 아나스타샤임을 확신했다. 아나스타샤는 안드레이 대공이 1916년 러시아를 방문했다고 말했는데 안드레이 대공은 이 사실을 계속해서 부인하다가 결국 비밀리에 여행한 적이 있다고 증언했다. 안드레이 대공 뿐만 아니라 많은 황실 사람들이 챠이코프스키 부인을 진짜 아나스타샤 공주라고 생각하게 되는 결정적인 이유 중의 하나였다.

서명 연습
챠이코프스키 부인이 아나스타샤 공주의 서명을 연습했다는 것을 보여 주는 신문조각.

이런 상반된 의견들이 계속 나오자 많은 사

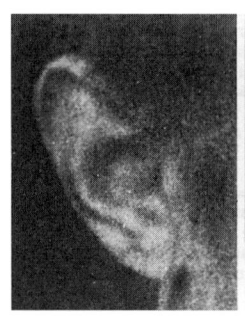 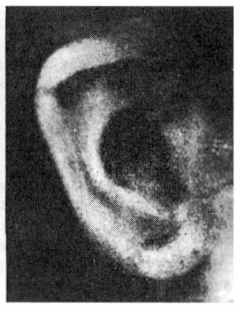

귀 사진
좌측은 1912년에 촬영한 아나스타샤 공주의 사진이고 우측은 챠이코프스키 부인의 귀 사진이다. 한눈에 보아도 차이가 나는 것을 알 수 있다.

람들은 점점 러시아 황제 일가의 이야기에 빠져들기 시작했고 세계의 언론은 그녀가 진짜냐 가짜냐를 두고 연일 기사를 쏟아냈다.

1938년, 챠이코프스키 부인은 독일의 법률가에게 의뢰하여 자신의 권리를 찾는 작업에 착수한다. 자신이 아나스타샤 공주이고 외국의 은행에 맡겨둔 러시아 황실 재산에 대한 그녀의 몫을 찾자는 것이었다. 러시아를 탈출한 황제 인척들은 그녀가 가짜라며 연합 전선을 구축하여 소송에 대비했다.

세인들의 관심을 모으며 소송이 진행되는 동안 챠이코프스키 부인은 미국에서 안나 앤더슨이라는 이름으로 바꾸고 버지니아 대학의 역사학 교수인 존 맥나한과 결혼을 했다.

그러나 20년이 넘게 걸린 이 소송에서 그녀가 모두 패소하고 말았다. 1961년 5월 15일 독일 함브루크에서 내려진 판결은 다음과 같은 이유로 그녀는 아나스타샤 공주가 아니라고 선언했다.

1. 그녀는 재판정에서 요구한 신체검사와 언어 검사서를 제출하지 않았다.
2. 재판 기록에 의하면 그녀는 러시아를 모르고 있었다.
3. 1926년까지 그녀는 독일어밖에 구사할 줄 몰랐으며 그후에 영어를 배웠다. 러시아 황실에서 함께 지냈던 사람들과도 독일어

로만 언어 소통이 가능했다.
4. 많은 증인들이 앤더슨 부인을 아나스타샤로 알아보지 못했을 뿐 아니라 앤더슨 부인 역시 그 증인들을 아무도 알지 못했다.

이 재판에서 결정적인 발언을 한 사람은 한스 메이어라는 인물이었다. 그는 오스트리아인으로 처형의 날 밤에 황제의 일가가 모두 쓰러지는 것을 보았다고 진술했다. 메이어는 아나스타샤에게 유리한 증언을 하겠다며 많은 보수를 요구했지만, 그녀가 이를 단호하게 거절하자 그녀에 대해 불리한 증언을 했다는 것이 나중에 밝혀지기도 했다.

황제 일가를 처형한 장병은 3명이었다

니콜라이 2세 가족의 처형에 대해서는 여러 가지 증언이 있는데 이중에서 그들을 처형한 사람은 12명이 아니라 자신을 포함하여 3명이며 현장에서 아나스타샤가 분명히 사망한 것을 목격했다는 증언자도 나타났다. 자신이 황제 일가를 처형했다는 장본인은 추후에 에카테린부르크(스베르들로프스크)에 있는 형무소 소장직에 있던 에루마고프이다. 그는 자신이 죽기 직전인 1935년에 미국인 리처드 하리버튼에게 로마노프 왕조 학살의 진상을 털어놓았다. 강태원의 《세계의 기담》에서 주로 인용한다.

'로마노프 황제 일가를 즉시 처형하라'는 지령을 받은 모스크바의 처형 책임자인 유로프스키는 에카테린부르크에서 출생한 토착민으로 지방 지리에 밝은 에르마고프와 그의 조수 바가노프를 처형자로 선발했다.

처형 임무도 정해졌는데 유로프스키가 황제와 황태자를 담당하고 에루마고프는 황후, 포드킨, 요리사, 시종 네 명을 맡고 바가노프가 네 명의 공주와 황후의 시녀를 맡았다. 황제 일가와 시종들을 처형 장소에 모이게 한 것 등은 전술한 내용과 일치한다. 황제 일가가 이송될 것이라는 말에 아무런 의심도 하지 않고 좁은 집합 장소에 모이자 유로프스키가 사형선고서를 읽었다.

"우랄 소비에트 위원회는 당신이 러시아 인민에 대해서 범한 죄과로 당신과 그 가족을 사형에 처하기로 결정했소."

황제가 그 뜻을 이해하지 못하고 '무슨 뜻이냐'고 질문하자 유로프스키는 대답 대신 황제의 얼굴을 향해서 권총을 발사했다는 내용도 소문과 일치한다. 그러나 에르마고프는 그 당시 처형 현장의 상황을 매우 구체적으로 진술했다.

유로프스키가 쏜 총알은 황제의 머리를 뚫고 나가 즉사하면서 몸은 바닥에 쓰러졌다. 황제가 사망하자 유로프스키는 곧바로 의자에 앉아 있던 황태자를 쏴서 의자에서 굴러 떨어지게 했지만 황태자는 곧바로 사망하지 않았다.

에루마고프는 황후를 향해 모젤총을 발사했고 총알이 그녀의 입 속을 뚫고 들어갔다. 그는 시의인 보투킨을 쐈으며 요리사의 가슴과 머리에 총알을 명중시켰다.

바가노프는 황녀들을 쐈으며 그녀들은 바닥에 겹쳐져서 엎어진 채 신음하면서 죽어 갔다. 에루마고프는 시종들은 누가 쏘았는지 모르겠다고 증언했다.

에루마고프는 처형장 안은 환기가 잘 되지 않았으므로 탄환 연기로 인해 완전히 죽었는지는 그 자리에서 정확하게 확인할 수 없었다고 했다. 시녀인 안나가 두 개의 쿠션을 끌어안고 죽었는데 나중에 그 쿠션 속에서 보석상자가 나왔다고도 증언했다.

황제 일가를 모두 처형한 세 명은 방 밖에서 대기 중이던 위병들을 불러들였고 그들은 곤봉과 총검으로 한 사람씩 확인하면서 살아 있던 생존자들을 모두 살해하기 시작했다. 그때까지 아나스타샤도 숨이 남아 있었는데 위병 중 한 명이 그녀를 굴리자 비명을 질러 그는 라이플의 개머리판으로 아나스타샤를 때려서 죽였다.

처형이 끝나자 유로프스키는 시체들의 모자와 코트를 벗기게 하고 목걸이, 시계, 반지 등 귀중품을 한 곳으로 모으게 했다. 시체들은 모포에 싸서 대기 중인 트럭에 실었다. 유로프스키는 뒤처리를 위해 남고 에루마고프와 바가노프가 그들의 시체를 18킬로미터 떨어진 폐광으로 옮겼다.

그때의 시각이 새벽 4시, 날이 밝을 때까지 시체를 태우는 것이 시간적으로 불가능하기 때문에 시체들을 폐광 속에 숨기고 바가노프와 위병 1개 소대가 지켰다. 그날 밤 10시경부터 에루마고프가 시체를 처리했다. 시체들의 옷을 모조리 벗기자 황후의 속옷에서 많은 다이아몬드가 나왔다. 공주들의 옷에서도 보석들이 나왔는데 그것들은 모두 빼낸 후 옷을 따로 모아 불을 붙였다.

시체들은 그곳에서 2킬로미터 떨어진 또 다른 폐광으로 운반했다. 옷가지와 시체를 따로 불태운 것은 백러시아군이 점령했을 때 시신 확인을 어렵게 하기 위해서였다. 장작 위에 처형된 시체들을 놓고 가솔린 다섯 통과 황산 두 통을 붓고 불을 붙였다. 에루마고프는 손톱 한 개라도 남지 않도록 모두 태워 재로 만들어야 했기 때문에 두개골을 태우는 데 상당한 가솔린과 시간이 걸렸다고 말했다. 시체를 모두 재로 만든 후 길에 버렸다.

에루마고프의 증언은 사실적인 정황을 설명한 여러 부분에서 신빙성을 인정받았으나 그가 모든 시체를 완전히 소각했다는 것은 추후의 발굴에 의해 진실이 아니라는 것이 확인되었다. 그러나 에루마고프가 증언한 시기가 1935년이었기 때문에 아나스타샤의 전설은 계속 이어졌다.

밝혀지는 진실

1979년, 에카테린부르크에서 약 30킬로미터 떨어진 공동묘지에서 작가 랴보프와 지구물리학자 아브도닌 박사가 이끄는 연구팀은 황제 일가의 유체 11구를 발견했다고 발표했다. 그 유골은 니콜라이 2세와 황후, 5명의 아이들과 시종들의 것이라고 보도되었다.

발굴된 유체는 발표와는 달리 모두 9구였고, 각각 완전한 골격의 15~50%가 남아 있었다. 이들이 니콜라이 황제 일가의 유체일 가능성은 충분했다. 그러나 이럴 경우 일가 중 2명의 유체가 부족했다. 이것은 알렉세이와 공주 중의 한 사람이 따로 처형됐다는 설이나 두 사람이 혁명을 피해 도망갔다는 설과 일치하는 셈이었다.

증거를 확보하기 위해 미토콘드리아 DNA의 해석이 사용되었다. 미토콘드리아는 세포질에 다수 존재하는 세포소 기관으로 모계의 생식 세포를 통해서만 유전된다. 핵과는 별도로 독자적인 DNA를 갖고 있으므로 그 DNA 배열을 통해 모계를 조사할 수 있다. 더구나 핵 DNA에 비해 미토콘드리아 DNA는 세포 안에 많이 존재하기 때문에 낡은 표본에서도 보존 상태가 좋은 경우가 많다. 4천 년이나 지난 이집트 미라의 DNA 해석이 가능한 것도 이런 이유 때문이다.

1994년에 연구팀은 보다 신뢰성이 높은 시료로서 1899년에 사망한 니콜라이 2세의 동생 게오르기 로마노프 대공의 유골을 발굴하여 니콜라이 2세의 DNA와 비교하기로 했다. 예상대로 이 유체가 러시아 최후의 황제 니콜라이 2세의 것이라고 판정되었다.

최종 결과, 그 유골들은 황제 부부, 올가, 마리, 타티아나 공주와 4명의 시종들이었고 알렉세이 황태자와 아나스타샤 공주의 유골은 발견되지 않았다.

그렇다면 자신이 아나스타샤 공주라고 주장했던 챠이코프스키 부인이 정말로 학살현장에서 살아난 것일까?

니콜라이 2세의 신원을 확인하는 데 참가했던 연구팀은 단호하게 챠이코프스키 부인은 가짜라고 단언한다. 방대한 자료를 조사하여 그녀가 사실은 1920년 2월 15일 베를린의 윈덴게르 부인의 집에서 갑자기 사라진 폴란드 여인 프란지스카라고 발표했다.

1922년 여름 프란지스카는 보호받고 있던 클라이스트 남작의 집에서 잠시 나와 빈덴게르 부인의 집에 나타나 그녀가 입었던 옷을 남겨둔 적이 있었다. 그것은 클라이스트 남작이 직접 구입하여 챠이코프스키 부인에게 선물했던 옷이라는 것이 나중에 확인되었다. 또한 프란지스카의 고향에 챠이코프스키 부인의 사진을 가지고 가서 보여 주었더니 모두들 프란지스카가 틀림없다고 증언했다. 그녀는 1916년과 1917년에도 정신병원에 입원한 적이 있었고 손에 생긴 상처도 면도칼로 크게 다친 것이라고 프란지스카의 가족들이 말했다.

여하튼 아나스타샤 공주 행세를 하면서 추후에 앤더슨 부인이 된 여자는 자신이 아나스타샤 공주라는 것을 끝까지 주장하면서 1984년 2월 폐렴에 걸려 사망하였다. 그녀의 사망으로 아나스타샤 공주에 대한 전설은 사라지는 듯했다. 그런데 1992년 러시아에서 황제 일가가 묻힌 곳에 황태자와 아나스타샤의 유골을 발견하지 못했다고 발표하자 그녀가 진짜 아나스타샤 공주일지도 모른다는 추측이 일어났다.

그녀에 대한 조사는 생각보다 쉽게 진행되었다. 다행히도 그녀가 사망하기 4년 반 전에 장 수술을 받았을 때의 조직이 보관되어 있었기 때문이다. 1994년 드디어 이 조직 시료를 대상으로 DNA 검사가 이루어졌다.

결론은 예상한 대로였다. 그녀는 로마노프 가족과는 관련이 전혀 없었고 폴란드의 가족과 유전자가 일치했다.

20세기초에 세계를 깜짝 놀라게 한 소설과 같은 이야기가 사실은 교묘하게 조작된 사기극이라는 뜻이다. 인간이 얼마나 영악스러운 거짓말을 할 수 있다는 것은 이와 같은 사기 사건으로도 잘 알 수 있다. 특히 그녀가 정신병원에서 2년간이나 자신의 신분을 철저히 함구하였다는 것도 사전에 계획된 것이다.

아나스타샤 공주가 표방한 거짓말, 즉 정교하게 조작된 사기는 오히려 사실로 인정받기 쉽다. 러시아 황제의 일가에 대한 사건 자체가 워낙 극비의 일인 동시에 그들의 생활 역시 일반인들이 접근할 수 없고 소문에만 의지할 수밖에 없기 때문이다.

알렉세이 황태자는 살해되지 않았다

사건은 여기에서 끝나지 않았다. 1988년 아스트라칸 주의 이크리아노이 마을에서 지리 선생인 바실리 크세노폰토비치 필라토프가 사망하기 직전에 자신의 비밀, 즉 자신이 니콜라이 2세의 아들인 알렉세이 황태자라고 털어놓았다. 자신은 1918년 처형 현장에서 죽지 않고 부상당했는데 그들을 처형한 병사 중의 한 명인 스트레코닌이 그를 극적으로 구출했다는 것이다. 특히 필라토프가 자신의 신원을 밝혔을 당시는 에카테린부르크에서 발견된 황제 일가의 유골을 검사한 결과 황태자의 유골이 발견되지 않았다고 공식적으로 발표되기 전이었다.

물론 바실리 크세노폰토비치 필라토프와 알렉세이와는 기록상에 약간의 차이가 있었다. 우선 알렉세이는 1904년에 태어났는데 바실리 크세노폰토비치 필라토프는 공식적으로 1907년 12월 22일 크세노폰 아파나시에비치 필라토프와 엘레나 파브로브나 필라토바의 아들로 태어났기 때문이다. 바실리 크세노폰토비치 필라토프의 출생 기록은 세례를 받은 교회에도 적혀 있으므로 두 사람 사이에서 아이가 태어났다는 것은 틀림없는 일이었다.

크세노폰 필라토프는 구두 제화공이었는데 바실리 크세노폰토비치 필라토프가 알렉세이라면 그는 크세노폰 필라토프와 단 몇 년밖에 함께 살지 않은 것이 된다. 바실리 필라토프는 1921년에 사망했고 더구나 엘레나는 1917년에 사망했으므로 알렉세이가 엘레나를 알 수는 없다.

여하튼 바실리 크세노폰토비치 필라토프의 공식 기록에 의하면 그는 1918년에 초등학교를 졸업했고 1921년부터 1930년까지 구두제화공으로 있다가 1934년에 우랄에 있는 노동자 교육학교를 졸업했다. 1936년에는 중학교 교사가 될 수 있는 시험에 통과하여 중학교 교사로 재출발한다. 1938년에는 고등학교 지리 교사 자격을 획득하여 여러 학교에서 학생들을 가르쳤고 1953년에는 수학 선생인 쿠즈미니슈나 크리멘코바와 결혼했다.

바실리 크세노폰토비치 필라토프가 죽으면서 유언한 이야기는 곧바로 퍼져나가 그의 말이 사실인지에 대한 조사가 진행되었다. 조사가 진행되자마자 조사원들은 곧바로 놀라운 사실을 발견했다. 바실리 크세노폰토비치 필라토프의 4명의 아이들이 로마노프 황제 가족들과 매우 닮았다는 것이다.

그들의 유사성에 놀란 과학자 안드레이 바렌티노비치 코바리오프와 레오니도비치 포포프는 독일의 뒤셀도르프에 있는 하인리히 하이네 대학의 법의학 교수 본테에게 이들 가족과 로마노프 가족 사이의 연관성을 의뢰했다. 결론은 다음과 같았다.

"바실리 크세노폰토비치 필라토프의 자식들과 로마노프 황제 가족과는 14군데에서 공통점을 보이고 있다. 특히 해부학적으로 보아 목뼈를 비롯한 등뼈의 골격이 유사하며 DNA 분석에서도 혈족임이 드러났다."

DNA 분석에서도 바실리 크세노폰토비치 필라토프의 자식들이 로마노프 황제의 가족들과 닮았

알렉세이 황태자
좌측 : 1918년에 촬영한 사진
우측 : 황태자가 라스푸틴 수도승의 얼굴이 있는 목걸이를 걸고 있다.

다고는 하지만 막상 당사자인 필라토프가 사망했기 때문에 그로부터 직접적인 증거를 확보할 수 없었다. 조사원들은 보다 정확한 증거를 확보하기 위해 조사를 계속했다.

증거는 계속 축적되었다. 1939년부터 1985년까지 바실리 크세노폰토비치 필라토프의 필적과 1916년부터 1918년까지의 황태자 알렉세이의 필적을 비교한 결과 같은 사람이 쓴 것으로 필적감정사가 확인했다. 과학적으로 연령에 따라 얼굴의 형태가 변하는 것을 추적하는 비교 분석에 있어서도 알렉세이와 필라토프가 동일인이라는 결론이었다.

생전에 그의 개인적인 행적도 다소 달랐다. 그는 매우 가정적이었으며 구두 제화공의 아들이라고는 믿기지 않을 정도로 문학, 미술, 음악에 조예가 깊었다. 저녁마다 그는 가족들이 모인 자리에서 책을 큰 소리로 읽었고 악기를 직접 다뤘다. 오르간, 피아노, 하프시코드, 아코디온을 다룰

줄 알았고 베토벤, 챠이코프스키, 쇼팽 등 고전 음악을 잘 쳤다. 더구나 러시아의 민속 음악은 물론 발라드와 오페라 아리아도 잘 알고 있었다.

바실리 크세노폰토비치 필라토프는 러시아의 역사를 잘 알았고 특히 러시아의 군대 역사, 즉 전쟁사에 대해 아이들에게 자세히 이야기하곤 했다. 또한 그는 매년 새해를 맞이하여 항상 집안을 축제 장소로 만들었다. 가족들은 모두 장난감이나 장식품들을 만들어 집안의 천장까지 닿는 나무를 장식했고 새해가 될 때 선물을 교환했다. 특히 큰아이들은 보다 작은아이들을 보살피도록 항상 주의를 주었다.

그런 행동은 전통적으로 러시아 상류사회에서 교육받은 사람에게 나타나는 것이었다. 로마노프 가족을 잘 알고 있는 조지 사벨스키 신부는 가족을 서로 보살피는 것은 황제 가족의 전통이라고 말했다. 그의 가정교사인 질리아르도 니콜라이 2세가 어린 공주들과 황태자가 있는 데서 큰소리로 글을 읽었으며 어린아이들을 자상하게 보살폈다고 말했다.

제정시대의 지방장관이었던 바실리 판크라토프는 니콜라이 2세가 러시아의 역사를 자주 이야기해 주었다고 했다. 황제의 역사 지식은 틀린 곳이 많았으나 전쟁사는 매우 잘 숙지하고 있었다고 술회했다.

바실리 크세노폰토비치 필라토프의 아들인 오레그 필라토프는 그의 아버지에 대해 다음과 같이 말했다.

"아버지는 시기가 서로 다른 전쟁사를 우리들에게 자주 이야기해 주었다. 아버지는 매우 열정을 갖고 부대의 혼란이나 특정 전투의 주력부대의 배치를 상세하게 설명했다. 나의 아버지는 자신이 그 전투에 참가한 사람처럼 세세한 면까지 매우 잘 알고 있었다."

놀라운 것은 바실리 크세노폰토비치 필라토프가 수많은 국가의 언어를 알고 있었다는 것이다. 독일어, 그리스어, 라틴어, 영어, 프랑스어를 숙지하고 있었고 푸슈킨, 체홉, 괴테는 물론 많은 작가들의 시를 외우고 있었다. 공식적으로 바실리 크세노폰토비치 필라토프는 10살에 초등학교를 졸업하고 13살부터 22살까지 제화공으로 일했는데 그 모든 것이 교육을 제대로 받지 못한 구두 제화공의 아들이 어려서 접할 수 있는 분야는 아니었다. 구두 제화공의 경력으로 수많은 악기를 다루고 여러 가지 언어를 할 수 있으며 시를 외운다는 것은 더 더욱 불가능한 일이었다.

그뿐이 아니다. 황태자는 혈우병을 앓고 있었는

| 알렉세이와 필라토프
알렉세이 황태자와 필라토프의 얼굴 골격이 유사함을 보여 준다.
—오레그 필라토프 소재

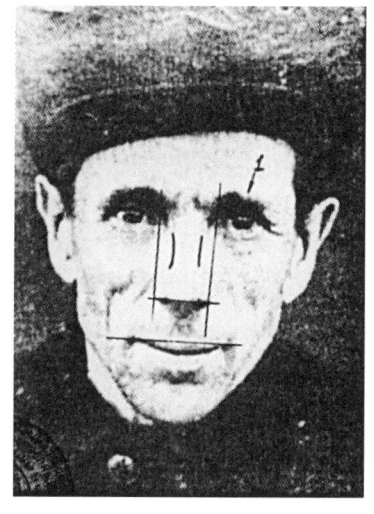

9. 비운의 아나스타샤 공주와 알렉세이 황태자 ▶ 231

데 바실리 크세노폰토비치 필라토프가 군대에 가지 않은 이유로 혈액에 질병이 있기 때문이라고 신체검사서에 적혀 있었다. 바실리 크세노폰토비치 필라토프가 혈우병의 징후를 갖고 있다는 기록도 많이 남아 있었다. 그가 49세인 1953년에 큰아들인 올레그 바실리에비치 필라토프를 낳았는데 그는 혈우병의 징조가 있는 금발머리를 갖고 있다. 또한 한 명의 딸도 같은 징후를 보였다.

그러나 혈우병 때문에 바실리 크세노폰토비치 필라토프가 알렉세이가 아니라는 반론이 제기되기도 했다. 바실리 크세노폰토비치 필라토프가 정

오레그 필라토프
필라토프의 아들로 1998년에 찍은 사진으로 니콜라이 2세의 얼굴과 닮은 것을 확실히 알 수 있다.
-오레그 필라토프 소장

말로 알렉세이라고 하면 혈우병을 갖고 있는데도 불구하고 무려 84살까지 살기는 어려웠을 거라는 추측이다. 그의 부인은 남편이 단 한 번도 병원에 간 적이 없다고 말할 정도로 바실리 크세노폰토비치 필라토프

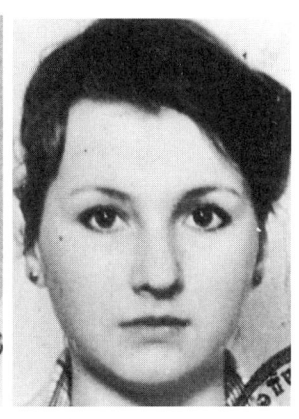

해르팅 필라토프
필라토프의 딸(우측)로 1982년 촬영한 사진은 알렉산드라 훼오도로브나 황후와 닮았다.
－오레그 필라토프 소장

는 건강했다. 이에 대한 반론은 간단하게 확인되었다. 조사원들은 혈우병 센터에서 혈우병 환자임에도 불구하고 바실리 크세노폰토비치 필라토프와 마찬가지로 장수하는 경우가 적지 않다는 것을 발견했다.

바실리 크세노폰토비치 필라토프가 알렉세이 황태자라면 아나스타샤 공주의 가짜 사건에서도 가장 큰 의문점으로 지적된 것이지만 그가 어떻게 살아 있을 수 있는가였다. 처형의 날 알렉세이가 살아남지 못했다면 모든 내용이 거짓이 되기 때문이다.

바실리 크세노폰토비치 필라토프가 밝힌 최후의 날

바실리 크세노폰토비치 필라토프는 앤더슨 부인과는 달리 명쾌하게

자신이 살아난 과정에 대해 설명했다. 그가 가족에게 직접 말한 것을 토대로 조사원들이 작성한 시나리오는 다음과 같았다.

3평도 안 되는 작은 방에 알렉세이를 비롯한 11명이 모여 있었는데 그들을 처형하려고 모인 장병은 모두 12명이었다. 좁은 방에서 처형 책임자인 유로프스키의 명령에 따라 장병들은 무자비하게 총을 난사했다. 이 설명은 에루마고프의 3명만이 처형장에 들어왔다는 것과 다소 다르나 에루마고프도 자신들이 먼저 황제 일가를 처형하고 추후에 장병들이 확인 사살하였다고 말한 것을 감안할 때 정황 설명이 크게 다른 것은 아니지만 여하튼 필라토프는 처음부터 12명이 학살 장소에 있었다고 증언했다.

그런데 이변이 일어났다. 학살의 장소가 너무나 좁았기 때문이다. 좁은 방에서 모든 총이 동시에 불을 품었기 때문에 곧바로 연기가 방에 꽉 찼다. 앞이 안 보이는 것은 물론 장병들은 기침을 하고 눈물을 흘렸다. 몇 명이 구토까지 하자 장병들은 곧바로 방을 빠져나갔는데 시간이 없었는지 다시 들어오더니 희생자들이 살았는지 죽었는지도 확인하지도 않고 곧바로 트럭에 희생자들을 옮기기 시작했다.

처형장에서 트럭까지 희생자들을 옮기는 시간은 5분에서 10분의 시간이었는데 그동안 유로프스키는 현장을 비웠다. 유로프스키가 다시 현장에 돌아와서 처형에 동원된 장병들 중 몇몇이 희생자들의 보석을 훔쳐서 도망간 것을 알았다. 유로프스키는 곧바로 도망간 장병들을 찾아 약탈된 물건들을 내놓으라고 윽박지르는 동안 12명의 처형자 중의 한 명인 스트레코틴이 알렉세이가 살아 있는 것을 발견했다.

문제는 희생자들을 매장 장소까지 옮길 트럭이었다. 트럭은 50마력도 되지 않는 1.5톤의 피아트였는데 과적에다 도로 상황이 좋지 않은 곳을 달렸는지 엔진이 과열되어 중도에서 정지했다. 자동차에 큰 문제점이 생겼다는 것을 알아차린 유로프스키는 트럭의 짐을 줄이기 위해 희생자 중 일부의 시신을 내려놓고 예상된 매장 장소로 떠났다. 그들이 희생자를 내려놓은 곳은 기차길 옆의 다리였다.

바실리 크세노폰토비치 필라토프는 이때 트럭에서 내려진 희생자 중의 한 명이었다. 그는 얼마 후 정신을 차렸으며 캄캄한 밤중인데도 불구하고 부상당한 몸으로 철길을 따라 인근의 샤타쉬 역으로 걸어갔다. 반면에 유로프스키는 희생자들을 매장하고 되돌아오면서 자신들이 내려놓은 시체가 없어진 것을 알고 인근을 수색하기 시작했다.

이때 황제 일가를 처형할 때 참여한 스트레코닌도 독자적으로 알렉세이를 찾아 인근을 수색하고 있었다. 그는 알렉세이가 살아 있다는 것을 이미 알고 있었기 때문이다. 다행하게도 샤타쉬 역에 있는 알렉세이를 발견하고 그를 1백40마일이나 떨어진 사드린스크 역으로 옮겼다. 스트레코닌은 알렉세이를 크세노폰 필라토프에게 인계했다. 크세노폰 필라토프는 마침 아들이 인플렌자로 사망했기 때문에 알렉세이가 바실리 크세노폰토비치 필라토프의 행세를 해도 큰 문제가 생기지 않을 것으로 생각하고 자신의 아들로 인정했다. 알렉세이는 자신을 살려 준 스트레코닌을 아저씨라고 불렀다고 말했다.

유로프스키는 간발의 차이로 스트레코닌이 알렉세이를 사드린스크로 옮겼다는 것을 전혀 모르고 반대 방향만 수색했다. 시체를 찾지 못했어도 크게 걱정하지 않았다. 수색자들은 두 구의 시체가 사라졌지만 인근에 있는 농부가 시체를 발견하고 정교회의 풍습에 따라 그들을 매장해 주기 위해 옮겼다고 추정했기 때문이다. 정교회에서는 사망자를 발견하면 그들을 매장해 주는 것이 의무라고 가르친다. 그러므로 유로프스키는 니콜라이 2세의 가족 모두를 자신이 직접 매장했다고 본부에 보고했다.

일부 학자들은 바실리 크세노폰토비치 필라토프가 몇 년 만 더 살았다면 황태자 알렉세이에 대한 진상은 완전히 규명되었을 것이라고 아쉬워한다. 소련이 붕괴되고 러시아가 탄생되었을 때까지 그가 살아 있었다면 자유롭게 자신의 과거를 이야기할 수 있었을 것으로 생각하기 때문이다.

바실리 크세노폰토비치 필라토프는 아나스타샤로 주장한 앤더슨 부인과는 달리 여러 정황에서 알렉세이 황태자와 일치하지만 이 역시 정황증거뿐이라는 것이 딜레마이다. DNA 분석에 있어서도 바실리 크세노폰토비치 필라토프의 자식들이 로마노프 왕조의 가족들과 근친일 수 있다는 증거가 나왔지만 그것만으로 바실리 크세노폰토비치 필라토프가 알렉세이라고 확정지어 말할 수는 없기 때문이다. 에카테린부르크에서 발견된 유체 중에서 알렉세이 황태자가 발견되지 않았다는 것은 바실리 크세노폰토비치 필라토프의 이야기가 진실일지도 모른다는 강력한 의문점을 남겨준다. 알렉세이에 대한 전설은 이제부터 시작될 것으로 보인다.

10. 파라오의 저주

투탕카멘이 세계적으로 유명해진 것은 호화로운 유물도 유물이지만, 발굴에 관계된 사람들이 의문의 죽음을 당했다는 소위 '파라오의 저주'라는 전설 때문이었다. 그러나 이것은 세계 각국의 언론사와 카르나본 경의 복잡한 이해관계 때문에 조작된 이야기이다.

'파라오의 저주'라는 전설을 만들어낸 투탕카멘 파라오는 유명한 왕은 아니었지만 많은 의문을 간직한 채 짧은 생을 마감한 신비로운 왕이다. 기원전 1343년에 이집트 18왕조의 아멘호테프 4세(이크나톤)와 제2왕비 키야 사이에서 태어나 기원전 1333년인 10세에 파라오가 되어 기원전 1323년에 불운의 죽음을 맞이한 인물이다.

1992년 10월 26일, 사망한 지 3245년 만에 거의 완벽한 상태로 그 모습을 드러내 세인들의 이목을 집중시킨다.

이와 같은 발굴이 현실화될 수 있었던 것은 1873년 독일인 백만장자 슐레이만이 전설로만 알려졌던 트로이 문명의 유적을 발견했기 때문이다. 트로이 유적에서 엄청난 보물이 쏟아지자 당시 부호들에게는 고대 문명의 유적을 발굴하는 것이야말로 명성과 부를 축적할 수 있는 훌륭한 사업이라는 믿음이 생겼다. 당시에 고고학에 대한 열풍이 어찌나 높았는지 발굴단을 구성하는 것은 마치 금맥을 캐는 광산에 투자하는 것과 같았다.

유물 발굴 사상 가장 극적인 사건 중의 하나인 투탕카멘의 묘는 여러 가지 면에서 남달랐다. 발굴에 얽힌 과정이 한 편의 드라마와도 같은 것은 물론 투탕카멘의 묘가 발굴된 이후에 '파라오의 저주'라는 뜻밖의 전설이 만들어졌기 때문이다.

역사상 가장 유명한 고고학적 발굴의 시작

'왕가의 계곡(Valley of kings)'에 묻혀 있던 투탕카멘을 발굴해낸 장본인인 고고학자 카터는 어린 나이에 일찍이 고고학에 입문하여 20대에 이미 그 능력을 인정받으며 상 이집트(이집트의 카이로 이남에서 수단에 이르는 지역) 및 누비아 지역의 사적 주임 조사관의 지위에 오른 사람이었다.

한편 자동차 사고 후유증을 치료하기 위해 이집트에서 요양 중이던 영국의 카나번도 고고학에 관심을 갖고 골동품 수집 및 발굴 작업에 손을 대고 있었다. 그는 발굴 작업을 함께할 전문가를 찾고 있었는데 그때 한 친구의 권유로 카터를 만나게 된다. 1907년, 두 사람은 드디어 의기투합하여 발굴 작업에 나선다.

투탕카멘 묘 발굴의 주인공
좌측 : 하워드 카터
우측 : 카나번

첫해에 카터는 17왕조의 왕자의 묘를 발굴하는 개가를 얻는다. 물론 이미 도굴된 무덤이긴 했지만 상당량의 유물이 남아 있었다. 이에 고무된 카터는 카나번에게 아직까지 발견되지 않고 있는 투탕카멘의 무덤을 발굴하자고 제의한다. 왕가의 계곡에 묻힌 이집트 18왕조 중에 유일하게 발굴되지 않고 있는 무덤이었다. 투탕카멘의 치적이 별로 없으며 또 재위기간이 10년에 지나지 않아 다른 장소에 묻혔을지 모른다고 생각한 다른 고고학자들과는 달리, 카터는 투탕카멘의 무덤이 도굴되지 않은 채 왕가의 계곡에 온전하게 보존되어 있을 것으로 추측했다.

왜냐하면 미국인 테오도르 데이비스가 왕가 계곡의 무덤들을 발굴하던 중 한 바위 밑에서 투탕카멘이라고 새겨진 도자기와 금박 입힌 나무상자를 주웠기 때문이다. 그러나 데이비스는 자금이 부족해 1914년 이집트 정부로부터 받은 발굴권을 반납할 수밖에 없었다. 기회를 잡은 카터는 곧바로 발굴권을 신청하여 역사적인 투탕카멘 무덤의 발굴을 시작한다.

네브-케펠-라

발굴은 생각처럼 진척이 되지 않았다. 카터가 기대에 차 발굴 작업을 시작한 지 얼마 되지 않아 세계제1차대전이 일어나 발굴은 그만 중단되고 만다. 1918년, 다시 발굴이 시작되었지만 투탕카멘의 묘는 어느 곳에서도 발견되지 않았다.

4년간이나 막대한 자금을 퍼부었음에도 아무런 성과를 얻지 못하자 카나번은 작업을 중지하기로 결심한다. 카터의 앞이 캄캄해졌음은 물론이다. 발굴자로서의 지금까지 명성도 모두가 끝나는 순간이었다. 카터는 결국 모든 것을 체념한 채 발굴지를 정리하기로 한다.

이때 놀라운 일이 벌어진다. 1922년 11월 4일, 발굴하던 장소에서 마무리 청소를 하던 한 인부가 계단의 흔적 같은 것을 발견했다고 보고한 것이다. 카터는 즉시 달려가 표면을 석회로 입힌 입구에 지하 묘지를 지키던 사람들의 관인과 투탕카멘 파라오의 인장이 찍혀 있는 것을 발견하였다. 침입한 흔적이 있기 했지만 봉인의 상태로 보아 완전한 무덤임이 틀림없었다. 현장을 꼼꼼히 둘러본 카터는 투탕카멘의 묘지를 발견하였을지 모르니 발굴권을 다른 사람에게 팔지 말라고 카나번에게 급히 전문을 보낸다.

11월 26일 카터는 카나번과 그의 딸, 사위, 그리고 인부들을 뒤에 세워 둔 채 문에 구멍을 뚫는다. 그리고는 어둠 속으로 불을 비추면서 안을 들여다보았다.

그때 카터가 무엇을 보았는지는 다음과 같은 그

왕가의 계곡에 있는 투탕카멘 무덤의 입구
왕가의 계곡에는 제18왕조부터 제20왕조의 파라오 60명의 무덤이 있으나 투탕카멘의 무덤을 제외하고 모두 도굴되었다.

의 기록에서 알 수 있다.

'처음에는 아무것도 볼 수 없었다. 방안에서 훅 하고 뛰쳐나온 더운 공기 때문에 촛불이 흔들렸다. 그러나 이윽고 내 눈이 빛에 익숙해지자, 이상한 동물이며 조각상 등 방안의 풍경들이 차츰 시야에 들어왔다. 그리고 황금! 온 사방에서 눈부신 황금들이 번쩍거렸다.'

문을 열자 눈앞에 놀라운 광경이 펼쳐졌다. 왕가의 계곡에 있는 무덤 중에서 가장 작은 편에 속하는 투탕카멘의 전실에는 의식용 침대와 옥

| 아누비스
죽음의 신으로 투탕카멘의 묘를 지키고 있다. 미라를 만들 때 아누비스 가면을 쓴다.

| 황금 마스크

좌, 아름다운 상자와 단지, 황금 장의자, 동상, 배의 모형, 무기 항아리 등 수많은 번쩍이는 유물이 수북히 쌓여 있었다.

한쪽 벽에 또 하나의 문이 있었다. 그 앞에는 지하 묘지를 지키는 사자(死者)의 신 아누비스가 제단으로 보이는 곳에 앉아 있었다. 아누비스는 목에 아마포 스카프를 두르고 있었으며, 제단 전체는 들것 위에 올려져 있었다. 아누비스의 발 밑에는 횃불이 떨어져 있

투탕카멘 묘 발굴 당시의 내부 모습
상 : 1922년 11월 26일 카터는 황금 침대와 마차를 보고 너무나 감격하여 숨을 쉴 수 없었다고 말했다.
하 : 장례에 사용된 도구들이 저장되어 있다. 중앙에 빵을 비롯한 식료품이 보인다.

었고, 횃불 받침대에는 마법의 주문이 새겨져 있었다. 아누비스 뒤에는 금도금한 나무 상자가 있었고, 그 속에는 왕의 시신을 미라로 만들 때 들어낸 내장을 담아둔 설화 석고로 만든 카노픽 항아리들이 들어 있었다.

1924년 2월 17일, 드디어 투탕카멘 파라오의 미라가 들어 있던 방을 개봉한다. 길이 5미터, 너비 3.3미터, 높이 2.73미터에 이르는 거대한 4층의 금박을 한 목제 궤를 열자, '네브-케펠-라'라는 상형문자가 쓰여진 3층으로 된 황금 관이 들어 있었다. '네브-케펠-라'는 투탕카멘 파라오를 일컫는 말로 그 속에 투탕카멘 파라오의 미라가 안치되어 있었다. 제1관은 황금 무게가 1백10킬로그램에 달했다. 세 개의 관 모두 왕의 모습을 본뜬 황금 마스크가 덮여 있었으며 상·하이집트를 나타내는 코브라와 매의 문장이 붙은 왕의 두건을 쓰고 있었다. 특히 제3관의 황금 마스크와 황금 관은 현존하는 전 세계의 문화재 가운데 가장 중요한 유물로 평가되고 있다.

나중에 왕의 미라를 검사해 본 결과, 그의 키는 1백66센티미터 정도로 현실의 입구를 지키고 있던 2구의 젊은 파수꾼 입상의 키와 거의 비슷했다. 입상의 얼굴도 사망 당시의 왕의 얼굴로 추측된다.

파라오 저주의 서막

투탕카멘이 세계적으로 유명해진 이유는 아마도 호화로운 유물보다는 발굴에 관계된 사람들에게 찾아온 의문사, 소위 '파라오의 저주'라는 전설 때문일 것이다.

이집트 파라오의 관에는 일반적으로 '왕의 영원한 안식을 방해하는 자에게 벌이 내릴 것이다'라는 저주의 글이 쓰여 있다. 사람들은 투탕카멘의 무덤에도 이런 글이 써 있으리라 생각했다. 이것이 이른바 파라오의 저주로 비약된 것이다. 카터가 묘소 입구에서 돌을 주웠는데 이 돌에는 '나의 집을 향하여 쳐든 손은 말라서 비틀어질지어다. 나의 이름, 나의 주춧돌, 나의 모습, 나의 상(像)에 손을 대는 자들은 파멸의 운명에 떨어질 지어다' 라는 비문이 새겨져 있다는 말도 돌아다녔다.

'파라오의 저주' 를 만든 장본인은 사실상 카나번이라고 볼 수 있다. 투탕카멘의 묘가 발굴되었을지도 모른다는 전보를 받고 카나번이 당시 유명한 신비론자인 하몬 백작에게 이야기하자 그는 카나번에게 투탕카멘 왕의 무덤에 들어가지 말라고 한다. 파라오의 저주가 카나번에게 내려지면 틀림없이 이름 모를 병에 걸리고 끝내는 죽음에 이른다는 것이다.

이런 말을 듣고 기분이 나빠진 카나번은 유명한 점장이를 찾아갔다. 그러나 그 노파 점장이의 점괘도 죽음이었다. 노파는 사람의 힘으로는 도저히 막을 수 없는 무서운 힘이라고 한 마디 하고는 입을 굳게 다물었다.

이러한 충고를 듣지 않고 카나번은 이집트에 도착하여 카터와 무덤의 발굴에 참여한다. 이후 영국의 일간지 〈데일리 메일〉지의 특파원 아더 웨이갈은 카나번에게 만약 투탕카멘 왕의 저주가 사실이라면 당신은 6주밖에 살지 못할 것이라고 농담을 던졌고, 이 말을 들은 소설가 마리 코렐리는 카나번이 사망하기 15일 전 왕의 저주에 대한 흥미 위주의 작품을 발표한다.

그런데 정말 기가 막히게도 카나번은 투탕카멘의 얼굴에 나 있는 상처와 똑같은 부위를 모기에 물린 후 합병증으로 1923년 4월 5일 사망하고 만다. 무덤에 손 댄 지 약 5개월 후의 일이었다. 우연인지 모르겠지만 카나번이 사망할 당시 카이로의 전등이 이유 없이 꺼졌고 영국에 있던 카나번의 애완견이 갑자기 경련을 일으키며 죽었다는 것도 확인되었다.

이후 카터 및 카나번과 관련된 사람들의 의문의 죽음이 이어졌다. 1923년 9월 카나번의 조카 오베리 허버트가 갑작스럽게 죽었다. 미라를 조사하기 위해 이집트에 왔던 방사선 사진기사 더글라스 라이드도 의문의 죽음을 당했다. 투탕카멘의 관을 만졌던 미국 철도계의 거물 제이 굴드도 폐렴으로 사망했고 이집트인 알리 케멜 화미 베이는 무덤을 본 후 자신의 처가 쏜 총에 맞아 사망했으며 카터의 조수 아더 메이스도 건강이 갑자기 악화되어 세상을 떠났다. 프랑스의 이집트 학자 조지 방디트 역시 무덤을 방문한 후 갑자기 사망해 버렸다. 카터의 비서 리처드 베텔은 침대에서 시체로 발견되었고 그의 아버지 웨스트베리 경은 무덤을 보지는 않았지만 투탕카멘의 유물을 몇 가지 보관하고 있었는데 아들이 사망한 후 곧 세상을 떠났으며, 그의 유해를 운반하던 영구차에 8세의 아이가 치어 죽기도 했다. 투탕카멘의 미라를 검사한 두 의사 중의 한 사람인 더글라스 데리 교수는 1925년에 죽었다. 또 한 사람의 의사인 앨프리드 루카스도 거의 같은 시기에 심장발작으로 사망하였다. 카이로 박물관의 고대유물 부분의 책임자 네레트 박사는 '저주'라는 말을 일축하고 다음과 같이 말했다.

"나를 보십시오. 나는 지금까지 인생 전부를 파라오의 묘와 미라에 바쳤는데 내가 지금까지 살아 있다는 것은 파라오의 저주라는 말이 근거 없다는 것을 증명하는 것 아니겠습니까."

그러나 네레트 박사는 그 말을 한 지 4주일 후에 폐허탈로 급사했다. 파라오의 저주는 여기에서 끝나지 않았다. 1966년 투탕카멘의 무덤에서 나온 유물을 관리하던 아브라함은 유물의 전시회 문제로 카이로에서 정부 관리들과 회의를 하고 집으로 돌아가던 중 의문의 자동차 사고로 죽고 만다.

1969년, 투탕카멘의 무덤 발굴 대원 중에서 유일한 생존자였던 아담슨이 영국 텔레비전 방송에 출연하여 '나는 한순간도 파라오의 저주라는 터무니없는 전설을 믿어본 적이 없다'고 큰소리쳤다. 그러나 출연을 마치고 돌아가던 그는 교통사고를 당하고 가까스로 목숨만 건진다. 또한 그 사고 이후 하루가 지나기도 전에 그의 부인이 죽었고 아들도 등뼈를 다친다. 그

| 황금 관
3중으로 된 황금 관은 황금 마스크와 함께 인류 최대의 유산 중의 하나로 꼽는다. 일반적으로 파라오의 관에는 파라오의 안식을 방해한 사람에게 저주가 내린다는 글이 적혀 있다.

는 '지금까지 나는 우리 가정에 닥친 모든 불행이 파라오의 저주와는 관련이 없는 것으로 생각했다. 그러나 지금은 다르다'라고 말했다.

1972년 투탕카멘의 유물을 영국 박물관에 전시하기 위하여 수송 작업을 지휘하던 가멜 메레즈도 파라오의 어리석은 전설을 믿지 않는다고 공언한 후 그날 밤 갑자기 사망하였다. 유물들을 영국으로 운반하는 일을 맡았던 6명은 그후 5년 사이에 의문의 죽음을 맞이했으며 지금까지 약 30여 명이 파라오의 저주로 사망하였다.

파라오 저주에 관한 과학적 분석

파라오의 저주가 정말로 존재하는 것일까? 파라오의 저주에 대한 과학적인 해석이 이루어지기 시작했다.

불가리니 교수는 방사선이 인체에 치명적이라는 것이 밝혀지자 파라오의 저주란 사실 방사선에 의한 죽음이라고 설명했다. 그는 고대 이집트인들이 그들의 신성한 장소를 보호하기 위해 원자 방사선을 사용했으며 묘지 바닥은 우라늄을 포함한 돌로 덮여 있거나 방사선을 내는 바위로 무덤의 마무리를 했다고 주장했다. 한 마디로 그러한 돌에서 나오는 방사선은 사람을 죽일 만큼 강력하다며 우라늄이 포함된 바위는 고대 이집트에서는 무진장한 천연자원이라는 말도 잊지 않았다. 물론 파라오의 무덤 안에서 방사선이 발견되지 않았으므로 이런 주장은 곧바로 폐기되고 만다.

투탕카멘 파라오와 함께 묻힌 과일이나 야채 등이 수십 세기를 두고

썩어가면서 만들어진 곰팡이 때문에 일부 건강이 좋지 않았던 관련자들이 감염되었다는 주장도 나왔다.

캐롤린 스탕거 필립 박사는 파라오와 함께 묻힌 과일 야채들 속에 곰팡이가 3천 년 동안이나 생존하였다가 무덤이 열리자 재빨리 깨어 사람의 기관을 거쳐 인체에 침입한 후 치명적인 질병을 초래하였다는 것이다. 파올라 박사는 곰팡이 이론을 더욱 발전시켜 밀폐된 고대의 무덤들 속에서도 돌 틈새로 스며드는 습기와 공기에 의하여 미세한 곰팡이가 발아한다고 지적하였다. 이러한 유독성 곰팡이가 투탕카멘 파라오의 무덤에 들어간 적이 있거나, 무덤에서 나온 미라나 그밖의 다른 물건들과 접촉한 사람들을 죽게 만든 실질적인 이유라고 파올라 박사는 주장했다.

그렇다면 무덤에 들어가지 않은 사람들의 죽음은 어떻게 해석할 수 있을까? 일부 학자의 주장은 다음과 같다.

고대 이집트인들은 독약에 관한 전문가들이었다. 어떤 독은 먹지 않고 피부에 스며들기만 해도 치명적이었다. 이런 종류의 독이 묘지 안의 벽을 칠할 때 사용되었을 것이다. 묘지는 봉해지고 공기는 희박해졌다. 그러다 무덤이 개봉됨과 동시에 독성물질이 뿜어져 나와 발굴자를 감염시키고 이 독이 다른 사람에게까지 전염됐다는 것이다.

언론의 마케팅 전략, 파라오의 저주

파라오의 저주에 관한 이야기는 수많은 소설이나 영화, TV 시리즈물로 제작되어 잘 알려져 있지만 과학적인 분석이라는 것은 파라오 저주가 사실이라는 것을 전제로 하는 것이다. 그러나 파라오의 저주에 대해서 조사하던 학자들은 매우 놀라운 사실을 발견했다. 한 마디로 파라오의 저주라는 전설은 조작되었다는 것이다.

투탕카멘 파라오의 무덤 발굴과 관련된 사람들은 모두 의문의 죽음을 당했다는 이야기와는 달리 실제로 그 발굴 작업에 관련된 사람 1천5백여 명 가운데 10년 이내에 사망한 사람은 21명에 불

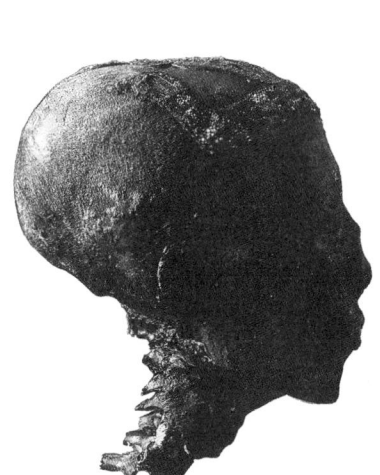

황금 마스크(위)와 미라의 X선 촬영 사진
x 표시된 머리의 윗부분과 뒷머리 흰 부분이 미라 제작 때 주입한 수지이다. A 흔적은 외부의 가격에 의해 투탕카멘이 타살되었을 가능성을 암시한다.

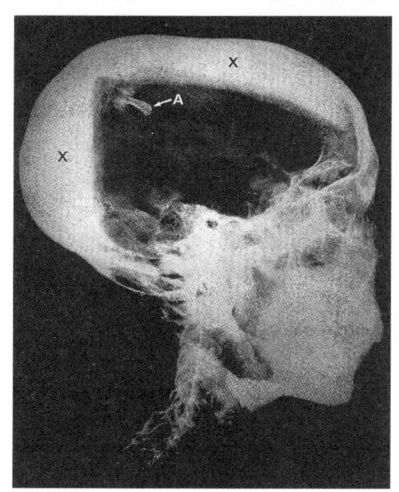

과했다. 1933년 독일의 고고학자 슈타인도르프는 그동안 신문이 발표한 21명의 죽음을 하나하나 뒤쫓아 분석하였다. 그 결과 나이가 들어 죽었거나 발굴과는 전혀 관계없는 사람들의 죽음, 또는 우연한 죽음이었다고 진상을 밝혔다. 파라오의 무덤을 최초로 개봉한 장본인인 카터는 18년이나 잘살다가 66세의 나이로 자연사하였고 그와 함께 무덤을 열거나 유물들을 옮겼던 사람들은 평균적으로 26년 후에 사망했다.

파라오의 관에는 일반적으로 '사자의 안녕을 방해하는 자에게 저주가 있으라'는 문구가 써 있는 것이 사실이다. 그러나 투탕카멘의 관에는 정반대로 '왕의 이름을 알리는 자에게 복이 있으라'라는 말이 쓰여 있었다. 투탕카멘은 오히려 자신의 무덤이 후손들에 의하여 영광스럽게 개봉될 것이라고 생각했던 것 같다.

투탕카멘의 저주에 대한 이야기는 당시 세계 각국의 언론사와 카나번 사이의 복잡한 이해 관계 때문에 비롯되었다는 것이 정설이다. 카나번이 발굴하는 데 자금이 쪼달리게 되자, 발굴이 성공할 경우 모든 정보를 독점적으로 보도할 수 있는 권리를 주겠다고 약속하고 런던 타임스 신문사의 지원을 받게 된다. 이것은 당시까지만 해도 유례가 없던 일로, 엄청난 특종을 눈앞에 두고도 다른 신문사를 거쳐서야 기사를 보도할 수 있게 된 전 세계 언론의 거센 반발을 불러일으켰다. 파라오의 저주는 때마침 카나번이 일찍 죽게 되자 이런 '악감정'을 가진 언론에 의하여 과대 포장되기 시작하였다.

그러나 놀랍게도 이런 기사들이 예상 외의 반응을 보이자 언론은 이를 적극적으로 이용한다. 투탕카멘에 조금이라도 관계되었던 사람이 사망하면 '파라오의 저주를 받은 죽음', '파라오의 복수', '투탕카멘으로 부터 저주를 받은 몇 번째 희생자' 따위의 제목으로 세인의 호기심을 자극하였다. 곧바로 파라오의 저주에 대한 수많은 영화가 제작되었고 소설도 수없이 나왔다. 소위 장사가 잘되는 상품을 그대로 두지 않으려는 장사꾼 속성이 파라오의 저주라는 전설을 부채질한 것이다.

실제로 이와 같은 질문을 받은 카터는 '투탕카멘의 저주를 둘러싼 소문은 중상 모략을 위해서 짜낸 착상'이라고 혹평했다.

그러나 파라오의 저주가 있다고 해도 이제는 걱정할 필요가 없다. 얼마 전에 파라오의 저주가 풀렸다고 확언한 사람이 있기 때문이다. 오스트리아 국립 고대박물관의 어윈 프랭크 박사는 파라오의 저주의 역사가 끝을 맺게 되었다고 했다. 전설에 의하면 투탕카멘은 죽을 때 자신의 죽음에 대한 진실이 밝혀질 때까지 복수를 하겠다고 했다. 프랭크 박사에 따르면 투탕카멘은 당시 권좌

투탕카멘의 부모
좌측 : 아멘호테프4세(일명 이크나톤)
우측 : 왕비 키야

를 노리던 이들에게 계획적으로 살해당했다. 이 때문에 비명횡사한 젊은 왕은 '죽음의 저주'라는 극약 처방까지 동원하여 후대에라도 그 음모가 밝혀지기를 고대했다는 것이다. 1968년 X선을 사용한 머리의 검사에는 작은 뼈의 단편이 발견됐다. 두개골 파열의 흔적이었다. 투탕카멘이 살해되었을 가능성을 강력하게 시사해 주는 대목이다.

투탕카멘의 아버지 이크나톤

투탕카멘의 어린 시절은 베일에 둘러싸여 있다. 그의 어머니로 추정되는 키야는 그의 탄생과 거의 같은 시기에 갑자기 사라진다. 투탕카멘을 출산할 때 죽었을 가능성도 있지만 왕궁 내의 음모에 의해 희생되었을 가능성이 더 많다.

투탕카멘의 아버지 이크나톤은 이집트 파라오 중에서 가장 특징적인 사람이다. 이크나톤은 아버지 아멘호테프 3세의 이름을 물려받고 아멘호테프 4세(기원전 1378~1352)가 되어 처음에는 아버지의 전통을 계승하였다. 그러나 통치 후 5, 6년이 지날 무렵부터 이집트에 수많은 신들이 있다는 것에 회의를 느끼고 태양신 '레'에 관련되는 '아톤'만을 경배하도록 하였다. 아울러 다른 신들에 대한 참배를 금지하였고 자신의 이름도 이크나톤으로 바꾸었다.

그러나 태양에 의해서 모든 생물이 창조되었다는 '아톤'이라는 유일신 아이디어는 이집트 국민들에게 환영받지 못하였다. 고대인의 믿음에서 볼 때 아톤 신은 빛이 있을 때는 전능하지만 죽은 자들이 머무는 밤의 왕국에서는 아무 힘도 없는 신이었다. 이것은 이집트인들에게는 가장 중요한 종교적 의의인 밤 사이에 환생을 위한 태양신의 왕래가 불가능하다는 것이므로 사후의 영원한 생활을 생각지 않는 불순한 종교였다. 낮에만 활동하는 유일 창조자에 대한 신화는 밤의 측면에서 볼 때 이집트인들이 가장 중요시하는 어둠의 신, 즉 죽음의 신과 멀어지게 된다는 것을 뜻하기 때문이다.

그래도 자신의 아이디어에 집착한 이크나톤은 유일신의 보급을 위해 이집트 전국에 있는 신전들의 폐쇄까지 명하였다. 이 조치에 이집트 국민들의 반응은 냉담하였다. 신전 내부에서 행해지는 의식에 참석할 수 없는데다가 승려에 의해 운반되는 배 안에 덮인 의식용 조상에 대한 경배, 성스러운 결혼, 다산 및 수확의 신비 등을 축하하는 축제의 금지는 이집트인들에게 생 자체를 거부하라는 것과 마찬가지였기 때문이다.

몇몇 역사가들이 혁명 혹은 개혁으로 기술하기도 하는 이크나톤의 시도는 실패로 끝난다. 아톤 신앙은 그의 후계자인 '투탕카멘'이 파라오가 되자마자 이미 '질병'이라는 이름으로 불리며 소멸된다.

이크나톤의 혁신적인 아이디어가 이집트인들의 지지를 받지 못한 가장 큰 요인은 그가 이집트인들의 정신 세계를 정확히 파악하지 못했기 때문이다. 이집트인들로서는 현생보다는 사후의 세계가 더 중요하였다. 현생은 1백 년 미만이지만 사후 세계는 영원한 것이었다. 그러므로 사후 세계가 없는 '태양의 신'은 이집트인들이 보기에 종교가 아니었다. 특히 낮에만 뜨는 태양만을 강조하다 보니 구름이나 비가 오는 날에는 태양 자체의 권력이 약화되는 것으로 이해되었다. 결국 이크나톤은 인간의 정신 세계 자체를 파라오라는 권위로 파괴하려고 하였기 때문에 국민들의 호응을 얻지 못한 것이다.

권력 다툼에 희생된 투탕카멘

투탕카멘은 이크나톤과 네페르티이티 사이의 딸인 이복누이 앙크에스엔아멘과 결혼한다. 투탕카멘 왕묘에 매장되어 있던 2구의 태아 유해는 그들 사이에 생긴 아이로 생각된다. 투탕카멘이 파라오가 된 지 10년도 채 안 되어 갑자기 사망하자 현대인들로서는 상상할 수 없는 일이 벌어진다. 투탕카멘 파라오의 왕비인 앙크에스엔아멘이 히타이트국의 왕자를 남편으로 맞아들이겠다는 전갈을 히타이트국에 공식적으로 보낸 것이다. 그녀가 보낸 기록은 다음과 같다.

'이집트에서는 금번에 왕이 별세했습니다. 그러나 왕에게는 왕자가 없습니다. 왕비는 히타이트 왕에게 많은 왕자가 있음을 알고, 그중의 한 분을 왕비의 남편으로 맞아 그분을 이집트의 왕으로 모시고자 합니다.'

히타이트에서는 처음에 진의를 의심하고 답변을 미루다가 결국 왕자를 파견했다. 그러나 왕자는 이집트의 국경을 넘자 살해되고 말았다. 이집트의 왕위를 노리고 있던 신관 '아이'가 히타이트 왕자를 살해하고 투탕카멘 왕의 왕비인 앙크에스엔아멘과 결혼하면서 왕이 된다. 당시 이집트의 풍습에 의하면 파라오는 신이 점지해 준 사람이므로 일단 파라오와 결혼했던 왕비의 남편은 언제든지 파라오가 될 수 있었다. 투탕카멘에게 자손이 없으므로 파라오가 되기 위해 앙크에스엔아멘과 결혼하는 것이 가장 효과적인 방법이라는 뜻이다.

그러나 '아이'도 4년이 채 못 되어 사망하고 평민 출신인 장군이자 왕의 부관이었던 호르엠하브이가 파라오가 된다. 호르엠하브이는 파라오가 되자마자 제일 먼저 이크나톤과 투탕카멘의 이름을 모든 건축물에서 지워 버리게 했다. 이것은 아톤 신에 대한 이집트인들의 증오를 바탕으로 자신에 대한 국민들의 인기를 얻기 위한 제스처로도 볼 수 있다.

호르헴하브이도 집권한 지 몇 년이 안 된 1314년에 사망하자 람세스 1세가 파라오로 되면서 18왕조는 막을 내리고 이집트 사상 가장 찬란하였던 시기인 19왕조가 문을 연다.

20~30년이라는 짧은 기간 동안에 여러 명의 파라오가 등장한다. 일반적으로 외적의 침입이 있을 때라던가 정치적으로 극히 혼란된 시기를 제외하고 이집트의 파라오들이 장기적으로 집권하였음을 감안할 때 이런 현상은 매우 특이한 경우이다.

이러한 와중에서 어린 투탕카멘이 성인이 되기 전에 희생되었을 가능성은 충분히 있으며 그러한 역사적인 사실을 근거로 파라오의 저주라는 말은 독자들의 흥미를 담보로 한 언론사들의 보도 경쟁으로 계속 퍼져 나갈 수 있었던 것이다.

11. 사상 최대의 상륙 작전 | 역사상 가

장 많은 장병과 장비가 동원된 작전은 너무나도 잘 알려진 '노르망디 상륙 작전'이다. 연합군으로서는 필사의 작전이라고도 부르는 노르망디 상륙 작전이지만 한편으로는 사상 최대의 거짓말 작전이라고 불린다. 제2차세계대전을 운명지은 이 전투가 속임수가 난무하는 전쟁이라는 것은 그만큼 중요성이 부여되었다는 것을 뜻한다. 독일의 아돌프 히틀러도 속임수의 대부였지만 한 차원 높은 거짓말을 사용한 연합군의 속임수에 속아 패배한 것이다.

D-Day, 1944년 6월 6일은 연합군의 유럽 탈환 작전 개시일이자 히틀러에게는 패망의 전주곡이 울려 퍼지던 날이다. 그날 연합군은 치밀한 기만 전술, 즉 거짓말 전술로 히틀러의 최정예 사단 18개 중 15개 사단을 작전 지역에서 1백 마일 떨어진 곳에다 묶어 둘 수 있었다. 전사가들은 이 당시의 거짓말 작전이 성공하지 않았다면 연합군은 승리할 수 없었을지도 모른다고 말한다.

연합군의 상륙 지점은 파드칼레

연합군이 상륙 지점으로 선택한 곳은 센 만을 형성하고 있는 카부르와 발로뉴 사이의 노르망디 지역이었다. 연합군은 전함 5천 척, 전투기 9천 대, 2만 3천 명의 낙하산병, 17만 6천 명의 돌격 부대, 2만 대의 트럭을 동원하는 사상 최대의 작전을 구상했으나 문제는 독일군의 반격이었다.

노르망디 상륙 작전이 벌어질 즈음 독일군은 동부전선에서 많은 병력을 잃자 서부전선을 주력 방어선으로 정했다. 서부 총사령관이며 육군

원수인 폰 룬트슈테트는 휘하에 2개 군 60개 사단을 거느리고 있었다. 그 병력은 네덜란드에서 안트워펜, 노르망디, 비스케이 해안을 거쳐 지중해까지 포진해 있었다.

독일군이 각지에서 패퇴하자 연합군이 곧바로 상륙해 올 것이라는 것을 독일군 지휘관들은 모두 알고 있었지만 독일군의 대응 방법은 두 가지로 나뉘어져 있었다. 룬트슈테트 사령관은 병력을 약간 내륙 쪽에 유지하고 있다가 적이 상륙 거점에 정렬하기 전에 반격하는 것이 좋다고 생각했고 반면에 롬멜 사령관은 적이 어느 해안에 상륙할 것인지는 알지 못하지만 적이 어느 해안에도 상륙하지 못하도록 병력을 전진배치 시키기를 원했다. 결국 히틀러는 두 사령관의 제안을 참작하여 타협안을 채택한다. 대부분의 보병은 전진배치하고 대부분의 기갑부대는 내륙에 후진 배치하는 것이다.

연합군은 노르망디 상륙 작전이 시작되었을 때 독일의 기갑부대가 전장에 곧바로 투입되지 못하도록 막는 것이 승패에 결정적인 영향을 미친다는 것을 잘 알고 있었다. 연합군은 그 목적을 위해 노르망디 지역의 상륙 작전이 위장이라는 것을 히틀러로 하여금 믿게 하는 것이 최선임도 알고 있었다. 연합군 수뇌부는 한 가지 술수를 쓴다. 바로 영국에 진주하고 있던 대규모의 연합군이 진격해 들어갈 곳은 노르망디가 아니라 파드칼레라고 믿게 만드는 것이다.

노르망디 상륙 작전이 전사상 중요하게 평가되는 것은 상륙 작전이 놀랍게도 연합군의 의도대로 진행되었다는 점이다. 상륙 작전이 시작되기 전에 프랑스에 주둔하고 있던 독일군 59개 사단 중에서 7개 사단만이 노

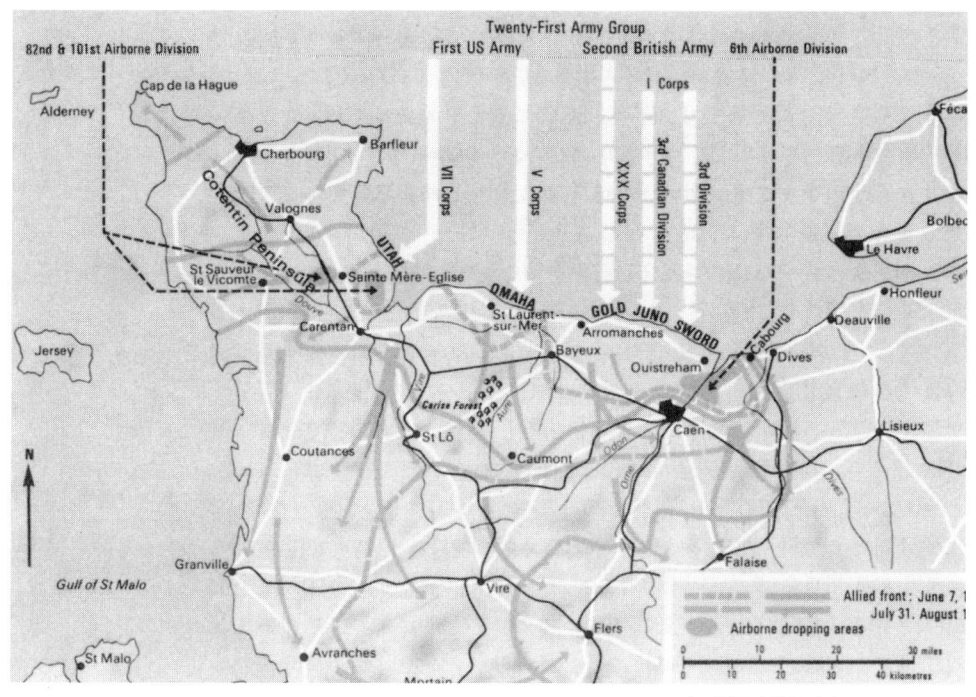

연합군의 상륙 지점
연합군이 상륙 지점으로 선택한 곳은 센 만을 형성하고 있는 카부르와 발로뉴 사이였다. 연합군은 파드칼레 협곡을 전면 침입할 것처럼 위장하여 독일군을 속였다.
—《전쟁의 역사》에서 인용

르망디에 있었고 18개 사단이 파드칼레에 주둔할 정도로 연합군의 거짓말 작전에 놀아났다. 더구나 노르망디 상륙 작전이 막상 전개되었음에도 히틀러는 연합군의 진짜 공격은 파드칼레에서 시작될 것으로 믿었다.

총동원된 독일군 기만 작전

노르망디 상륙 작전은 6월 6일 새벽 3시에 시작되었다. 연합군은 세르

부르 반도 남동쪽의 후미진 곳인 이지니를 공습했는데 이것 역시 사상 최대의 위장 작전이었다. 공습은 3명의 낙하산병, 수백 개의 모조 폭탄, 매연을 뿜는 매연탄, 총성과 병사들의 고함, 군화발 소리 등이 녹음된 축음기와 증폭기 한 대 등으로 구성되었다. 그러나 이들 위장화력이 독일군 3백52사단 9백16보병 연대를 본래의 위치에서 오마하 해변까지 물러서게 만들었다.

연합군에서 사용한 속임수는 이것뿐만이 아니다. 보다 확실하게 상륙지점이 파드칼레임을 확인시켜 주기 위해서 잠수함과 소해정, 수뢰정 등을 고의적으로 파드칼레 근처에 출현하도록 했고 전투기들로 그곳 해변을 공습하기도 했다.

상륙 작전이 개시된 이후에도 연합군은 파드칼레가 진정한 상륙지라는 속임수를 계속 시도했다. 작전 개시와 더불어 연합군은 다음과 같은 메시지를 공개적으로 유포했다.

"노르망디 공격은 독일군이 잘 막아내고 있다. 따라서 아이젠하워 장군은 파드칼레 공격을 위한 병력의 일부를 노르망디에 투입시킬 계획이었는데 미국에서 신규 병력이 파병됨에 따라 그 계획은 취소되었다. 이제 연합군은 독일군이 노르망디로 이동하여 병력이 분산되는 시기를 기다려 아이젠하워 장군의 공격 개시 명령만을 기다리고 있다."

이 같은 메시지가 영국 국영방송인 BBC와 무선 통신사들에게도 배포되었는데 그것은 누군가가 이 정보를 독일군에게 보내달라는 뜻이었다.

연합군의 예측은 어김없이 맞아들어갔다. 전후에 밝혀진 이야기이지만 '가르보'라는 암호명을 가진 영국 통신사가 노르망디 작전 개시 4시간 전에 그 작전에 대한 정보를 독일군에 발송했다는 것이 알려졌다. 특히 '가르보'의 메시지는 히틀러에게 즉시 보고되었고 히틀러는 6월 9일 자신이 내린 명령을 다음날 철회했다.

이는 독일의 최정예부대를 노르망디로 급파하려는 계획을 철회하고 제15군이 파드칼레에 계속 주둔하도록 하는 것이었다. 아이젠하워는 독일 제15군이 48시간만 노르망디에 투입되지 않는다면 작전은 성공할 것이라고 생각했는데 독일군의 작전은 그의 계획대로 움직여졌다고 후술했다.

사상 최대의 거짓말 작전은 수많은 인원이 참가했으므로 한두 명으로 수훈자를 거명하기는 어렵지만 그중에서도 영국 정보부의 국외 첩보부 소속 물리학자인 R. V. 존스 박사의 역할은 매우 두드러진다.

무선 전파와 작은 금속 조각을 붙인 기구(氣球)를 이용하여 독일군의 레이더를 혼란시킨 경험을 갖고 있었던 존스는 당시로서는 상상할 수 없는 위장 아이디어를 실현에 옮겼다. 우선 존스 팀은 위장 작전의 전 단계로 파드칼레의 레이더를 제외한 모든 곳의 독일군 레이더망을 파괴하도록 유도했다. 그리고 파드칼레의 독일군 레이더 화면에 마치 수많은 전투기와 전함들이 그곳으로 접근하는 것처럼 조종하자 독일군은 레이더에 나타나는 반점들을 연합군이 상륙한 대규모 부대라고 판단했다. 존스 팀은 작은 금속조각으로 레이더 상에 나타나도록 한 것이었다. 이것은 현재도 미사일을 피하기 위해 쓰이는 방법으로 작은 금속조각을 발사하는 채프와 같은 원리이다.

물론 노르망디 상륙 작전의 성공은 연합군의 기만술에 의한 것만은 아니었다. 노르망디 상륙 작전은 사실 연합군으로서는 예기치 못한 행운이 연속으로 이어졌던 것이다.

독일군의 초기 대응엔 결정적인 문제점이 있었다. 첫번째는 독일군 지휘관인 롬멜이 현장에 있지 않았다. 현장 지휘관인 요들 장군은 베르흐테스가덴에서 잠을 자고 있었는데 부하들이 그를 깨우는 것조차 용납되지 않았다. 반면에 룬트슈테트 장군은 상륙 작전을 보고 받고도 진짜 상륙 작전을 펼치기 위한 위장 작전일지 모른다고 의심했다.

두 번째는 상륙 날짜를 잘못 예상한 것이다. 연합군이 상륙하기 가장 적합한 순간은 해가 늦게 뜨고 새벽에 썰물이 일어날 때였다. 그 조건에 알맞는 시기는 6월 5일에서 7일 사이였다. 그런데 6월이 되어 날씨가 매우 나빠지자 독일군은 연합군의 상륙 작전이 없을 것으로 예상했지만 연합군은 예상을 뒤엎고 6월 6일 아침 함포 사격과 함께 상륙군을 발진시켰다. 때마침 날씨가 약간 좋아졌기 때문이다. 이때의 기상 예측을 정확하게 보고한 기상장교는 그 공으로 장군으로 진급하기까지 했다.

여기에 세 번째 실수는 상륙군을 퇴치하는 데도 독일군 수뇌진의 의견이 엇갈렸다는 점이다. 히틀러는 노르망디에 상륙한 연합군은 속임수이고 이후 적의 주력부대가 다른 곳에 상륙할 것이라고 예상했기 때문에 초반전에 주력부대를 이동시키는 것을 반대했다. 상륙 작전의 승패는 상륙하자마자 교두보를 어떻게 확보하느냐가 중요한 일인데 독일군은 연합군이 상륙하자마자 반격을 가하여 바다를 등지고 있는 연합군을 격퇴할 수 있는 기회를 스스로 놓친 것이다.

더구나 가장 치명적인 것은 많은 기갑부대들이 히틀러의 개인적인 명령 없이는 움직일 수가 없었다는 점이다. 히틀러는 연합군의 반격이 시작되면 지휘관들 사이에 작전상 혼선을 갖고 올 수 있다면서 자신이 직접 정예 사단의 작전을 명령하도록 체계화했다. 그런데 히틀러가 연합군의 계교를 그대로 믿는 바람에 기갑사단의 동원을 스스로 막는 악수까지 저질렀다.

결국 독일군의 반격은 기민하게 이루어지지 않았고 이것은 연합군으로서는 엄청난 소득이었다. 사상자의 규모만 따져도 연합군의 작전은 예상치 못한 성공을 거둔 셈이었다. 애초에 처칠은 작전 개시일 당일에만 2만 명의 병력이 손실될 것으로 추산했고 일부는 7만 5천 명까지 예상했었다. 그러나 D-Day 당일 9천 명의 사상자를 내고 노르망디에 상륙한 순간 이미 교두보를 확보했다.

노르망디에 상륙하는 연합군
연합군은 1944년 6월 6일 새벽 독일군의 예상을 깨고 노르망디 지역에 상륙했다. 처칠은 '그 많은 인원과 장비를 독일군이 전혀 예측하지 못했다는 것은 기적과 같은 일이다'라고 회고했다.

노르망디에 상륙하는 병사들
종군사진작가 로버트 카파의 가장 유명한 사진 중의 하나로 그는 상륙 제1대에 자원하여 격렬한 포화 속에서 결사적으로 촬영했다. 사진 상태가 좋지 않은 것은 카메라가 흔들렸기 때문이다.

6월 11일에는 모든 상륙 거점이 연결되었고 6월 12일에 이미 32만 6천5백47명의 병력이 5만 4천1백86대의 차량과 10만 4천4백28톤의 군수품을 확보했다. 놀라운 것은 상륙 당일부터 마지막 날까지 연합군의 피해는 사망자 2천5백 명, 부상자 또는 실종자가 9천~1만 명 정도였다는 것이다.

이렇게 교두보를 확보한 연합군은 독일군의 저항을 격파하면서 빠른 속도로 진격했고 8월말에 이미 레지스탕스와 시민들의 봉기로 파리가 해방되어 연합군은 유유히 파리에 입성할 수 있었다.

진공관 컴퓨터 콜로서스의 활약

노르망디 상륙 작전이 수많은 사람들의 노고에 의해서 성공한 것은 틀림없지만 또 다른 승리의 요인이 있다는 것이 추후에 밝혀졌다. 그것은 바로 엄청난 규모의 제3병기였다.

당시의 전투 진행상 독일군에게 연합군의 상륙을 저지하고 초반에 승기를 잡는 가장 빠른 방법은 프랑스의 어느 지점에 연합군이 상륙할 것인가를 알아내는 것이었다. 그에 반하여 연합군은 상륙 작전의 장소가 알려지지 않게 하는 것이 전쟁의 승패를 좌우한다고 믿었기 때문에 상륙지를 위장하려고 총력을 기울였다는 것은 이미 설명했다.

연합군은 위장 작전을 훌륭하게 수행했지만 바로 이런 위장 작전을 수립하게 만든 장본인이 거대한 기계라는 것은 전쟁이 끝난 후 30년이 지날 때까지도 전혀 알려지지 않고 있었다. 놀랍게도 그 기계는 2천4백 개의 진공관과 8백 개의 전기 릴레이 장치로 구성된 세계 최초의 진공관 컴퓨터인 콜로서스이다.

지금까지 학계에서는 펜실베이니아 대학에서 만든 에니악이 세계 최초의 컴퓨터라고 인정하지만 본격적인 컴퓨터는 독일군의 암호를 해독하기 위해 만든 콜로서스가 처음이었다. 컴퓨터 전문가 조페트는 에니악은 세계 최초가 아니라 11번째라고 발표했다.

콜로서스가 위장작전에 참여할 수 있었던 것은 영국과 독일 간에 첨예하게 벌어졌던 암호 해독 때문이다. 영국은 독일과 전쟁에 들어가기 전부터 독일의 암호를 해독하려고 총력을 기울였고 독일은 독일대로 암호가 해독되지 않도록 모든 방어 체계를 도입했다.

독일 정보체계의 중추는 구식 현금 등록기와 비슷한 애니그마라는 기계였다. 독일은 자신들이 만든 기계의 성능이 얼마나 완벽한지 인간이라면 자신들이 만든 암호를 풀 수 없다고 자신했으므로 애니그마로 만들어지는 암호를 모든 분야에 사용했다. 세계 각지로부터 본국으로 보고되는 비밀문서 전송이나 군 작전 통신 등에도 거리낌 없이 애니그마를 이용했다.

문제는 독일측에서 영국에 튜링이라는 천재가 있다는 사실을 몰랐다는 점이다. 1912년 영국 런던에서 태어난 튜링은 1936년 케임브리지 대학에서 〈계산 가능한 수에 관하여〉라는 석사학위 논문을 작성하여 학계를 깜짝 놀라게 한 장본인이다. 그의 논문 요제는 사람의 두뇌에 해당하는 제어장치, 데이터가 수록된 테이프, 이를 읽고 기록하는 입출력 헤드의 세 부분만 있으면 기계적 절차로 모든 계산이 가능해진다는 것이다. 바로 현재 디지털 컴퓨터의 원조 개념이라고 볼 수 있다.

튜링은 1938년 26세의 나이로 프린스턴 대학에서 박사학위를 받았고 제2차세계대전이 발발하자 1939년부터 영국 통신국에 근무하면서 그의 천재적인 능력으로 애니그마의 암호문을 해독했다.

콜로서스의 역할이 십분 발휘된 것은 애니그마의 번역뿐만이 아니었다. 독일군이 전송하는 일반 정보는 튜링의 활약으로 속속히 파악되고 있었지만 독일측은 또 다른 암호 무기를 사용하고 있었다. 당시 유럽 전역에 있는 독일군 사령관과 베를린 사이에 오가는 교신은 물론, 히틀러 자신이 보내는 최고급 비밀 정보는 텔레타이프로 전달되고 있었다. 영국이 이 암호를 풀기 위해 총력전을 편 것은 당연한 일이었다.

독일의 텔레타이프 암호는 베를린의 로렌츠 회사가 만들어낸 것이지만 문자 배열이 무작위의 배열이므로 암호 해독이 간단한 일은 아니었다. 로렌츠사의 기계는 16×10^{18}에 달하는 무작위 패턴을 만들 능력을 갖고 있었으므로 이런 거대한 암호를 당시의 암호병들이 연필과 종이만 갖고 풀 수는 없는 일이었다.

독일의 텔레타이프 암호를 해독하는 기계 제작 임무는 케임브리지 대학의 수학 교수였던 맥스웰 뉴먼과 튜링에게 떨어졌다. 그들은 1943년

'히스 로빈슨'이라는 기계를 개발했고 당시에 전자교환기를 제작하고 있던 플라워스와 함께 공동으로 진공관으로 작동되는 전자식 암호 해독기, 즉 '콜로서스 마크 I'으로 개발했다.

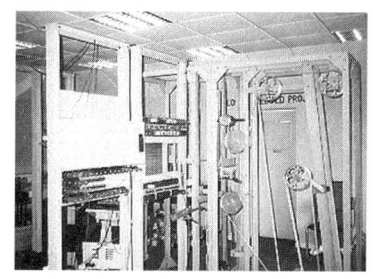

세계 최초의 컴퓨터 콜로서스
콜로서스는 독일의 암호기계 애니그마의 암호를 풀기 위해 제작되었다. 세계 최초의 컴퓨터로 알려진 에니악은 세계 최초가 아니라 11번째이다.

콜로서스의 활약으로 영국은 독일의 텔레타이프 암호를 90% 가량 해독할 수 있었다. 가장 중요한 것은 노르망디 상륙 작전에 즈음하여 독일군의 반격이 어떻게 세워지고 있는지를 속속들이 알고 그 대안을 수시로 세울 수 있었다는 점이다. 독일군은 자신들의 암호가 밝혀지고 있다는 사실을 알지 못하고 전쟁이 끝날 때까지 애니그마로 모든 비밀 문건들을 작성했다. 그 모든 정보를 콜로서스가 해독하여 연합군측에 제공한 것은 물론이다.

적군이 사용하는 암호 해독의 중요성은 말할 필요도 없었다. 그 대표적인 예가 무적함이라고 불리던 독일의 전함 비스마르크 호의 격침이다. 1941년까지 독일의 비스마르크 호는 연합군의 고민거리였다. 연합군은 악착같이 이 괴물을 격침하려고 했으나 번번이 실패했다. 그런데 영국 정보부에서 비스마르크 호가 수리를 위해 프랑스의 브레스트 항을 향하고 있다는 것을 알았다. 독일군이 발신한 무선을 해독함으로써 영국은 곧바로 전함을 비스마르크의 항로로 파견하여 비스마르크 호를 발견하자마자 포문을 열어 단 90분 만에 독일군의 자랑과 2천 명의 수병을 침몰시켰다.

제2차세계대전 중에 개발된 콜로서스가 맹활약했음에도 불구하고 영국은 세계 최초의 컴퓨터는 에니악이라고 말하는 데 주저하지 않았다. 그것은 콜로서스가 제2차세계대전의 첩보전을 위해서 동원되었기 때문에 굳이 컴퓨터의 최초 개발자가 누구냐를 밝히기 위해 콜로서스를 공개할 필요는 없다고 판단했던 것이다.

실제로 노르망디 상륙 작전 수립에 대한 세부 사항은 오늘날까지도 비밀로 남아 있는데 전 영국 정보부 간부 해리 힌슬리 경은 1986년 노르망디 상륙 작전에 콜로서스가 큰 역할을 했다는 것을 간접적으로 비쳤다.

"암호 해독작전이 상륙 계획을 효과적으로 바꿀 수 있도록 적절한 정보를 제때에 제공해 주었다."

히틀러도 위장술에는 고단자

히틀러도 제2차세계대전을 일으키기 전에 세계를 속이기 위해 철저한 위장을 했다. 1938년 8월 히틀러의 압력 아래 체코의 위기가 고조되고 있을 때 독일은 프랑스 공군사령관인 조셉 불망 장군에게 독일의 신형 비행기 하인켈 He-100을 시찰하도록 초청했다.

독일군 장군 에른스트 유데트는 불망을 자신의 전용 비행기로 안내했다. 그들이 탄 비행기가 이륙하자 하인켈 He-100이 최고 속도를 내며 그들 곁에 나타나더니 휙 소리와 함께 그들로부터 멀리 사라졌다. 그들의 비행기가 착륙하자 전투기도 착륙했는데 독일의 밀치 장군이 불망으로 하여금 비행기를 관찰하도록 했다. 밀치 장군은 유데트에게 질문했다.

"유데트, 이 비행기를 양산하는데 얼마나 걸리겠소?"

"제2생산라인은 이미 준비가 끝났고 2주 안에 제3생산라인도 준비가 끝납니다."

불망이 놀란 것은 당연한 일이다. 불망을 포함한 프랑스 시찰단은 He-100이 무적의 비행기라는 결론을 내리고 파리로 돌아갔다. 이것은 교묘하게 꾸며진 사건으로, 독일이 무적의 공군력을 갖고 있다는 것을 인근 국가들에게 과시하여 외교 협상을 유리하게 하기 위한 것이었다. 히틀러가 제2차세계대전을 일으키기 직전까지 이런 작전이 잘 먹혀 들어갔음은 물론이다. 제2차세계대전은 말 그대로 속고 속이는 거짓말이 난무했던 전쟁이었다.

마지막으로 노르망디 상륙 작전에 히틀러가 늦장 대응하였던 이유 중의 하나는 기만 작전이 성공한 이유도 있지만 히틀러가 앓고 있던 파킨슨씨 병이 발병했기 때문이라는 이색적인 주장도 있다. 신경과 전문의 톰 허튼 박사는 히틀러가 파킨슨씨 병을 앓고 있었는데 그의 측근들이 이 같은 사실을 비밀에 부쳤다고 말했다.

파킨슨씨 병은 40세 이상의 남성 및 여성들에게 영향을 미쳐 신경계에 퇴화를 수반하는 질병으로 이 병이 발병하면 팔이나 다리가 떨려 오고, 근육이 경직되며 운동 능력이 현저히 저하된다. 또 전체 환자의 3분의 1 정도는 노인성 치매로 진전된다. 허튼 박사는 당시 히틀러를 치료했던 관계자들의 기록을 면밀히 검토한 끝에 다음과 같은 결론을 내렸다.

"노르망디 상륙 작전 당시 히틀러는 10년 동안이나 파킨슨 씨 병으로 고통을 받아왔는데 갑자기 급박한 정보들을 접하게 되면서 정신적으로 혼란한 상황에 빠졌다. 그가 노르망디 공격에 즉각 적절한 반격으로 대응하지 못한 것은 정신적으로 경직되어 민첩한 사고 능력을 상실했기 때문이다."

참고문헌

A la recherche de l'Egypte oubliée, Jean Vercouter, Decouvertes Gallimard Series
Ancient Egyptian construction and Architecture, Somers Clarke, Dover, 1990
Archéologie, D. Alibert-Kourguine, Nathan, 1986
Atlas de l'Egypte Ancienne, J. Malek, Natan, 1982
Atlas historique de la Guerre, Richard Holmes, France Loisirs, 1990
Charmpollion, Decouvertes Gallimard Series, 1990
Charthage, Mohamed Hassine Fantar, CNRS Editions, 1995
Cléopatre ou rêve évanoui, Benoist-M?hin, Perrin, 1977
Cléopatre Vie et mort d'un pharaon, Edith Flamarion, Decouvertes Gallimard Series
Chefs-d'Oeuvre du Génie human, Selection du Readers Digest, 1986
Cours d'Eyptien hiéroglyphique, Pierre Grandet & Bernard Mathieu, Khéops, 1990
Description de l'Egypte, Napoléon Bonaparte, Institut d'Orient
Des Dieux regardent les Etoiles, Decouvertes Gallimard Series
Dictionnaire de la Civilisation Egyptienne, Georges Posener, Fernand Hazan
Drames et Tragédies de l'Histoire, André Castelot, Librairie Académique Perrin, 1991
Egypte, Jean-Louis de Cenival, Office du Livre, 1964
Egyptes, Histoires & Cultures, No. 3, 1993
Egypt Splendours of an Ancient Civilization, Alberto Siliotti,

Thames & Hudson, 1994

Exploring the world of the Pharaohs, Christine Hobson,

mes & Hudson, 1990

Faits Etranges et Récits Extraordinaires, Sélection du Digest

Finding the lost cities, Robecca Stefoff, British Museum Press, 1997r

Histoires Extraordinaires, Alain Decaux, Pocket, 1997

Inexpliqué, Editions Atlas, 1981

Jeanne d'arc, Regine Pernoud, Livre de vie, 1962

La Fièvre de l'Or, Decouvertes Gallimard Series

La Grèce Antique, Archéologie d'une Découverte, Roland & Franchose Etienne

La Malédiction des Pharaons, Vanderberg Philipp, J'ai lu Series

La Vallée des Rois, Alberto Siliotti, Grund, 1996

La Vie dans l'Egypte Ancienne, Dominique Valbelle, Que sais-Je Series

L'Egypte, Jean-François Champollion, Celiv, 1990

L'Egypte Ancienne, Arne Eggebrecht, France Loisirs, 1990

L'Egypte Ancienne, Atlas Historique, Casterman, 1990

Le Grand Livre du Mystère, Editions Atlas, 1994

Le Livre du Mystéieux Inconnu, Robert Charroux, Que Sais-Je Series

Le Mystère des Pyramides, Jean-Philippe Lauer, 1989

L'Enigme des Andes, Robert Charroux, J'ai lu Series, 1983

L'Enigme du Grand Sphinx, Georges Barbarin, Editions Adyar, 1980

L'Héritage de l'Ancienne Egypte, Charles Freeman, Celiv, 1997

Le Mystère e des Pyramides, Jean-Philippe Lauer, France Loisirs, 1989

L' Or des Paharaons, Henri Stierlin, Terrail, 1993

Le Saint Suaire relique Déchue, Ernest Hauser, Reader's Digest Selection, 1989.10. NO 512

Le secret de la construction de la Pyramide de Kheops, Louis Albertelli, Editions du Rocher, 1993

Les grandes Enigmes, Larousse, 1983

Les grands empires, Time life, 1988

Les Hauts Lieux et leurs Mystères, France Loisirs, 1988

Les lieux Enigmatiques, Editions Time Life, 1991

Les Maîtres de l'Etrange, Kenneth Mac Donan, Editions Atlas, 1985

Les peuples Conquéants, Time Life, 1991

Les Pharaons Bâtisseurs, Henri Stierlin, Terrail, 1992

Les Premières Civilisations, Time Life, 1991

Les sept merveilles du monde, John et Elizabeth Romer, Philippe Lebaud, 1996

Les Vikings, Regis Boyer, Plon, 1992

Le Triangle des Bermudes, Charles Berlitz, J'ai lu Series, 1985

L' Héritage de L' ancienne Egypte, Charles Freeman, Celiv, 1997

L' or des Pahraons, Henri Stierlin, Terrail, 1993

Man and the Cosmos, Gerald E. Tauber, Greenwitch House, 1979

Manuel de l'Energie des Pyramides, Serge V. King, 1977

Merveilleuse Egypte des Pharaons, A. C. Carpiceci, Inter-Livres, 1993

Mondes disparus Civilisations Retrouvées, Selection du Readers Digest, 1991

Mummy, Eyewitness Books, Knope, 1993

Mystères du Monde, Editions Agla , 1995

Mysteries of the Unexplained, The Reader's Digest Association, Inc., 1982

Mythologies du Monde entier, Vladimir Grigorieff, Marabout, 1978

Dieux d'égypte, Stéphane Rossini & Ruth Schumann-Antelme, Editions Trismegiste, 1992

Nous avons bâti les Pyramides, Claude Cetekk, Inter-Livers, 1992

Pyramides, Alberto Siliotti, Grund, 1997

Quest for the past, Reader's Digest, 1984

Ramses II, Philipp Vandenberg, Belfond, 1977

Ruines de Troie, Heinrich Schliemann, Editions Pygmalion, 1992

Sans Trace, Charles Berlitz, J'ai lu Series

Splendeurs de l'ancienne Egypte, Philippe Conrad, Atlas, 1988

Splendeurs de l'Egypte, Aude Gros de Beler, Splendeurs, 1990

The escape of Alexei, Vadim Petrov etc., Harry N. Abrams, Inc., Publishers, 1998

Toutankhamon, Nicholas Reeves, Belford(France), 1990

Toutankhmon, Christiane Desroches Noblecout, Pygmalion, 1976

Vers l'inconnu, National Geographic Society, 1990

Vers l'inconnu, Y. Lacoste, National Geographic Society, France Loisirs, 1988

『갈릴레오 갈릴레이는 '그래도 지구는 돈다' 고 말하지 않았다』, 게르하르트 프라우제, 한길사, 1994

『갈릴레오와 킬러나무』, 에이드리언 베리, 하늘연못, 2000

『거꾸로 읽는 세계사』, 유시민, 도서출판 푸른나무, 1988
『거짓말에 관한 진실』, M. 허시 골드버그, 중앙일보사, 1994
『거짓말 잡아내기』, 폴 에크만, 동인, 1997
『거짓말탐지기 검사결과서의 증거능력에 관한 연구』, 신성섭, 법조(법조협회), 1981.8월호~10월호
『고대에 대한 열정』, 하인리히 슐리만, 일빛, 1997
『과학·마술·미스터리』, 강건일, 나무의 꿈, 2000
『과학사에 오점을 남긴 배신의 과학자들』, W. 브로드 외, 겸지사, 1997
『과학사의 뒷이야기』, A. 섯클리프 외, 전파과학사, 1993
『과학사 X파일』, 최성우, 사이언스북스, 1999
『과학 속의 대논쟁 10』, 헬먼, 가람기획, 2000
『과학의 세계, 미지의 세계』, 이삭 아시모프, 고려원미디어, 1995
『과학의 역사』, 스티븐 에프 메이슨, 까치, 1996
『과학의 역사 1, 2』, 에릭 뉴트, 이끌리오, 2000
『과학이 있는 우리 문화유산』, 이종호, 컬쳐라인, 2001
『광기와 우연의 역사』, 귀도 크노프, 자작나무, 1997
『그것은 이렇게 끝났다』, 찰스 패너티, 중앙M&B, 1998
『기술의 역사』, F. 클렘, 미래사, 1992
『기이한 역사』, 존 리처드 스티븐스, 예문, 1998
『나는 생각한다 고로 실수한다』, 장 피에르 랑탱, 문예출판사, 1995
『남극 탐험기지에서 쓴 화석, 지질학 이야기』, 장순근, 대원사, 1997
『내가 듣고 싶은 과학 교실』, 데이비드 엘리엇 브로디 외, 가람기획, 2001
『노벨상이 만든 세상(물리학)』, 이종호, 나무의 꿈, 2000

『노벨상이 만든 세상(생리·의학)』, 이종호, 나무의 꿈, 2000
『노벨상이 만든 세상(화학)』, 이종호, 나무의 꿈, 2000
『놀라운 발견들』, 프랭크 애셜, 한울, 1996
『뉴턴』, 시공사, 1997
『대세계사』, 조의설, 정한출판사, 1980
『도대체 에너지란 무엇일까?』, 한국브리태니커회사, 1988
『돌에 새겨진 인간의 정념』, NHK 취재반, 우주문명사, 1984
『람세스 2세』, 시공사, 1999
『로마제국』, 라이프인간세계사, 한국일보타임라이프, 1979
『로마제국 쇠망사』, 에드워드 기번, 까치, 1991
『몸과 마음의 생물학』, 김창환, 지성사, 1995
『무서운 세계사의 미궁』, 키류 미사오, 열림원, 2001
『문명과 질병으로 보는 인간의 역사』, 황상익, 도서출판한울림, 1998
『문명의 불을 밝힌 과학의 선구자들』, 이세용, 겸지사, 1993
『문화라는 이름의 야만』, 찰스 패너티, 중앙 M&B, 1998
『물리학을 뒤흔든 30년』, G.가모프, 전파과학사, 1994
『미래의 수수께끼』, 에리히 폰 대니켄, 삼진기획, 1998
『미스터리 세계사』, 프랜시스 히칭, 가람기획, 1995
『발굴과 인양』, 이병철, 아카데미서적, 1990
『발명이야기』, 아이라 플래토, 고려원미디어, 1994
『배꼽티를 입은 문화』, 찰스 패너티, 자작나무, 1995
『백과사전이나 역사 교과서엔 실리지 않은 세계사의 토픽』, 리처드 잭스, 가람기획, 2001

『별난 인종 별난 에로스』, 유종현, 성하출판, 1996
『별들의 비밀』, 지오프리 코넬리우스, 문학동네, 1997
『보이지 않는 권력자』, 이재설, 사이언스북스, 1999
『분자생물학 입문』, 김은수, 전파과학사, 1994
『사람의 유전과 환경』, 정영호, 아카데미서적, 1992
『사이언티스트 100』, 존 시몬스, 세종서적, 1997
『4차원 세계』, 小泉三郎, 청화출판사, 1994
『4차원 세계와 심령과학』, S.스미스, 우주문명사, 1984
『사탄과 약혼한 마녀』, 시공사, 1997
『산업미생물학』, 배무, 민음사, 1992
『39가지 과학충격』, 김준민, 지성사, 1997
『상식 밖의 세계사』, 안효상, 새길, 1994
『상식 밖의 예술사』, 정윤, 새길, 1995
『생각하라 그리고 성공하라』, 나폴레온 힐, 삼성출판사, 1982
『생명의 신비』, D. 아텐보로, 학원사, 1989
『생물들의 신비한 초능력』, 리츠네스키, 청아출판사, 1997
『서양고대사』, 헨리 C 보렌, 탐구당, 1996
『서양과학사』, 오진곤, 전파과학사, 1997
『서양 문명의 역사』, E. M. 번즈 외, 소나무, 1994
『서양 문화의 수수께끼』, 찰스 페너티, 일출, 1997
『서양미술사』, E. H. 곰브리지, 열화당, 1987
『선생님이 가르쳐 준 거짓말』, 제임스 W. 로웬, 이현주, 2001
『성서 속의 불가사의』, 동아출판사

『생물공학 이야기』, 유영제 외, 고려원미디어, 1996

『성의학자의 초과학 이야기』, 설현욱, 성아카데미, 1997

『세계문화사』, 학원사, 1964

『세계를 빛낸 탐험가』, 박덕운, 가교, 1998

『세계 불가사의 백과』, 콜린 윌슨, 하서, 1997

『세계사 편력』, 자와할랄 네루, 일빛, 1995

『세계사 속의 토픽』, 리처드 잭스, 가람기획, 2001

『세계사의 뒷이야기』, 박은봉, 실천문학사, 1994

『세계사의 전설, 거짓말, 날조된 신화들』, 리처드 생크먼, 미래M&B, 2001

『세계 사형백과』, 카를 브루노 레더, 하서, 1995

『세계에서 가장 오래된 이야기』, 테오도르 H. 가스터, 평단문화사, 1986

『세계의 마지막 불가사의』, 동아출판사, 1990

『세계의 명저』, 이휘영 외, 법통사, 1964

『세계의 불가사의』, 김영만, 태서출판사, 1992

『세계의 최고의 우리 문화유산』, 이종호, 컬쳐라인, 2001

『세계의 현대병기』, 박진구, 한국일보사, 1987

『세계 풍속사』, 파울 프리샤우어, 까치, 1995

『셜록 홈즈의 과학 미스터리』, 콜린 브루스, 까치, 1998

『수메르 신화』, 조철수, 서해문집, 1984

『수수께끼의 고대문명』, 김진영 외, 넥서스, 1997

『시간여행』, 김훈기, 아카데미서적, 1999

『시간의 지배자들』, 존 보슬로, 새길, 1996

『시간이 없는 지구』, 피터 콜로시모, 우주문명사, 1984

『신과 악마의 물리학』, 고야마 게이타, 개마고원, 1994
『신과학은 없다』, 강건일, 지성사, 1998
『신비의 성의』, 스티븐슨 외, 보이스사, 1987
『신의 지문』, 그레이엄 핸콕, 까치, 1996
『실수에 관한 진실』, 허시 골드버그, 중앙M&B, 1997
『십자군 전쟁』, 시공디스커버리 총서, 시공사, 1999
『아누비스』, 이종호, 명진출판사, 1997
『아버지가 들려주는 세계사 이야기』, 핸드릭 W. 반 룬, 들녘, 1995
『아시모프의 물리학』, 아이작 아시모프, 웅진문화, 1992
『아시모프의 생물학』, 아이작 아시모프, 웅진문화, 1992
『아시모프의 지구과학 화학』, 아이작 아시모프, 웅진문화, 1992
『아우슈비츠와 히로시마』, 이안 부르마, 한겨레신문사, 2002
『아인슈타인의 우주』, 나이절 콜더, 미래사, 1992
『아, 좋은 생각 오른쪽 뇌』, 김종안, 길벗, 1993
『알기 쉬운 양자론』, 스즈끼 타구찌, 손명수, 전파과학사, 1988
『알기 쉬운 양자역학』, B.E.루드니끄, 나라사랑, 1991
『어, 그래』, 이규조, 일빛, 1998
『엉뚱한 과학사』, 게리 제닝스, 한울림, 1991
『에세이 의료 한국사』, 허정, 한울, 1995
『역사와 인간에 얽힌 수수께끼』, F. 에드워드, 우주 문명사, 1984
『연금술』, 시공사, 1998
『연금술 이야기』, 엘리슨 쿠더트, 민음사, 1995
『오리진』, 리차드 리키 외, 학원신서1, 1983

『오안네스』, 김원, 도서출판와우, 1999
『우연과 행운의 과학적 발견이야기』, 로이스톤 M.로버츠, 도서출판 국제, 1997
『오지의 사람들』, 연호택, 성하출판, 1999
『우리 태양계』, 이향순, 현암사, 1994
『우주의 불가사리』, 진성문화사, 1993
『우주의 비밀』, 아이작 아시모프, 동아출판사, 1993
『원균 그리고 원균』, 고정욱, 도서출판 여백, 1994
『유레카, 발명의 인간』, 이효준, 김영사, 1996
『유레카, 유레카』, 미카엘 매크론, 세종서적, 1999
『유물로 통해 본 세계사』, 하비 래클린, 세종서적, 1997
『유물의 재발견』, 남천우, 학고재, 1997
『UFO와 시간과 공간』, C. 버얼피츠, 조선, 1993
『UFO와 초자연의 공포』, C. 버얼리트, 우주문명사, 1984
『유전자 진단으로 무엇을 할 수 있을까』, 나라 노부오, 아카데미서적, 1999
『유행속에 숨어 있는 역사의 비밀』, 박영수, 살림, 1998
『원시인』, 타임-라이프 북스, 1983
『20세기 과학의 쟁점』, 임경순, 사이언스북스, 2000
『20세기의 드라마』, 요미우리 신문사, 새로운 사람들, 1995
『이집트 신화』, 조지 하트, 범우사, 1999
『인간의 역사』, 일리인, 홍신문화사, 1994
『인간의 역사』, 일리인 외, 연구사, 1999
『일리아드 · 오디세이』, 김영종, 글벗사, 1989
『잊혀진 이집트를 찾아서』, 시공사, 1995

『잃어버린 고대문명』, 알렉산더 고르보프스키, 도서출판 자작나무, 1995
『자연과 우주의 수수께끼』, 김제완 외, 서해문집, 1999
『작은 인간』, 마빈 해리스, 민음사, 1995
『잡학사전』, 리더스 다이제스트, 1989
『장대한 동서문화의 교류』, NHK 취재반, 우주문명사, 1984
『재미있는 생체공학 이야기』, 도비오까 겐, 인암문화사, 1992
『재미있는 생활과학 이야기 50』, 박기성, 동인, 1997
『재미있는 인류 이야기』, 리챠드 리키, 예문당, 1998
『전쟁의 역사』, 버나드 르 몽고메리, 책세상, 1995
『즐거운 과학산책』, 강건일, 학민사, 1996
『중동사』, 김정위, 대한교과서주식회사, 1994
『지구는 우주인의 동물원』, 막스 H. 프린트, 우주문명사, 1984
『지구 변화와 인류의 신비』, 라이어닐 카슨 외, 느티나무, 1990
『지구와 우주 문명의 신비』, R. 콜린스, 우주 문명사, 1984
『진시황릉』, 위에 난, 일빛, 1998
『질투하는 문명』, 와타히키 히로시, 자작나무, 1995
『짝짓기로 배우는 세계사』, 박상진, 모아, 1997
『1984년』, 조지 오웰, 보성출판사, 1984
『창세의 수호신』, 그레이엄 핸콕 외, 까치, 1997
『초고대 여행』, 박우인, 예예원, 1994
『초과학 미스터리』, 문용수, 하늘출판사, 1996
『초자연』, 라이언 왓슨, 인간사, 1993
『초능력과 미스터리의 세계』, 동아출판사, 1994

『탈무드』, 마빈 토케이오, 다모아, 2001
『탐욕에 관한 진실』, M. 허시 골드버그, 중앙M&B, 1997
『탐험과 발견』, 이병철, 아카데미서적, 1990
『태양계』, 유경희, 동아출판사, 1994
『태양을 삼킨 람세스』, 크리스티안 데로슈 노블쿠르, 영림카디널, 1999
『터부의 수수께끼』, 야마우치 히사시, 사람과 사람, 1997
『테마가 있는 20가지 과학 이야기』, B.E.짐머맨 외, 세종서적, 1999
『트로이』, 시공사, 1996
『폴리그래프 검사결과의 법적 증거능력』, 신성섭, 한국폴리그래프협회 98정기세미나, 1998.11월
『프랑스 혁명비사』, 이기석 외, 집문당, 1971
『풀리지 않는 세계사 미스터리』, 민웅기, 하늘출판사, 1995
『풍속의 역사』, 에두아르트 푹스, 까치, 2000
『피라미드(12권)』, 이종호, 새로운 사람들＋자작나무, 1999
『피라미드의 과학』, 이종호, 새로운 사람들, 1999
『학습 만화 세계사』, 계몽사, 1988
『한국사』, 국사편찬위원회, 1995
『한국의 풍수지리와 건축』, 박시익, 일빛, 2001
『한 권으로 보는 세계사 100 장면』, 박은봉, 가람기획, 1992
『한 눈으로 보는 세계사 1000 장면』, 폴 임, 우리문화사, 1996
『현대과학으로 다시 보는 세계의 불가사의 21가지』, 이종호, 새로운 사람들, 1998
『현대과학으로 다시 보는 세계의 불가사의 21가지 II』, 이종호, 새로운 사람들, 2000
『현대과학으로 다시 보는 한국의 유산 21가지』, 이종호, 새로운 사람들, 1999

『현대 물리학이 탐색하는 마음』, 폴 데이비스, 한뜻, 1994
『현대 세계사상교양 대전집』, 권1(징비록), 현암사, 1983
『화석』, 시공사, 1989
『화학의 발자취』, H.W. 샐츠버그, 범양사출판부, 1993

『과학과 기술』, 한국과학기술단체총연합회
『리더스 다이제스트』, 한국 리더스 다이제스트
『월간 과학』, 계몽사
『과학 동아』, 동아일보사

www.dcafe.org/history
www.donga.com/docs/magazine/weekly_dong.../wd233ff010.htm
www.myhome.hananet.net/~sosuk/mytrans/kidam(소석 강태원)
www.uriol.com